釣魚臺列嶼問題

尖閣諸島問題

領土ナショナリズムの魔力

領土民族主義的魔力

Takashi Okada
岡田充——著
黄稔恵——譯

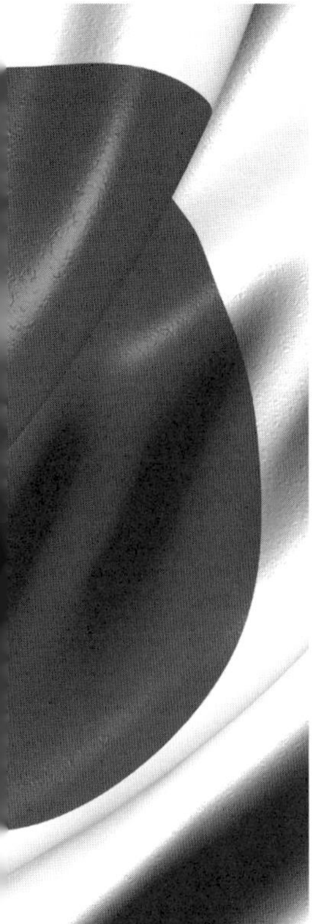

Diaoyutai Issue

聯經出版 1974 2014

各界推薦

林鈺祥……前立法委員

無言釣島海中坐，翻雲覆雨為何人？

望梅可止渴，空島竟也使中日兩國政冷經亦漸冷。

岡田先生勇於抗拒主流意識，點出釣島爭議為空議題，卻使中日回到二戰前的民族主義對抗，中日經貿合作關係嚴重受損。

希望本書的出版能產生空山鐘聲的效果，讓相關各方都能深切反省。

林賢參……臺灣師範大學東亞系助理教授

岡田先生身為日本人，提出這種觀點需要勇氣，正如京都大學教授井上清。希望本書的問世，能夠讓各方「領土民族主義者」的腦筋清醒一些，重新思考所爭為何。

黃介正……淡江大學戰略研究所教授／行政院陸委會前副主任委員

岡田先生此一著作，具有三層涵義：求真的正統傳媒表率、謹慎的學術研究態度、謙卑的兼愛非攻哲理；對周邊各相關決策人士、教授學生、媒體後輩均有重要的啟發。

陳儀深……中央研究院近史所副研究員

本書資料豐富、立場超然、努力避開「主權誰屬」的理論對決，主張擴展「共有意識」，給讀者的助益不但是知識的，而且是一種不斷自省的開放態度。

管仁健……文經社主編

「領土民族主義」就像格林童話裡的魔笛，彩衣吹笛人用它來迷惑孩子；即使在廿一世紀的今天，右派政客依然能以此譁眾取寵。怎樣將國家主權由絕對化轉為相對化的思考模式，消滅那邪惡的魔笛，本書就是最好的範例。

蕭新煌……中央研究院社會所所長

釣魚臺主權爭議是臺、日、中三國難解的問題；臺灣的國家主權爭議則是臺、中兩國更加難解的問題。面對這兩個「難題」，臺灣一定要有自己的主張和利益，而其一致基線就是不能一味「傾中」，否則一定「全輸」。

臺灣版序言

我長年關心臺海兩岸關係。最初的契機，是在擔任共同通信社香港支局長期間，一九八六年初次到訪臺灣而開始的。當時我的腦中，對於臺灣，大概只停留在「蔣介石的一黨專政」等淺薄的認知而已。記得餐廳的筷子紙套上，還印有「人人保密、人人防諜」的標語。那時我必須經常往返中國大陸採訪，不由得感到自己是否也被當作「匪諜」的不自在。

當時在立法院前，幾乎天天上演警察和黨外人士的衝突事件。在龍山寺前，看到一群被警察追趕的示威者躲進廟裏的場景，讓我了解到原來臺灣的寺廟是一座神聖的特區。臺灣的政治與社會，歷經波折的同時已開始改變。反國民黨的黨外勢力終於創立了第一個在野政黨「民主進步黨」，並且在那一年的立委選舉躍進國會。隔年臺灣解除戒嚴令，與大陸之間也開始了間接貿易。然而機車震聲飛馳的街道上，就像現在的大陸一樣，空氣品質不佳，可是卻瀰漫著一股自在的氣息。

三十年了。臺北的街道逐漸中性化（去政治化）。機車量明顯減少，也不易看到人行道上有吐過檳榔汁的暗紅色痕跡了。機場或飯店的地毯已經聞不到霉味，開始了「後現代風」

（postmodern），一種缺乏靈氣的都會容貌……。中性化應該是在我結束共同通信社第一任臺北支局長（一九九八～二〇〇二）任期之後逐漸開始的吧！經濟成長的果實和民主化滲透到社會時，使得國家這種單位開始失去目標和動力。

政治氣息達到最高峰的時期，是在第一次舉行總統直選，以及民進黨政權初次誕生的二〇〇〇年。這時候的日本新聞媒體在報導臺灣時，總是會加上「緊張的兩岸關係」等形容詞。就連我自己，當年報導臺灣海峽和朝鮮半島時，也曾冠以「東北亞的火藥庫」的稱號。目前除了朝鮮半島，已經沒有媒體會將臺灣海峽稱作「火藥庫」了，那是因為兩岸關係已獲得很大的改善。

替代臺灣成為新一代「火藥庫」的是「海洋孤島」——尖閣諸島（釣魚臺）。針對主權問題，在日本和中國燃起民族主義，甚至還潛藏著軍事衝突的危險。尖閣之所以對立的背景，在於中國的大國崛起使得東北亞情勢產生變化。中國的經濟規模在二〇一〇年已超越日本，即將和美國建立「新的大國關係」。

另一方面的日本，卻無法從經濟衰退和頻繁政權交替的不穩定中脫離，使得老謀深算的石原慎太郎適時出現，以領土問題去刺激中國展現強勢作為，進而煽動日中對立。如此一來，可增加日本人的國防意識，堅固了已逐漸淡化的國家意識，這是我的觀察，而且還完全命中。

看到本書的副標題「領土民族主義的魔力」，也許有人感到不可思議，這就需要一些解釋了。當國民國家（Nation State）的權力縮小時，領土已成為少數幾個可視化的國家象徵之一。

這時人們的思考將被一股無法抗拒的排他性觀念給包圍，產生了國家和國民成為一體的效果，我將它稱作「領土民族主義的魔力」。這也許是從全球化以及後現代的背景下所產生的一種「逆轉現象」吧。冷靜想想，誰會為了一個無人居住的孤島而拋頭顱灑熱血呢？但中國與日本一旦涉及到領土問題時，卻是「一寸都不讓步」的觀念成為社會的主流。這本書在日本出版時，也有一些人給我冠上「賣國奴」、「國賊」等難得的封號。應該是認為同為日本人，還寫這類「利敵言論」真是不像話吧！

如果讀過這本書，就會清楚，本書談論的主題，並沒有針對日本或是臺灣、中國的哪一方主張才正確去作出結論。解開民族主義的魔法時，須先著眼在尖閣周邊海域一直是富裕的共同生活圈的歷史觀點，進而對國家主權與領土採取相對化的思考模式是必要的。然而支撐國家主體的國際政治的古舊框架如果不重新拆散一次的話，是無法找到出口的。

這本書的完成，其實是從兩岸關係得到許多領悟。尤其是針對「一個中國」而爭議「九二共識」時，出現了「一中各表」的巧妙解釋，實際上就是將主權「暫時擱置」。如此一來，讓臺灣的現況持續中、長期的話，不是一件好事嗎？在這個思維中，相識已久的好友，前立委林鈺祥曾在座談會上提出：「島的主權應該可以用『一島各表』的方式。」令人印象深刻。

「一島各表」的構想，即是「特區化」。因此我提出一個方案，以沖繩石垣市、臺灣宜蘭縣、中國福建省為主的三個地方政府成立一個「特區」，共同維持島的利用與管理。我只有一個目的，就是希望將minus沒有價值的島嶼轉化成plus的有用價值。

具體而言，應劃定十二海浬範圍內為公務船不得進入的非武裝特區，並針對特區進行資源與環境調查，以利將來在資源使用與開發計畫上的規畫。特區的利用與管理來自國家授權，因此互不否認「主權」的主張。在這個意義上即是一個新的「擱置」，也可說是「一島各表」。因為島的運用權責從國家手中脫離，三方都必須要在與領海相關的國內法上約定「豁免」（適用除外）措施。在這之後，朝向目的而行，以「海洋和平特別區」的名稱而指定「特區」法律的規畫，……

這個方案的提出，似乎也會引起來自臺灣投以「不切實際」、「天方夜譚」等批評的聲音。然而，想像力是一股吸引眼前所看不到的，在遠方卻真實存在的力量。當年取下印有「人人保密、人人防諜」的筷子紙套時，看到黨外群眾躲進龍山寺的場景，誰想得到三十年後的臺灣與兩岸關係會是現在的模樣。這個特區的構想，期待在臺灣與大陸的許多好友的合作下，成為可能實現的更充實內容。這一點，幸好在臺灣，無論藍營、綠營，我擁有許多非常傑出的友人。也希望這本書能在臺灣廣泛地被各階層閱讀。這本書的華文翻譯與出版，受到舊識好友黃稔惠小姐與聯經出版公司的幫忙甚多，再次表達我由衷的感謝。

二〇一四年三月　於東京汐留　岡田　充

目次

各界推薦……2
臺灣版序言……5
本書主張……15
譯文用詞說明……17
前言……21

第一章　最壞的日中關係……25

第一節　尖閣諸島國有化所引爆的抗議行動……26

1 關於領土問題的基本觀點……26
2 石原都知事的購島提案……30
3 第一階段——從石原演說到七月初為止……35
4 第二階段——從宣布國有化決定到九月初為止……41

第二節　因國有化而航向危險水域……48
1 日中對於「國有化」的不同解讀……48
2 中國感到事態嚴重的邏輯……52
3 對日本而言「維持實效統治」才是重要的……55
4 中國打算讓日本回歸到「擱置」的默契……58
第三節　對經濟的影響備受矚目……64
1 來自上海日本商社職員的訊息……64
2 損害總額達四十八億日圓的長沙平和堂……70
3 青島AEON JUSCO黃島店與蘇州泉屋……74
4 UNIQLO、無印良品、7-Eleven、全家便利超商……76
5 損失慘重的旅遊業與汽車廠商……81
第二章　回顧歷史……91
第一節　固有領土的迷思……92
1 是否「在一八九五年正式併入日本領土」……93
2 井上清著《「尖閣」列島——釣魚諸島歷史之澄清》……95

[3]「尖閣」命名於一九〇〇年 99
[4] 中國主張的「明治政府對外擴張政策的延伸」 100
第二節 美國的曖昧戰略——戰後秩序的論點 107
[1] 戰後秩序下日中雙方的主張 108
[2] 美國的立場——在主權紛爭裡不偏袒任何一方 118
第三節 「擱置」的歷史與記憶 121
[1] 田中角榮、周恩來會談記錄被刪除的怪事 122
[2] 日中和平友好條約談判中的晃動 125
[3] 右翼團體「日本青年社」所引起的建造燈塔事件 133
[4] 聯合國海洋法公約的批准與登陸大戰 138
[5]「不存在領土問題」的虛構 142
第三章 國際關係中的尖閣諸島問題 149
第一節 解讀中國的內在邏輯 150
[1] 中國外交姿態的變化——解讀中國共產黨的官方文件 151

2 維持一黨獨裁的危機感……157
3 全球化與一黨獨裁的拔河……161
4 既成的國際秩序與關係……164
第二節　日中關係——更加互不信任……170
1 漁船衝突事件以後的日中關係……170
2 中國艦隊通過與抑止論……173
3 以美軍重整的一環部署自衛隊與防空識別區問題……187
第三節　探索對中立場的美國……192
1 美國的重返亞洲與中國的利弊調整……193
2 多極化與相互依存構造中的重新調整……198
第四章　領土與國家的相對化……207
第一節　臺灣與兩岸關係……209
1 東海和平倡議……209
2 主權也擱置爭議的兩岸關係……215

3 放開領土的「魔力」吧 219

第二節 朝向日美中均衡的發展 222

1 執日本政治牛耳的中國威脅論 223

2 布里辛斯基的美中融合戰略論 226

3 季辛吉的中國觀 231

4 促成日、美、中安保對話 234

5 中臺統一的展望 236

6 中國也興起和平的「棄臺促統論」 239

第三節 超越境界的意識形態與文化 240

1 從金門可以看到超越國境的世界 240

2 曾經與臺灣為一體的沖繩或尖閣 246

附錄 日中臺各自主張主權的證據 255

日本方面 256

1 我國關於尖閣諸島主權的基本見解（二〇一三年五月） 256

2 關於尖閣諸島Q&A……257
3 有關尖閣諸島的基本立場與相關事實……282
4 關於尖閣諸島的三個事實（二〇一二年十月四日）……295

中國方面……299
1 釣魚島問題基本情況（二〇一二年九月十四日）……299
2 《釣魚島是中國的固有領土》白皮書（二〇一二年九月廿五日）……304

臺灣方面……317
1 日本竊占釣魚臺列嶼之史實（二〇一二年九月廿八日）……317
2 外交部：馬總統提出「東海和平倡議」，呼籲相關各方和平處理釣魚臺列嶼爭議（二〇一二年八月六日）……321
3 馬總統前往彭佳嶼視察，發表重要談話（二〇一二年九月十日）……323

結語……331

本書主張

一、「尖閣主權該歸屬於哪一國？」是無意義的議題設定。

二、「主權」是一種具有強烈的排他性與絕對性的觀念。在此前提之下，國與國之間各持己見的理論對決時，是無法找出答案的。

三、全球化的進展下，支撐國民國家（nation state）的主權或領土的觀念，已不是實體性質，而只剩「法律層面」而已。

四、回歸問題的本質，應該從居住在那附近的人們的利益中，來探討這個問題，才可以看到「有希望的未來」。

五、中臺兩岸的「擱置主權、進行兩岸交流」模式，是值得學習的。

岡田　充

譯文用詞說明

譯者 黃稔惠

本文的舞臺為東海一處群島，鄰近日本、中國、臺灣等海域，三方對此群島各有不同的標準名稱：

日本：**尖閣諸島**（Senkaku-shoto）
中國：**釣魚島及其附屬島嶼**
臺灣：**釣魚臺列嶼**

上述群島由大小島嶼組成，根據日本外務省公布共有八個島嶼。臺灣內政部資料顯示，主要島嶼有八個，其他散布在釣魚臺列嶼周圍的小岩礁並未特別命名。中國國家海洋局、民政部於二〇一二年三月三日公布釣魚島及其部分附屬島嶼共七十一個島嶼標準名稱。

三方使用的標準名稱各如附表A，其中面積最大者為臺灣所稱之「**釣魚臺**」，即日方稱「**魚釣島**」，中國稱「**釣魚島**」的無人島。為避免三方名稱造成辨識不易，經作者建議，本譯用詞說明如下：

①群島名稱沿用原文的「**尖閣諸島**」。

②主島名稱沿用文中部分特別針對當事國的主張而稱之「**釣魚臺**」或「**釣魚島**」。

③為避免與臺灣部分官方用詞的「**中日關係**」混淆，除了一九四九年十月一日之前的固定用法之外，本譯沿用原文的「**日中關係**」表示「日本國與中華人民共和國之關係」的簡稱，用以協助閱讀上的清楚辨識。

④本書探討日、中、臺三方在歷史上的國際關係，對各方名稱的用詞表達，本譯為忠於原著，盡可能以準確詮釋原作為目的，無意涉及其他主觀的政治著色。

一九六八年五月，聯合國組織「ECAFE」調查發現此群島周邊海底蘊藏豐富資源，使得日、中、臺三方的主權爭議浮現檯面，至今仍未平息。

附表A　釣魚臺列嶼在三方之名稱

	臺灣名稱	**日本名稱**	**中國名稱**
1	釣魚臺	魚釣島	釣魚島
2	黃尾嶼	久場島	黃尾嶼

3	赤尾嶼	大正島	赤尾嶼
4	北小島	北小島	北小島
5	南小島	南小島	南小島
6	沖北岩	沖の北岩	北嶼
7	沖南岩	沖の南岩	南嶼
8	飛瀨	飛瀨	飛嶼

黃稔惠整理

附表B　釣魚臺列嶼在三方所屬行政區

臺灣	宜蘭縣頭城鎮大溪里
日本	沖繩縣石垣市登野城
中國	臺灣省宜蘭縣頭城鎮大溪里

黃稔惠整理

前言

「國內輿論大致都已朝向支持國有化的同一步調了吧。」隔著西餐的桌面，霞關[1]的某官員如是說。而政府表明尖閣國有化的決定，就在七月的暑熱天。

主流媒體也認為，與其由東京都政府自行購買，不如將尖閣諸島國有化，這樣與中國所產生的摩擦會比較少，因此也定調為「支持國有化」。但中國方面仍堅持強硬的態度，要求撤銷國有化，此時正處於無法看清未來的時刻。

「中國會真心想奪回嗎？」筆者回問。

他稍微思考一下後答覆：「如果這樣下去，也許真的會想取回。」接著又說：「假如被問到：『如果這次奉上了尖閣，那麼下次連與那國[2]和沖繩本島也都要一起奉送了。你接受嗎？』

1 譯註：霞ヶ関（Kasumigaseki）位於東京都千代田區，為日本中央行政辦公機關集中地。

2 譯註：與那國（Yonaguni）為日本最西端的島嶼，地理位置屬琉球列島八重山諸島，行政區域為沖繩縣八重山郡與那國町，最高行政首長為町長。

我想很多人只能啞口以對。」

身為霞關的高階官員，卻以「你可以接受領土被奪取嗎？」這樣的假設性議題發揮其立論，雖然語氣柔和，但其立論基礎與前知事（石原慎太郎）幾乎沒有兩樣。可想而知，被這麼一問，絕大多數人的反應應該會是「這樣，不太好吧」。

這種反應正是本書的主題——

領土民族主義的魔力。

這個魔力，首先以「也許會被奪取」來誘導出受害者意識，因而引人做出「不可以被奪取」的直覺反射式回答。換言之，這不是思考，而是一種反射遊戲的關鍵詞。領土問題的關鍵處就在於它是沒有經過：「真是我們擁有的嗎？」或是「難道他們沒有理由嗎？」等多角度思考的反應。

本書第一章首先介紹東京都知事的挑釁行為，並整理因尖閣諸島國有化所引發的日中對立情勢。

第二章，回顧歷史，也盡可能地介紹了關係者的主張與態度。

第三章，從國際關係及國內因素兩方面去探討：為何一座無人島，卻導致緊張對立？因為領土問題不應單只停留在「反射遊戲」的世界，而是必須也要納入「他們」的立場來加以考量的。

領土民族主義的魔力，在於我們自我侷限於以國家主權為思考框架的「絕對價值」中。「我們」與「他們」的利益因此經常是相反的：我們的利益即為「國家利益」，但如果替他們的利益著想，則被視為「利敵行為」或「國賊」，以至於除了單一化的「二擇一法則」之外，沒有第三種答案。

然而，地球變小了，鄰國的相互依存關係愈是深厚的話，單是以國家主權而言，已無法維持如百年前或數十年前那樣的絕對性。越過國界之後，文化與人的連接，其共有意識的擴展，將使狹隘的國家主義逐漸消融。從那位都知事以及各國領導人揮旗吶喊的身段，似乎可以看到唐吉訶德的影子，這就是讓人因而感到滑稽的原因所在吧。然而許多人雖然看得出其中滑稽的部分，本身卻無法從「魔力」中自由地脫離。

第四章，以中臺兩岸關係為例，介紹試圖擺脫「魔力」並朝維持現狀的「第三條路」而努力改善的方向。同時介紹美國學者專家所提出的分析觀點——良好的日中關係才是確保區域穩定的關鍵。筆者呼籲：應重新認識包含尖閣在內的東海海域，重視這裡曾有過豐富的共同生活圈歷史；並暫時擱置主權爭議，朝向資源共享的共同生活圈而努力。

因為，將國家主權由「絕對化」轉向「相對化」的思考模式，才是擺脫「魔力」、得到自由的關鍵。

第一章

最壞的日中關係

第一節　尖閣諸島國有化所引爆的抗議行動

1 關於領土問題的基本觀點

中國各地，正發生自四十年前締結日中邦交正常化以來，最大規模的抗日示威活動[1]。這是針對野田佳彥首相提出「尖閣諸島國有化」的抗議。

示威失控、日系超商及工廠遭襲、搶劫

九月十五、十六日這兩天是周末假日，與一九三一年「滿洲事變」的導火線—九一八「柳條湖事件」紀念日—十分接近，部分示威活動已失控，不斷有日系超商或汽車工廠、電器工廠等遭到襲擊和搶劫。電視、報紙連日傳來日本料理店或日本車被「愉悅地」襲擊、摧毀的失控場景，這些看到時不禁想摀住雙眼的不舒服畫面，幾乎令人膩煩地不斷重播，因而加深了日本人對中國的厭惡。

不只示威而已，更嚴重的是，中國的海洋監視船及漁業監視船成群結隊地出沒在尖閣諸島周圍的日本領海與鄰接海域一帶，與海上保安廳[2]巡視船在海浪間載浮載沉地對峙。原定於北京舉行的日中邦交正常化四十週年紀念活動被取消，民間交流也全面停止。再者，對日本商品

加強海關查驗，以及抵制日貨等措施，事實上已「啟動」了經濟制裁。

另一方面，東京首當其衝，日本全國各地的中國觀光客大量減少，各家航空公司的日中航班也大幅縮減，使得深化經濟相互依存關係的所謂「大局」，出現了負面發展。

二〇〇五年，首相小泉純一郎參拜靖國神社事件也曾引發高度緊張狀態，但當時只是「政冷經熱」（政治對立，但仍積極經濟交流）；相較之下，這次情況更為惡化，至今持續著「政凍經冷」、不見出路的閉塞狀況。此外，曾公開表示：「（臺灣）與日本，現在是關係最好的時刻。」（臺灣總統

1 譯註：本文開始寫作時間為二〇一二年九月。

2 譯註：海上保安廳，日本國土交通省的行政機關，相當於臺灣的行政院海巡署。

圖一　山東省反日遊行網路文宣

馬英九所言）的臺灣，也為了抗議尖閣諸島國有化而在九月廿五日派遣七十五艘漁船和十二艘海巡艦艇到尖閣海域，與日本的巡視船上演了噴水大戰。

彷彿開戰前夕的群體激動

媒體是如何報導的呢？電視上評論員將中國的強硬態度、示威轉為失控的情勢，以貧富差距和共產黨獨裁的危機來加以說明，他們用「將內部矛盾轉嫁外部」等自信滿滿的解說。聽起來並非全然離譜，但似乎已被領土民族主義感染成腦部充血，而忽略了腳下的實際狀況。

日本某知名週刊在十月初頭版特刊報導以「修理中國吧！」為標題，對於中國向日本所施加的「經濟制裁」回以：「有本事的話，就試試看啊！」等內容，還出現「趕走不良中國人」的排外主義。一如往常，最後總以「須加強防衛力」等作為結論。又為了應付來自中國的威脅，竟放任政府謀劃戰略轉型，將防禦原則的「專守防衛」[3]轉向「動態防衛」而強化軍力的路線，對此似乎採取樂觀其成的不批判態度，並且早已備好一套說詞：「應該要怪中國或北朝鮮！」這彷彿是一九三七年中日戰爭前夕的輿論。

因領土紛爭而使「國家」矗立眼前

然而，寫下這麼攻擊性的標題與報導，不知媒體主管或記者有沒有察覺，自己心中是否潛藏著排外意識或領土民族主義？面對領土問題這樣具有絕對性格的議題，只要振振有詞，就會形成一股力量。但若想要回答：「可以接受領土被奪取嗎？」這樣脈絡剝離的幼稚提問，還真不是簡單之事。情緒勝於理論，這應該才是領土民族主義最麻煩的地方。

然而，跨越國境的全球化經濟，勢必逐漸削弱主權國家與政府的力量。例如對經濟成長有關鍵影響的外匯市場或金融政策，已不是一國政府即可自由決定。不僅如此，人們的自由遷移與文化交流的進展，使得人們的意識早已超越國家或國界，而自由地往來世界各地。不用說韓國、臺灣，即使中國也是如此。而在日本，對於無計可施的政黨政治，與間接民主的失望，進而再擴展為對政治的冷漠。在那炎熱的八月，香港與日本的保釣人士聯合演出一場尖閣登島、插旗大戰。平時在我們眼裡不容易看到的「國家」形體，此時被濃縮於國旗之中。將空洞化（看不見）的國家變成「可視化」，正是涵蓋尖閣諸島在內的領土問題之本質。而東京都知事等一干國家主義者所瞄準的目標也在於此。

何謂領土？到底是誰的？

3　譯註：日本戰後修訂憲法第九條，在軍事上實行「專守防衛」的國防政策。一般國家的國防部擁有軍隊，可攻可守。但戰後日本修訂憲法，在限定「專守防衛」的原則下，自衛隊只有防禦功能，不能派兵攻擊。

提起這樣具有普遍性意涵的問題之前，必須先多面性地整理尖閣諸島問題。當然，除了從歷史縱軸之外，也必須再從「日中關係」、「日美關係」、「中國與臺灣的兩岸關係」等國際關係的橫軸上去逐一檢視。最終要釐清的應該是：東亞的日本近代化，以及舊式國家框架逐漸在全球化世界中溶解的現象。有了這樣的心理準備，接著就要開始進入主題了。

2 石原都知事的購島提案

我們經常被不斷擴大的尖閣登島衝突，或中國失控示威等激烈場景的電視畫面占據視線。然而，有一點是不可忘記的，那就是這次紛爭的導火線來自於東京都知事石原慎太郎提出「購買尖閣諸島」的決定。

即將八十歲的石原，其目的大致如下：

以領土問題設定為不可妥協的主題，讓日中關係產生緊張，進而讓中國擺出強硬態勢，也促使早已習慣和平而缺乏國防意識的日本人提升「國家防衛意識」。

這是挑釁。

從結論而言，即使早已看穿這個挑釁行為的許多日本人，以及原本不想理會這個挑釁，且從一開始就很克制的中國、臺灣也終於陷入那個被設好的圈套中，被引進他們的手掌中隨之起舞。雖然不樂見，但這是不得不承認的事實。

在華盛頓宣布「東京都將買下尖閣諸島」

首先回顧這個以石原挑釁為出發點，進而國有化的事件過程。

話說一個地方政府，想要購買一個與它並無直接利害關係的島嶼，可行嗎？何況這個行為如果會直接影響到與中國及臺灣在外交關係上的風險時，則已涉及國家主權的問題，而不是地方政府的事務。石原都知事在華盛頓的保守派智庫「美國傳統基金會」發表近五十分鐘的演講，那是二〇一二年四月十六日的事。演講影片公布於東京都政府首頁。不知是否年紀的關係，談話內容天馬行空，聽起來彷彿在閒聊的樣子……。

他首先以東亞的地理情勢作為開場白：「對中國甚至朝鮮而言，在他們眼中的日本列島是非常礙眼的。」他斷言中國、北朝鮮以這種政治地理的角度來看日本：「這就是非常基本的主要矛盾。」等於是將兩國視為日本的「主要威脅」的意思。在提到日本的防衛政策時他還表示：「關於日本的防衛將如何的這個問題喔，今後會變得更加重要了。從以前就一直是美國的小妾了，所以千萬拜託，喔！這樣的時代已經非結束不可了。」並且主張核能開發以及防衛自主等話題，直到最後五分鐘終於回歸主題談到尖閣諸島。他表示：「中國為了破壞日本至今的實效統治，才會提出許多激烈的問題！」接著表示：「東京都要將那個尖閣諸島買下來。已經決定買了！」等於公開購島宣言，至於購買的理由，他認為：「本來應該是政府要買下的，但如果由政府買下會引起支那[4]生氣，這一來好像又會讓外務省戰戰兢兢的。」

解讀了這段話，終於了解「國有化才合理」的念頭是他一開始就有的構想。最後他提到：「日本的漁船可以開始作業之後，外國的船來了就將它驅離。」又說：「日本人保衛日本國土，而取得島嶼，這樣有什麼意見嗎？應該沒有吧！是不是，各位？」作為演講的結束。

被閉塞感覆蓋的時代裡以「敵對型的民族主義」打開突破口

按照這場演講內容，歸納東京都政府的購島立論基礎大致如下：

①尖閣諸島是日本的固有領土。
②中國企圖破壞日本的實效統治。
③如果日本政府購島的話，「支那」會生氣，所以必須由東京都政府來保衛。

無須贅言的，「主權」和土地的「所有權」是不同的概念。所有權的移轉不直接意味著實效統治的加強。在阻止中國人購買島嶼的企圖上也許有些作用，但即使大幅讓步後讓中國國家主席胡錦濤買下的話，日本的主權也不會有變化的。而冷靜地思考一下，中國當局出面購買的可能性是零，因為這等於直接承認了日本的國內法涉及尖閣所有權。

回到剛才的主題。

如果認為「應該由日本政府買下」的話，那麼野田首相在七月七日表明國有化方針時，在這個時候，石原都知事就應該以目的已達成，而撤銷計畫才合乎情理，可是他並沒有這麼做。可想而知他應該是另有其他考量、意圖吧。再重複一次，首先是以領土問題讓日中關係產生緊張，進而煽動中方發出威脅，喚醒「早已習慣和平而缺乏國防意識的日本人產生防衛意識」。

第二點，內政上的意圖。重新啟動大飯核電廠[5]，以及增加消費稅等迫切的議題暫時擱置一旁，讓領土問題不單是永田町[6]的問題而已；整個輿論沸騰之後，使得原本在大阪市長橋下徹的光芒下，自己的存在感已日漸薄弱時，終於再度受到矚目。即使在成立政黨的記者會上也表示：「將使盡全身氣力，為國家付出最後的奉獻。」以此納入射程範圍。

在他十月廿五日成立新的政黨之後旋即辭去都知事一職，這個診斷就已命中——涉及尖閣

4 譯註：支那（しな），源於秦時被西方稱之「China」。因含有戰前日本軍國主義對中國輕蔑稱呼的意思，一九八〇年代已被NHK指定為「放送禁止用語」，用以提醒日本媒體及國民應謹慎用語，避免傷害人類和平的理念。現在除少數地理上的專有名詞之外，一般日本社會的共同常識已不用「支那」，而稱呼「中國」（ちゅうごく）。

5 譯註：位於福井縣大飯郡，該廠為二〇一一年三月十一日東北大地震後，第一個重新啟動的核電廠。

6 譯註：永田町（Nagatacho）位於東京都千代田區，國會議事堂、首相官邸（即首相辦公處）、眾議院議長、參議院議長公邸所在地，為日本國家政治中樞地區。

與組黨，正是為了滿足自己的政治野心的雙輪驅動。

然而景氣持續低迷，使得政黨政治陷入僵局。藉著終身雇用制的年功序列[7]來維持的傳統社會秩序，現在已逐漸崩潰，年輕人大多對未來抱持不安的態度。在這種充滿閉塞感的時期，正是石原慎太郎所呈現的「敵對型民族主義」顯得朝氣蓬勃——這是納粹手法，陷入金融危機時的法國以及希臘，右翼勢力都以叫囂著排擠移民來趁機擴展。

回顧一下購島計畫發表之後的反應。從兩國關係開始出現漣漪微漾，雙方航向危險水域而醞釀出「領土民族主義」的過程，似乎可看出端倪。

五月中旬，在東京都內的一所大學，約有一五〇名學生的場合，筆者問：「對中國印象好嗎？」當時正發生了駐日中國大使館官員涉及「間諜事件」而被新聞媒體大篇幅報導的時期。學生當中，環視四周才舉起手的人近一成左右，而約八成的學生則是「印象不好！」的觀感。

這次的事態，大致區分為三個時期。

第一階段是在石原演說之後到七月初為止。

第二階段是七月七日野田首相宣布國有化決定之後到九月初為止。

第三階段是九月十一日的國有化之後。這是「危險水域」。

3 第一階段——從石原演說到七月初為止

野田首相與溫家寶總理的激烈爭論

檢視石原演說所引起的反應。根據共同通信社的報導整理如下。

官房長官[8]藤村修於四月十七日下午的記者會中，被問及國有化的可能性時表示：「如果有必要的話，也可能以這個構想去進行。」如此發言，已為國有化相關議題作了評論。

另一方面，中國外交部在同日也發表聲明：「釣魚島列嶼是中國的固有領土，中國對此擁有無可爭辯的主權。」又針對東京都知事的發言表示：「日本採取任何單方面舉措都是非法和無效的。」還有臺灣外交部發言人也針對購島計畫表示：「完全無法認同，這是中華民國（臺灣）的固有領土。」等聲明。

這時大致都認為不過是地方政府首長的計畫層級而已，中國、臺灣對此並沒有太深入的批判，只是回拳附和一下的程度。

然而接下來中國方面激烈反應的徵兆，卻是漸漸顯露。

7　譯註：「年功序列」是日本終身雇用制下的一種年資制度。透過定期的調薪及升等保障，藉以穩定人事管理。
8　譯註：官房長官，相當於日本內閣秘書長，在不設副總理的情況下，官房長官職位僅次於內閣總理大臣，因此又相當於副首相與日本政府發言人等重要職務。

首先，國家副主席（當時）習近平於五月三日接見訪問北京的前外相高村正彥時表示：「涉及核心利益、重大關切問題上，應採取慎重的態度。」又提到：「日本的政治家不應該有不負責任的發言。」此語等於是對購島計畫的一種制衡。這是中國領導階層的第一次警告。

接著，出席日中韓領導人會議而訪問北京的野田首相在五月十四日，針對尖閣及人權問題與溫家寶總理展開激烈的爭辯。提到日中關係時溫家寶表示：「尊重（中國的）核心利益和所關心的重大事件很重要。」語中以「核心利益」的表述來制衡日本。這雖然還沒有直指尖閣諸島是核心利益，但毫無疑問的，這是對日本表明在中國這個議題上絕不讓步的強烈態度。

對此，野田首相回應：「包含尖閣周圍在內，中國的海洋活動趨於頻繁，刺激了國民的感情。」野田並提起人權活動家陳光誠的問題，希望活用「日中人權對話」等機制提供協助，但溫家寶並沒有回應。這被認為可能因日本政府核發簽證給「世界維吾爾代表大會」主席熱比婭一事有關。

會談約一小時結束，但是原訂會談之後與胡錦濤主席還有一場個別會談，則被取消，這表明是對野田首相的不滿。日本外務省及首相官邸透過這次會談，對於中國方面在尖閣問題上所展現的強烈態度應該是十分清楚的。

「政府購島比較妥當」的政府判斷

與溫家寶總理激烈爭論後，回到日本的野田首相開始認真思考因應對策。

根據《朝日新聞》（九月廿六日）報導，野田於五月十八日在首相官邸召集高層官員，指示以日本政府的立場購買尖閣諸島並國有化的商議。齊聚官邸執務室的除了藤村官房長官之外，還有與地主進行交涉的官房副長官長濱博行，以及作為與石原溝通管道的首相輔佐官長島昭久、外務次官佐佐江賢一郎等人。

席間，長島表示：「以政府的立場購島比較穩當。」在此之前佐佐江次官一直都認為「購島一事應委由東京都處理，再向中國解釋說那不過是一個地方政府的事。」但是這回卻沒反對。然而朝向國有化時，在野田背後支撐的是，①東京都政府收到來自民間的捐款金額已經接近十億日圓的迫切感。②或來自北京的訊息：「石原購島的話，則會成了無法挽回的局面。」總之最後朝向「國有化較可降低與中國的摩擦」等判斷而決定。

東京都政府購島計畫的「變化球」困擾著野田內閣，似乎可看出政府內部也並非步調整齊。

丹羽駐華日本大使的警告

在這樣的情形下，駐華日本大使丹羽宇一郎接受英國《金融時報》（六月七日）的專訪時表示：「（如果決定購島）日中關係將面臨重大危機。」等於公開反對購島計畫，此舉因而引起政府內部的爭議。外務大臣玄葉光一郎在同日即透過外務省亞細亞大洋洲局長杉山晉輔提醒大使注意發言。

到底大使的發言出現什麼問題？但從後來的事態發展看來，大使的警告正是射中靶心。然而外務省官員將爭議的理由歸納為「不得不承認與中國之間的領土問題是存在的」等說明。然而政府緊抱著「日本固有的領土，所以不存在領土問題」等官方見解的結果，我們可想而知的，將使得日中關係陷入四十年來最糟糕的情況。

擷取丹羽大使的談話內容（引自外務省說明），僅供參考。至於哪裡有問題，則委由讀者判斷。

（尖閣諸島的）土地購買，是必須處理各種條件的，但如果像東京都的石原慎太郎知事硬衝的話，日中關係將可能面臨重大危機。這是必須要避免的。日中兩國不是只為了爭吵，必須為了和睦相處而努力。

因為在政治上和經濟上的和睦相處，從歷史即可證明那是最良好的關係，日中也都必須為此努力，不應讓數十年的努力化為泡影。

眾議員一行在魚釣島周邊的航行

第一階段的其他動作如下。

6月1日　東京都知事舉行記者會，公布了自四月廿七日開立銀行帳戶以來，所匯入的捐款金額已經超過十億日圓。

5日 東京都議會舉行定期施政演說時，石原慎太郎表示：「代表一國，日本應該加強實效統治，對於島上資源的利用方法應繼續檢討。」又解釋：「如果能使得因政府過去的不作為而導致荒廢的各島重獲新生的話，這也會有助於確保領土完整。外國資金都已在購買日本土地時，必須及早讓各島的權利從個人轉為公家所有。」

10日 支持東京都購島的民主黨森岡洋一郎以及自民黨下村博文等眾議員六人搭乘漁船，在魚釣島周邊航行，並考察燈臺及島嶼的地形。考察行程是右翼組織「加油吧，日本！」（Ganbare Nippon）所舉辦的「集團漁業活動」的其中一項，其中包括東京都議員以及石垣市政府的職員，還有日本國內外媒體等約一百廿人參加。

7月

4日 臺灣的保釣運動人士乘著漁船「全家福號」從釣魚臺周邊進入日本領海，來到距離釣魚臺約六百公尺的海域。同時還有四艘臺灣海巡署的海巡艦艇護衛著。離開領海時，在日本的鄰接海域內遇到了石垣海上保安部的巡視船「みずき」（MIZUKI），雖靠近臺灣的海巡艦艇，但沒有發生摩擦，這批臺灣的保釣人士還持有中國的五星國旗。

5日 石垣市的市議員仲間均等兩人登上了北小島。

因著「魔力」而凝聚了十四億捐款額的力量

在第一階段時，因野田政權積極推行消費稅增額法案，而使政黨政治陷入空轉，正是增稅案與大飯核電廠重新啟動等議題而造成社會輿論意見紛歧的時期。在這內政的混亂期而轉向外敵，使得石原一流的招數奏效。但這並不是新的招數。在人們的認知裡，都存在著「敵對型民族主義」可以「接受」的土壤。使得對於以軍事為後盾的中國所暴露的「蠻橫」感到不安。尤其是二〇一〇年的漁船衝突事件發生時，中國所表現的強硬態度，令人記憶猶新。從看不到出路的兩大政黨中，轉向支持強勢領導者所率領的「第三極」，卻是茫然的期待感，以為他們可以立刻搬開外交與內政的大石頭，確實就是那一股「魔力」的期待，從心理的土壤生長出來。

由尖閣引發的領土問題，並不是最緊要的重大議題。例如重新啟動核電廠、提高消費稅等與生活及生命息息相關的議題相較之下，答案幾乎一目了然。這是一種「障眼法」。

不僅如此，僅以近四個月的時間，匯入東京都政府的捐款額已經超過十四億日圓（約九萬人）的事實，以此作為輿論動向的一道準則，應該是不可被輕忽的，即使當它是「魔力」。這其中也有像櫻井良子如此賣力的人，她公開呼籲「一億兩千五百萬的日本人對於祖國或國土有感情的話」以及「希望能遠遠超過這個金額」（《正論》八月號）。

然而如果石原沒有以這筆捐款購島的話，即成了「背叛行為」。因此雖說「國有化比較合理」，但東京都政府購島的態度是無法改變的，反而是被綑住手腳。石原在八月初接受雜誌專訪時，對於募集了超乎預期的捐款額，作以下表示：

日本東北震災時也成了一個契機，親身感受到人民的意識形態已經改變。如果政府不行動的話，人民只好親自保護日本。深深的感到這樣的心聲是許多人的志向。日本還是沒有被放棄的！想到這裡我感到非常高興。（《PRESIDENT》二〇一二年九月十七日號〈日本要有戰爭的覺悟〉）

4 第二階段——從宣布國有化決定到九月初為止

日中關係更加變為緊張的地步了。香港與日本的「民族派」展開登陸尖閣大戰，領土民族主義相互刺激的惡性循環變為鮮明，已朝向危險水域的「第三階段」而行。日本政府同意以廿億五千萬日圓向地主購買魚釣島等三島。另一方面中國透過外交管道，傳達嚴正警告禁止建造建築物等訊息。而在日本的內政上，有民主黨的黨首選舉以及自民黨總裁選舉[9]同時並行，尤其是自民黨的五名候選人主張應加強尖閣的實效統治等，互相較勁展現對中國的強硬立場。

野田首相公開表明國有化方針

在第二階段時，野田首相於七月七日視察福島縣磐城市時，向記者群表示：「尖閣在歷史

9 譯註：日本各政黨對於黨魁名稱各不一；例如自民黨為「總裁」，民主黨稱「黨首」，公民黨則稱「黨代表」等。

上及國際法上都是我國固有的領土，這是沒有問題的。並且實施有效統治，無論領土問題或是主權的問題，都是不存在的。」這是決定國有化之後第一次公開的正式表態。

五月中旬首相針對國有化檢討的指示後，官房副長官長濱博行與地主進行交涉，感覺上情況還不錯。而這三島，石原都知事也曾表明購島決定，因此政府高層在六日，將國有化的決定傳達給石原慎太郎知事，以期理解。

石原在七日向記者群表示，東京都決定貫徹購島的想法不變。然而在這之後購島問題變成政府主導，針對八月廿七日東京都政府的登島申請，日本政府不予核准。

中國和臺灣的反應又如何呢？

中國外交部發言人也在七月七日針對國有化發表談話：「日方無論如何行使單方面的決定是不法且無效的。」又表示：「中國政府將繼續採取必要措施，堅決捍衛主權。」此外，臺灣的馬英九總統也發表談話：「即使臺日關係現在是最好的時刻，但基於國家主權的立場，一寸都不會讓步。」等於公開反對國有化。這一天正好是引爆中日戰爭的「七七事變」，其實日方並不是刻意挑選這個日子的，這點中方過於敏感了。

釣魚臺的「登陸大戰」

在第二階段裡要特別介紹的是前往釣魚臺的「登島大戰」。當時筆者正在沖繩，看了電視，隨手記錄草稿如下：

蔚藍的青空下，浮現翠綠的島嶼，電視畫面呈現遼闊的寬幅。這是尖閣諸島的釣魚臺。白色的巡視船，正要往前阻止一艘小一圈的船。在這麼美麗的島上，反覆擴散的喧囂味，彷彿是遊戲世界裡的「童玩戰爭」。他們互相爭奪的到底所為何來？尖閣引起主權紛爭，在八月十五日，來自香港「保釣行動委員會」的抗議船抵達釣魚臺後，使得事情演變成登島的七人在內，合計十四人被依違反《入管難民法》而遭逮捕。

十四人在兩天後（十七日）被強制遣送出境。日本方面，也由地方議員一行十人為了較勁而上演登島行動（十九日）。中國各地的抗日示威也漸起，雙方的對峙變得火熱。

香港保釣人士的船即將接近釣魚臺時，海上保安廳的巡視船幾乎是以衝撞的方式制止，看得出一開始就打算阻撓登島。可是之後似乎不是「全力追擊」，而像是「引誘」他們上陸。然後事先已在島上等候多時的約卅名沖繩縣警察署的搜查隊員像似「終於被我等到了」的心態而進行逮捕，應該是這個動作最令人印象深刻。然而這應該是為了避免用力阻止卻造成船隻碰撞，而使人員傷害的考量吧！登島的成員中，有人同時舉起中國與臺灣的國旗，象徵「本國領土」的宣示。平時不容易看見「國家」的模樣，只有此時彷彿濃縮在國旗與被逮捕的場景裡。然而不容易看見的國家的「可視化」，即是涵蓋尖閣在內的領土問題的本質。如前所述，這正是石原等人瞄準的目標。

日本方面將十四名社運人士依《入管難民法》的「違法上陸」以及「違法入國」而逮捕。

雖然有用船上所載的磚塊丟向巡視船的抵抗行為，但並未被安上「妨礙公務執行」的罪名。刑事上的司法責任不予追究，兩日後被處以強制驅離的行政處分。

此時腦中浮現二〇一〇年的漁船衝撞事件。那是將船長依「妨礙公務執行」而逮捕、移送、延長扣留，導致與中國不斷產生激烈對立的一幅記憶。然而石原對於這次的行政處分一如往常的痛罵一番：「這是日本外交的軟弱，一副恭維支那的可悲模樣！」（《朝日新聞》八月十八日早報）。

擷取媒體的反應如下。共同通信社報導了石垣市的中山義隆市長不經意地透露一句：「別亂來！」以及在地漁民的心聲：「政府要出來保護。」此外東京都政府高層也表示：「像這樣的事件一再發生的話，東京都政府應該購島並加強實效統治的聲浪，只會愈來愈高昂。」

事情的源頭，暫且推置腦中一隅，卻以「釣魚臺的攻防」這種短視的圖解，驅使「保護日本」的被害妄想意識。甚至還有民營電視臺播放新聞時，採訪記者還故意高喊：「已經進入日本的固有領土，登陸尖閣諸島了！」

韓國總統李明博的竹島登陸

在這之前的八月十日，韓國總統李明博登上竹島（韓國名：獨島）。這時的日本媒體也曾有志一同的痛批此舉為「犯規行為」。然而從李明博總統登島的身影，似乎與石原都知事也屬同一種令人感到幼稚的行為，並且重新以一種敵我關係對立的「動作」藉以達成效果。

登陸竹島是一種「石原效應」。雖然外表看起來很強勢的這兩人，細看之後，那種勇敢並不是「強壯」的象徵，而是一種「弱小」的表現。李明博的情形，已是執政末期呈現跛腳鴨狀態，加上胞兄被逮捕使得艱困的立場雪上加霜。另一方面的石原企圖以目前政治、經濟、社會等所有領域都明顯出現日本的「停滯與柔弱」為手段，而煽動民族主義，加強體制批判。將自我的「弱小」、「內部矛盾」而推卸外界的作法是兩人的共通點。

東京都議員等登入尖閣諸島以及臺灣馬英九總統的提案

除此之外在第二階段有兩項舉例如下。第一是，東京都議員等地方議員以及民族派團體成員共十人於八月十九日未獲核准而登島事件。地方議員一行以第二次世界大戰末期沉船的「疏開船犧牲者」慰靈儀式為目的而提出登島申請，可是未經核准，因此舉行了「海上慰靈祭」，但其中有幾人登上了島。

根據八月廿一日《琉球新報》指出，這群成員的首腦人物山谷惠里子會長（自民黨參議員），向受難者遺族會的慶田城用武會長提出登陸許可申請的聯署簽名，但被拒絕了。慶田城會長表示：「只能說這是利用慰靈祭的登島行動！」他也對於地方議員一行登上釣魚臺的行為，提出強烈批判。

另一點是，為了因應領土民族主義的惡性循環，臺灣方面也提出值得注意的方案。臺灣的馬英九總統於八月五日「中日和約生效六十週年紀念座談會」時表示：「領土與主權雖然不可分割，但是天然資源是可以分享的。」提出暫時擱置爭議，以和平的方式處理問題，並制定東海行為準則，呼籲共同開發資源共享的機制，並提出了「東海和平倡議」，關於臺灣的提議，在第四章裡詳細記述。

野田首相提及「使用自衛隊」

第二階段的主要動向如下。

7月9日　美國國務院高層官員針對國有化決策，向共同通信社明確表示：「尖閣諸島是（規定美國對日防衛義務的）日美安保條約第五條的適用對象。」高官又指出：「尖閣諸島在日本的施政權下。」、「美國政府對尖閣諸島的主權歸屬不表明（特定的）立場。」且明確表明一貫立場：「期待以和平的方式解決。」

11日凌晨　尖閣諸島久場島的西北西約廿二公里處，有三艘中國海洋監視船進入日本領海而被海上保安廳的巡視船發現，這已是今年三月以來第二次中國船侵入領海，因此佐佐江外務事務次官向程永華駐日中國大使提出抗議。

同日　日中外相在金邊舉行會談。中國外長楊潔篪針對國有化決策表示：「應該回歸對話的正常管道。」要求撤回國有化決策。對此玄葉外相回應：「這是日本固有的領土，不存在主權的爭議。」以此提出反駁，雙方重申一貫主張。

26日　野田首相在眾議院本會議上明確表示：「包含尖閣諸島在內的我國領土、領海如受到不法行為，必要時將採取含自衛隊在內的措施，政府整體將堅決應對。」防衛大臣森本敏也在廿七日的記者會上，針對中國船侵入領海時表示：「如果海上保安廳或警察無法應對時，自衛隊行動是受到法律確保的。」針對可能出動自衛隊到尖閣的見解而表態。

8月5日　臺灣的馬總統提出「東海和平倡議」。

15日　香港保釣人士一行登陸尖閣。計十四人被逮捕，強制遣返。

19日　東京都議員一行十人未獲核准而登陸尖閣。

24日　野田首相針對尖閣以及竹島問題時明確表達：「以堅毅的態度冷靜沉著而不動搖的決心因應。」

27日　日本政府未予核准東京都政府的登島申請。駐華日本大使丹羽宇一郎的公務車在北京市內被襲擊（嫌犯於九月四日被處以行政拘留）。

9月2日　東京都政府以購買尖閣為由進行海上調查。

3日　日本政府決定以廿億五千萬日圓購買尖閣三島並與地主達成協議。

7日　地主向石原都知事轉達已經賣給日本政府的決定。

同日　臺灣的馬總統在尖閣西方約一四〇公里處，視察彭佳嶼，針對主權紛爭發表談話，呼籲以日本、中國、臺灣的三方協議解決。

第二節　因國有化而航向危險水域

瞄準日中間產生對立、緊張而飛射的「箭」，正好命中尖閣諸島「國有化」（九月十一日）這個「靶心」。中國在十五日派出六艘海洋監視船前往日本領海以及鄰接海域，用以抗議國有化的意味濃厚。此外中國各地正爆發自四十年前締結日中邦交正常化以來，最大規模的抗議示威。其中有的示威活動已經失控，日系超商及工廠不斷遭受襲擊、搶劫。雖然已制止了東京都政府趁日中關係緊張時刻而進行購島的計畫，也以為如此即可得到中國的理解而讓事態緩和的野田政府，幾乎完全錯估情勢，使得日中關係陷入「政凍經冷」的狀況。中國針對「國有化」，從外交到示威或「經濟制裁」、停止民間交流的信息、心理戰等，正式發動所有資源，而展現強勢作為。回顧國有化前後的日中外交，值得注意的是這次日本在外交上並沒有掌握到中國強烈反對國有化的邏輯，以及中國的強勢作為。

1　日中對於「國有化」的不同解讀

「開戰前夕」、「使用自衛隊」的叫賣臺詞

請先看以下一段文章。

終於中國真要奪取尖閣諸島了。六艘海洋監視船正朝向尖閣諸島海面襲來，已經侵犯日本領海了。也有消息傳來，不久漁業監視船陪著漁船將大舉朝向尖閣周圍洶湧而來，其中有人將要違法登陸了。說是「開戰前夕」也不為過。

這是中國的海洋監視船逼近尖閣的隔日，二〇一二年九月十五日產經新聞的專欄「產經抄」概要。文中還提到：

指派這種完全外行的商社大老擔任中國大使真是罪該萬死。遇到大使車上的日本國旗被撕毀，也只有忍氣吞聲的應對態度，真是日本人的恥辱。首相應該向持續挑釁的中國政府提出抗議，召回無能大使！

然而，果真如「開戰前夕」的緊急狀況時，為要阻止開戰而展開和平論戰，不就是言論機關該有的責任嗎？從「終於中國要認真奪取尖閣諸島了」這種認知而言，像是故意讓日本趨於「弱勢」的表現，宛如「我們也應該回擊」的挑釁正是好戰性質的論調。這樣的媒體本身與戰前幾乎沒什麼改變。

閱讀這篇報導後，難道不會讓讀者產生「現在就開戰吧」的反應嗎？

日本與中國之間確實存在著處理紛爭的基本原則。四十年前的九月廿九日，兩國因日中邦交正常化而簽署的聯合聲明中載明：「用和平手段解決一切爭端，而不訴諸武力或武力威脅。」這份一九七九年的《日中和平條約》也規列條文，成為約束日中雙方的共同理念。

然而光是將責任推給媒體也許有些嚴酷。如前述的野田首相本身在九月廿六日眾議院本會議上陳述：「在我國領土、領海上如發生不法行為，必要時將採取含自衛隊在內的措施，政府整體將堅決應對。」

即使之後有附加「一般論」之類的解釋，但這看在爭論一方眼裡，等於是「僧衣袖口露出戰袍[10]」的掩飾企圖。中國外交部也於隔日（廿七日）發表談話：「對於極不負責任的發言，表達強烈不滿。」

「國有化」的「化」，意味著改變現狀

為何中國對於「國有化」會如此強烈反對？

所謂國有化，即日本政府於九月十一日，將釣魚臺、南小島、北小島等三島以廿億五千萬日圓買下，且與居住在埼玉縣的地主完成了買賣契約的法定行為。這是石原在四月宣布購島計畫以來，日本政府首次採取「以國家為立場的作為」。

對日本政府而言，這不過是根據國內法將所有權移轉而已。且認為即使「以國家的立場初次行使的作為」而言，「無論如何都不影響日本主權的現狀，因此不至於構成外交問題，情勢將會安穩下來。」

這就一般論而言，是可以理解的。先提醒一下，日本政府並沒有使用「國有化」這個用詞。而是以「所有權的取得、保有」表示。至於「國有化」則是媒體使用的詞彙。

根據北京的日本研究領域的學者解釋：「國有化一詞，在中國與日本的表達語氣有些不同。」在中國所有土地都是公有的，禁止私人擁有。因此一聽「國有化」，彷彿是日本的國家概念將全面貫徹的感覺。還有「國有化」的「化」即是意味著改變現狀。這也是中國對於「民主化」一詞厭惡的理由。因此這正是即使已存有「社會主義民主」，卻仍無法改變為「歐美民主主義制度」的道理所在。

然而「取得、保有」的理由何在？

藤村官房長官在九月十日下午的記者會上表示：「將適當地執行在尖閣諸島的飛航安全事務，以尖閣諸島區域的長期平穩與安定的維護、管理為考量。」（引自首相官邸網頁）在前段中又解釋：「所謂我國固有領土，即是在歷史上及國際法上毫無疑問，而且現在仍是我國實施有效統治。因此本來就不存在應該解決主權的問題。」等於重複一貫的基本立場。

10 譯註：引自《平家物語》「衣の下から鎧がのぞく」。一七七七年發生鹿谷陰謀事件，惹惱了權傾一時的武將平清盛而欲軟禁已退位的後白河天皇。長子平重盛以生命力諫時，讓平清盛感到此舉太露骨而在戰袍外面套上僧衣，藉以掩飾內心的企圖。後人以此為訓：表面溫和與內心企圖必須仔細觀察。

2 中國感到事態嚴重的邏輯

日本政府的輕忽以及對中外交的幼稚

以下是中國方面的邏輯。

野田首相九月九日出席APEC領袖會議時，在俄羅斯遠東地區的海參崴與中國國家主席胡錦濤曾經有一段「佇足交談」的機會。中國方面（引自外交部首頁）表示，胡錦濤認為日本方面不管以任何理由購島，「完全是違法，而且是無效，中國方面堅決反對。」在這個前提下又表示「日本方面必須充分認清事態的嚴重性，不要做出錯誤的決定，並與中國共同維護日中關係發展的大局著想。」等於提出嚴重警告。

但就在隔日的九月十日，日本宣布了國有化。這對於北京而言等於國家元首的警告，竟在隔日就被輕易地忽略。

九月中旬，在東京的中國外交官針對這件事情表達看法：「日本的報紙在五月時，曾報導將決定國有化。這等於有損中國的領土主權，因此六月十一日在山梨縣山中湖舉行日中次官級戰略對話時就已提出『不可行使國有化』的主張。」

筆者問這位中國外交官：「東京都政府購買不如國有化比較好嗎？」他回答：「雖然都知事的作法是不行的，但卻也沒向中國明確解釋除了國有化之外有無更好的方法可行。雙方尚未共同努力尋得妥當的解決方法時，就已先一步決定了。」他認為問題在於日方沒有充分說明。

又以胡錦濤的發言「請充分認清事態的嚴重性，不要做出錯誤的決定」為例，分析如下：「如果日本有解讀整體發言，應該是可以掌握對中國的因應對策。」

前述的北京學者針對中國方面的背景提出解釋：「即將舉行第十八屆黨大會的當前，正是權力交接的時期，如果處理不當，將會使黨內的矛盾浮出檯面，而在這問題上如果示弱的話，將會引起輿論撻伐。」又指出：「中國已不是當年軟弱的中國，這點日本應該是知道的。」

本以為國有化之後就可讓問題和緩的樂觀預測之下，也沒有好好盤算時機點就採取決定，再次凸顯日本對中國外交的拙劣程度。

除了日本政府的因應欠缺周詳，加上中國方面，將國有化一事與纏繞日本的政治情勢混為一談。九月十日溫家寶總理在北京外交學院演講時特別提到：「在主權和領土問題上，絕不退讓半步。」中國外交部也在同日，針對尖閣問題以歷史的脈絡與主張而提出「外交部聲明」。在兩年前發生漁船衝突事件時，中國並沒有發表聲明，這次則使中國感到事態嚴重了吧！

反對國有化的兩個論點之一：破壞了「擱置」的默契

中國的論理有兩個。

第一是中國認為，日方已經打破了將尖閣問題「擱置」的「默契」。換言之，因「國有化」使得「擱置」的微妙平衡感崩塌了。關於這點也是今後將會延伸的問題，在此引用聲明原文如下。

這份聲明的要點是，回首四十年前邦交正常化與締結和平友好條約的談判過程：

兩國老一輩領導人著眼於大局，而達成「釣魚島問題暫時擱置，待以後解決」等重要的理解與共識（同意）。（中略）日本當局對於兩國當時的共識徹底否認，如果完全一筆勾銷的話，釣魚臺的情勢將如何維持安定？日中關係今後又將如何朝向良好的方向發展？

這個反問，即指出日本片面破壞「擱置」的原則。

上述的外交人士又指出：「二〇一〇年發生漁船事件時，日本方面並沒有承認這份協議而將船長逮捕、移送、延長扣留等處理模式，與今日相同。」

反對國有化的兩個論點之二：放任「右翼勢力」挑釁

第二點是國有化議題在於「縱容（石原等人）『右翼勢力』的挑釁，任其發揮而導致的結果」，演變成為中央政府不得不挺身「買下島嶼」的「整地工程」，令人產生不信任感。

原本土地的所有權與主權是不同層次的概念。如前所述，即使中國人購島的話，也不直接影響日本的主權。日中之間如互相存有信賴關係的話，應該不會變得如此複雜。

其實過去也曾發生類似的事例。日本政府在二〇〇二年十月暗中以二千二百萬日圓向地主租借這三島，隔年一月被媒體揭發之後，中國透過外交部副部長召見了駐華日本大使時表示：

「單方面行動都是非法和無效的，中方決不能接受。」而提出嚴重抗議。臺灣方面也提出抗議，雖然演變成外交問題，但約一週後即緩和下來。

這時期，租借是暗中進行，被中國發覺時已經完成契約。而當時日中關心的焦點，著重在小泉首相的靖國參拜問題，因此沒有像這次有讓石原可以挑釁的政治環境，因此紛爭也就沒有長期化的理由。當時中國在那個時機點，將租借界定為「單方面的行為」，對於等同「改變現狀」的行為提出了嚴重的批判，日本在當時就應該要注意了吧。

從北京方面觀看國有化，似乎以刺激中國成為石原挑釁的延長線，而為此感到強烈的不信任感。八月底為了國有化的說明而訪問北京的外務副大臣山口壯於九月十三日記者會上，針對國有化表示：「我深刻的反省，為何事前不作更多的說明。」等於承認了事前的說明不足。

這是缺乏信賴關係，加上解釋不足而激怒對方的作法，已不言而喻。然而野田稍後重組內閣時，山口卻被解除副大臣一職。

3　對日本而言「維持實效統治」才是重要的

中方對於實效統治強化政策的疑慮

中國的疑慮尚未解除。

即是國有化之後，日本可能朝向修築燈塔或船舶停泊設施而整備設施，或讓自衛隊常駐的疑慮。

根據共同通信社的報導，野田首相當初對於推動整備設施的石原方案是有興趣的，可是八月中旬，接獲外務省報告：「如果決定整備設施的話，中國將突破最後一道防線。」因而變成什麼都不插手的決定。

根據《讀賣新聞》（二〇一二年九月十二日早報）的報導，似乎為此作了註解。野田內閣當初，以尖閣的活動計畫為由而製作了「維持現狀」、「環境保護政策」、「維修燈塔」、「船舶停靠」、「海洋資源調查」、「自衛隊常駐」等「八階段方案」的腳本。八月卅日，正在首相官邸作最後協議時，因為野田首相說了「不能什麼都不做」等在意石原想法的發言，而說服了玄葉外相。

自民黨總裁選舉的時候，許多候選人盤算著尖閣問題，無論是在領土保全或是修憲議題上，「鷹派」的發言口徑一致。安倍前首相九月十五日在電視節目中提到「應該也可以考慮讓公務員到島上常駐」，藉以表達了應對尖閣諸島加強實效統治的主張。町村信孝前外相也強調：「對於日美關係的重整或加強自衛隊、海上保安廳的實力等，就整體而言都應該進行實效統治。」

而中國方面則認為，如果日本誕生了更具鷹派色彩的強勢內閣，可能在國有化之後，接著強化實效統治政策將陸續登場，而為此仍抱持著疑慮。

對於「實效統治的強化」是必須謹慎的

在主權爭議上較為優勢者是「實效統治」的一方。尖閣諸島問題，在我們共同的認知上應該是「實效統治的維持」，而不是像石原所言的「強化」。

例如登陸尖閣的香港保釣人士，是基於《入管難民法》而被依司法、行政處置，向國內外宣示日本實效統治的有效性。中國及臺灣也主張「固有領土」，可是並沒有以武力挑戰實效統治的理由。如竹島、北方四島[11]在實效統治上，我們也無法以武力挑戰是同樣的道理。因為一挑戰的話，就必須要有戰爭的覺悟。此外，實效統治的「強化」，則不免引起對方的強烈抗拒。

而購買尖閣的議題，應該早先體認的是，對爭端國而言並不是實效統治的「維持」而是反映「強化」。

再重複一次，領土問題上立場較強的屬於實效統治的一方。如果刻意顯現「強化」作為的印象，則會引起爭端對手的抗拒，而讓問題重新燃燒。因此在實效統治上的「強化」是必須謹慎的廿一世紀初的現在，領土不過是逐漸空洞化的國家的一個象徵而已，為了領土而使國際關係變得緊張的作法，就是沒有向歷史學習的糊塗對策。反之，以武力挑戰「實效統治」的作法

11 譯註：北方四島，位於北海道東北方的齒舞群島、色丹島、國後島、擇捉島等四島之統稱。

是更為糊塗。只是暫時性的奪取領土，卻可能遭受多國的責難、制裁等結果，是事先必須要有的覺悟。

像中國這樣的一黨統治架構，一旦受到動搖，安定指數就亮起黃燈的國家，如果被制裁也許會導致經濟成長遲緩，加速統治危機吧。即使為了無益的民族主義的慾望而達到一時滿足，其損失也是無法估計的。回歸理性是大家都清楚的道理，而「不在民族主義上點火」，是外交上非常必要的認知。

4 中國打算讓日本回歸到「擱置」的默契

糖與鞭的驅使下迫使妥協的強制外交才正開始

接著分析中國的強硬態度。

日本輿論主要關心的是「中國會真的想奪取尖閣諸島嗎？」日中雙方的媒體，已經將武力衝突的劇本寫好了，如有掛慮是理所當然的。

一次派遣六艘海洋監視船進入領海，這時傳來「一千艘漁船正開過來」的消息，更加令人感到中國是「來真的」的詭異氣氛。如果單以「中國將以武力奪取」作為心理準備的話則是過於單純。中國的強硬態度，正是一種對國內輿論的演出，撼動心理，促使日本輿論產生變化的意圖等，都可以多方解釋的。

然而「當真想奪取」並不構成明確的根據。從兩年前漁船衝突事件的處理過程可看出端倪，中國政府的作法是依他們既有的論理與順序所整合的方式，這點是不可忽略的。

國有化於九月十日發表，中國政府隨即以釣魚島為基點宣布「領海基線」。又於十三日透過聯合國大使李保東在紐約的聯合國總部，以尖閣諸島的周邊海域作為「領海」的基點，向潘基文聯合國祕書長提出基線座標與航海圖。

接著十六日，中國外交部針對東海的海洋權益，宣布決定向聯合國大陸棚界線委員會提交《大陸棚外部界限劃界案》，要求從沿岸兩百海浬以外的海域作為大陸棚的延伸。這個延伸被獲准的話，等於中國即可堅持向來主張的透過大陸棚進行海底資源的開發權。這是針對日本政府將尖閣諸島國有化的「法定行為」上，中國也採取的「法定行為」。這是採取同等級回應措施的理論。

如前述的中國外交部聲明中，從結論而言大致陳述以下兩項。

第一、不會坐視領土主權被侵害，日本如果一意孤行，所導致重大的結果必須由日方負責。

第二、應回歸「擱置」的共識與諒解，並且透過談判解決爭議的對話管道。

中國外交部發言人於九月廿八日記者會表示「日本應儘早承認領土紛爭是存在的」。中國外交部官員承認存在領土問題的公開聲明，這是第一次。

正如鞭與糖的驅使，迫使日方妥協的中國一流外交手段，這應該是所謂的「強制外交」（coercive diplomacy）。

這是以外交為首，進而以經濟、民間（示威）等將所有資源總動員，藉以威嚇而脅迫妥協的外交手段，即使喊出「行使武力」也不表示真會行使武力。這是一種壯膽遊戲。關於這點，日本的「愛國主義者」們，似乎是曲解其意圖的。

中國對於修築燈塔或船舶停靠設施等設施整備的警戒

最後是中國今後的態度。

日方現在不可能取消國有化。總之，這個問題如果無法重啟對話打開僵局的話，關係只會更為冰冷。

雙方都已進入領導階層的交替時期，野田與胡的時代即將結束。中國方面，從十一月的第十八屆黨大會到二〇一三年三月全國人民代表大會，已宣告習近平體制正式上路。日本也透過大選即將產生新政權。中國方面，對於緊急國有化的野田政權，如果不是硬不讓步的話，應該就是不予理會吧！

雙方的新領導階層最大的課題就是修復關係。正如二〇〇六年安倍晉三成立內閣後不久，即出訪中國修復關係的道理是同樣的。根據永田町的相關人士透露，以「鷹派中的鷹派」聞名的安倍新總裁[12]曾表示，不會忘記當年的經驗，也許會繼野田之後企圖成為第二尾泥鰍吧。

再重複一次：中國的警戒心，在於日方藉著重新修築燈塔和船舶停靠設施等設施整備時，進而加強實效統治。關於國有化的理由，藤村官房長官在九月十日的記者會上表示：「將適當地實行飛航安全業務。」也許這就是讓中國進一步解讀為「如果為了飛航安全上的必要，也可能修築燈塔或設置船舶停靠設施等」的深思熟慮吧。

前述的外交人士曾透露：「如果日方以燈塔的維修為由，再有新的動作時，可想而知中國一定會派船前往。日方應該停止新的建築計畫，以免造成雙方無法挽回的狀態。政府之間為了避免造成武力衝突應該尋求溝通管道。」

中方目前認為，只要日方不再增造建築物的話，就試圖讓日本回歸「擱置」的默契。因此示威或是監視船的「侵犯」甚至經濟制裁等將不會因此結束，而是呈波狀進行。外交人士也認為「當中國的抗拒結束時，應該可理解為問題也即將過去」，又指出這是「反覆攻擊」的因應措施。

值得注意的是，不可因「漁船一千艘」的心理戰而上當。

對中國漁船而言，就在尖閣的北方，屬於日中漁業協定所規範的日中東海暫定措施水域，這是合法的漁場，因此數量少則一千艘，甚至數千以上。

12 譯註：安倍晉三於二〇一二年九月廿六日當選自民黨總裁，同年十二月十六日眾議院選舉自民黨大勝，重新取得執政權，十二月廿六日安倍出任日本首相。

然而，再也沒有像領土問題這麼容易刺激民族主義的麻煩替代物了。許多戰爭往往源自領土的紛爭。

二〇〇八年六月，日本與中國就在東海油氣田開發達成共識。針對協定的條約談判於二〇一〇年開始進行，但二〇一〇年九月七日發生漁船衝突事件使得第二次談判一直延宕著。雖然協定並沒有清楚載明，但追根究柢還是尖閣問題。

日本主張兩百海浬為專屬經濟海域（EEZ）的劃線起點就在尖閣。四年前協議時不刻意突顯尖閣的存在，正是「苦思熟慮」的智慧結晶。因此協定使得日中關係有所改善。而長久以來持續緊張關係的臺灣海峽也因為馬英九政權的誕生，使得中臺關係好轉，日、美、中、臺的四角關係呈現了「win-win」的雙贏關係。因此日中雙方應該維持大局著想，如果日中關係惡化，這種關係將恐陷入「zero-sum」的零和關係。

國有化開始至十月底的主要動向

9月9日　胡主席與野田首相在非正式會談的場合，針對國有化表達「堅決反對」。

11日　日本政府將尖閣國有化。

13日　中國商務部副部長對於民眾抵制日貨表示理解。

15日　北京等五十個以上城市舉行示威。山東省青島等地的日系企業遭受襲擊。

17日　中國外交部新聞司副司長表示：「（遭襲擊的）責任應由日本承擔。」

18日　兩名日本男性登上釣魚臺，中國提出譴責。至少一百廿五個城市舉行示威。
19日　預定廿日在上海舉行的環境技術展「Japan-China Green Expo」臨時取消。
23日　中國通知日本廿七日預定舉行的日中邦交正常化四十週年紀念活動取消。
25日　外務次官河相周夫在北京與中國外交部副部長張志軍會談。
同日　四、五十艘臺灣漁船與海巡署的巡防艦艇十艘靠近尖閣時，其中幾艘船侵入領海，展開噴水大戰。
26日　玄葉外相在紐約聯合國總部與中國外長楊潔篪會談。一致認為應該持續各層級的意見溝通，但對於反日示威與侵入領海議題則針鋒相對。
28日　中國外長楊潔篪在聯合國大會演說時表示：「無法改變甲午戰爭末期日本從中國偷走釣魚島的歷史事實。」語中直接點名批判日本，日方則反駁。
同日　中國外交部發言人表示：「日本應儘早承認領土紛爭是存在的。」
10月11日　在東京舉行國際貨幣基金（IMF）世銀年會，中國人民銀行總裁周小川與財政部長謝旭人均缺席。
16日　中國海軍驅逐艦共七艘軍艦在與那國島附近的鄰接海域北上，但未抵尖閣。
16～19日　玄葉外相訪問法、英、德三國，表達尖閣是日本的主張，為對抗中國而尋求歐洲的支持。
18日　中國公布第三季國內生產總值（GDP）年增率七．四％，但已連續七季成長遲緩。

19日 新華社報導，中國海軍東海艦隊，將在東海舉行聯合演習。
21日 河相外務次官在上海與中國高層官員見面。日本政府未發表任何見面的內容，談判在檯面下進行。始終以原則論應答。
25日 石原知事宣布辭去知事職務，並創立新政黨。
27日 湖南省長沙的日系百貨「平和堂」停業一個月半後重新營業。
30日 中國海洋監視船四艘短暫進入日本領海。國有化以來，中國公務船的侵入領海，這是第八次。

第三節 對經濟的影響備受矚目

1 來自上海日本商社職員的訊息

（中國當局）對於過分激烈的反日示威是有約束的，可是如此失控的程度應該也是始料未及。即使如此，日本領事館或日系企業的商店以及工廠遭受破壞、搶劫等暴力行為絕對是不被容許的。否則毫無資格成為世界第二的GDP大國。反觀這四十年間所努力建構的經濟、文化、政治關係在一瞬間倒退一大步。這對於日中雙方都是很大的負面影響，這是非常遺憾的事。

抗議尖閣國有化的「反日示威」在中國各地群起的九月下旬，常駐上海的日本商社職員寄來上述的電子郵件給筆者。他在四十年前邦交正常化不久前，即開始任職於以中國貿易為主的「友好商社」，也是致力日中友好人士之一。信文的最後如此結尾：

許多日本企業為日中雙方的經濟著想而前進中國投資，非常拚命地傳授技術、促進就業機會，一直為中國經濟的發展而貢獻，可是這次事件將使中國風險增高，也無法期待今後在投資上的擴大計畫。四十年的時代變化，感慨良多。

字裡行間令人感受到一位長年致力於中國發展的人，心中所參雜難過的心情。

「九．一八」示威達一百萬人

九月十五日（週六）開始，示威迅速擴及中國各地，在滿洲事變的導火線——一九三一年「柳條湖事件」八十一週年的九月十八日擴散至一百廿五個城市。

中國全國政治協商會議主席賈慶林，於九月廿七日在北京接見河野洋平前眾議院議長時表示：「將近一百萬人參加示威，表達了憤慨之意。」這數字的正確性另當別論，但這是中國建國以來，前所未有的，抗日民眾的示威夾雜如此程度的暴力導致嚴重損害。

尖閣問題真是動機嗎？根據中國新聞工作者安替（Michael Anti）的分析，相較在二〇〇五年以大學生為主的示威，這次是以並未擁有日本車，而且也只能購買UNIQLO等商品的低收入階層為主，「這是反日以及類似階級對立所混合的複雜示威」（《朝日新聞》十月五日早報）。另有媒體指出，對於貧富落差的惡化及官僚腐敗的不滿而擴及中國各地的抗議活動，根據中國政府的內部調查顯示，在二〇一一年就有十八萬件以上（《北京共同》九月廿四日）。如果抗議活動次數在「二〇〇六年超過九萬件」的話，現在呈倍增趨勢，這對於「社會的不安定化」可看出端倪。

中國媒體煽動激憤，助長反日行動

還有許多駐地人員也對於中國國內的報導感到不可思議。前述的商社職員記錄了以下內容：

> 我住在上海，看了日中雙方的報紙、電視報導，我不知道日中雙方有無秉持媒體價值的理論，但電視報導的畫面過於極端的影像實在太多了。這應該會讓看到這種畫面的國民產生嚴重的誤導。例如在中國發生的反日浪潮的激烈畫面，在中國完全都沒有報導。卻報導發生在日本有一些人跑到福岡的中國領事館前丟擲煙霧彈事件。並且一連數日，持續報導

「釣魚島」自古以來就是中國的領土等當作檔案證據的介紹。這之中，並沒有介紹日本所主張的理由，所以根本無法客觀的。如果每天只讓我看中國報導，而不看日本的電視報導的話，我也會覺得中國政府說的完全正確，又會對日本產生非法且野蠻奪取的印象，說不定也會上街參加反日示威。這真是令人感到歷史教育的可怕。

舉例而言，日本的電子零件廠商（員工數千名）的總經理表示：「本公司的上海工廠並沒有遇到太嚴重的反日運動，可是安徽省的工廠，很多是單純的年輕人，不知是否受到政府、新聞報導所灌輸單純思維的影響，工廠員工竟產生了反日情結，他們似乎覺得在日本企業工作會有內疚，而我不知道接下來情況惡化時會發生什麼事，真是令人感到不安。」此外也有日籍員工被租屋的房東告知，不想租給日本人，所以暫時改投宿飯店等情形，愈在中國的偏鄉，似乎反日情緒愈是強烈。令人確實感受到反日教育、歷史教育的深刻滲透性。

可是他的憤怒並不僅是針對中國而已，礙於篇幅有限，僅擷取部分如下。

然而對於這個事態唯一感到喜悅的應該就只有那位以輕蔑的口氣將中國稱作「支那」的東京都知事石原慎太郎吧。但這前提下，對於日本政府完全投入石原的尖閣島「東京都購買」計畫的思慮欠周令人感到錯愕。可想而知，野田為了有利於民主黨黨首選舉而對中國外交採取強勢的作為，但是站在長期展望的角度上，對於外交談判上太欠缺周詳的作法令人失望。即使以政府提出不朝向「國有化」則無法抑制石原都知事的失控的辯解理由也是粗糙的。尤其在如此重要的議題上居然沒對中國充分說明，且無法掌握對方的反應下，不知如此急就章下定論的必要性為何？

損害達數百億，對中投資的風險升高，對景氣也是不良影響

示威隊伍「襲擊」的對象除日本企業及工廠之外，也含Panasonic、AEON、平和堂等大型店鋪。根據日本損害保險協會的柄澤康喜會長（三井住友海上火災保險會社社長）九月廿日記者會上，針對日本企業的損害，各家保險公司所支付的保險理賠金額估算：「可能達數十億至數百億日圓。」但這也只是受到示威的直接損害的部分。

中國市場的日系汽車如豐田、日產等日系車商在九月的新車販賣輛數比前年同月減少三到六成。此外德國車提升二〇～六〇%。這是受到尖閣的影響。因為示威而使日本車成為攻擊目標。這種情形持續到十月。其實日本政府正推出觀光立國（預計二〇二〇年之前達二千五百萬人為目標）的計畫，主要針對中國觀光客為目標，希望吸引前往沖繩還有福島等東北三縣的自由行觀光客，給予發放多次往返簽證。可是來日的旅客人數突然停止，使得全日空及日本航空的日中航線九～十一月共計取消超過五萬兩千個團體機位。

根據日本銀行[13]公布，二〇一二年九月的企業短期經濟觀測調查顯示，因世界經濟成長趨

緩的原因，連帶使企業信心指數相隔三季（九個月）後呈現下滑。歐債問題惡化的背景下，被視為火車頭的中國等新興國家的經濟也明顯呈現減緩的趨勢。今後日中關係的冷卻時期延長的話，日本的景氣復甦也就更加延後了吧！

「中國風險」持續存在時，投資中國的企業將考量分散風險而脫離中國，或轉向東南亞的企業也會增加。然而號稱「世界工廠」的中國，製造業工資的月薪在五年間已朝向兩位數成長的急速倍增。勞工也正朝向服務業等高薪產業轉行的趨勢，使得爭奪人才情形日益嚴重。此外勞工爭議也頻繁發生，在這種投資環境惡化時，更使示威愈演愈烈。但是汽車及煉油業等重工業的相關企業都已整合成適合中國市場的流通網、零件採購網，因此不易移轉陣地。以上是受到經濟影響的宏觀概況。

然而從微觀的角度，又是如何呢？這應該是日圓升值而對擴展中國市場抱持觀望的多數企業們，最關心的議題吧。以下微觀分析，引自「廿一世紀中國總研」[14]中村公省事務局長整理的費心之作。

13　譯註：相當於臺灣的中央銀行。

14　譯註：http://www.21ccs.jp/，在二〇〇五年成立的研究機構，主要針對中國、兩岸關係等情勢進行分析。

2 損害總額達四十八億日圓的長沙平和堂

滋賀縣知事的抗議與湖南省長的致歉

尖閣國有化、反日浪潮中遭受最大損害的是，來自日本滋賀縣彥根市的超市業者「平和堂」。平和堂在湖南省長沙市經營兩間百貨店，及鄰近株洲市的一間大型購物中心，總共有三間店在九月十五日遭受襲擊、破壞、搶劫。根據九月廿七日平和堂社長夏原在記者會上表示，包括建築物、設備以及商品被搶劫等，損害總額達五億日圓，加上暫時休業的短收達十三億日圓，合計十八億日圓。五億圓中有四億圓適用於保險理賠。此外進駐百貨公司的高級名牌店也受損，大致卅億日圓（這是進駐廠商自行負擔）。還有山東省青島「AEON JUSCO」黃島店的損害總額達七億日圓，及包含江蘇省蘇州市的蘇州泉屋的承租損害一億日圓在內，平和堂總額四十八億的損害程度可想而知（詳見表1-1）。

平和堂在湖南省的事業，緣由滋賀縣與湖南省締結友好姐妹市而開始，當時被喻為雙方「友好關係的結晶」。面對這次的事件處理，可說是不幸中的大幸。

九月十七日滋賀縣知事嘉田由紀子寄給湖南省省長徐守盛一封傳真信函，為憂心情勢以及防止再襲而請求確保安全。這封信全文已公開在滋賀縣政府網頁上。

收到來自縣知事的傳真，徐省長親自回信。文中提到「由衷的感到遺憾」及「我國是法治國家，湖南省人民政府也已經呼籲理性愛國，將約束一切不合法的激烈行為，並依法取締毀損

尊敬する嘉田由紀子知事

９月１７日付けの書簡、頂戴いたしました。知事が言及されておられます湖南省の日本企業の商業店舗が損害を受けた事件につきまして、私たちは大変重視しており、併せてこのような事態が発生したことに対して心から遺憾の意を表します。我が国は法治国家であり、湖南省人民政府は既に理性的な愛国を呼びかけており、一切の非合法な過激行為を禁止しているところです。併せて法に基づき他人の財産を破壊する行為を取り締まっており、現在、既に全力を挙げて湖南省における日系企業および個人の財産と身の安全の保護に努めております。

釣魚島とそれに属する島々は古来より中国の領土であります。最近、我が国各地において、大規模な群衆による自発的な抗議デモが多く突発的に発生しているのは、すべて、日本政府による釣魚島の問題における一連の間違ったやり方と決定が引き起こしたものであります。両国において正常な関係が重大な問題に直面している状況においては、地方間の交流が影響を受けるのは必然であり、私たち両省県の経済と社会発展および人々の生活に損失を与えるでしょう。知事及び滋賀県が様々なレベル、とりわけ日本政府の事業において多くの活動を為されることを希望し、共に中日友好の大局を守っていきたいと考えます。

湖南省と滋賀県は３０年来の友好交流におきまして、双方の関係は深まり、協力は絶え間なく深まっております。平和堂などの日系企業は、湖南省の経済と社会の発展および湖南省と滋賀県の友好のために積極的に貢献されてきました。湖南省の人々はこの貴重な成果と友好を心から大切にしており、併せて全力を挙げて引き続き両省県の協力と交流に尽力し、湖南省の日系企業の合法的な経営に引き続き大きく協力することを望んでおります。

中秋の頃、ご挨拶申し上げます。
知事と滋賀県の皆様のご健康をお祈り申し上げます。

湖南省人民政府省長　徐守盛

2012年9月25日

圖二　湖南省長徐守盛致滋賀縣知事信函

他人財產的行為，並盡最大努力，正全力保護湖南省境內的日系企業以及個人的財產與生命的安全。」滋賀縣也將這封信提供給研究機構「廿一世紀中國總研」，並收錄於該機構網頁。

另一方面，對於九月廿三至廿六日之間抵達當地的平和堂夏原社長，湖南省最高層級周強書記親自接見，並承諾逮捕滋事分子以及確保日後的安全。周強是司法專家，曾任共產主義青年團第一書記，被認為是國家最高領導最有力的候選之一。夏原社長本身也表示：「周書記也給予勉勵的話語，期盼我們仍在湖南省繼續努力。」（《京都新聞》九月廿七日）

對於知事的抗議，省長親自回覆。對於損害一方的社長，省書記接見的儀式，即是一種歉意的表達。

為了想了解那份歉意的細節，於是從《湖南日報》、《長沙晚報》等媒體開始查閱，尋遍湖南省境內的所有報導，但可惜這個實情在中國境內並沒有報導。這也許是一種背著省民而私下進行的地方型外交，但一介地方政府的領導者在面對「危機」時所展現的行動力，相較於日中雙方國家領導者的束手無策，呈現對比。

逮捕肇事者與平和堂的平息

這裡值得注意的是，湖南省的領導者公開保證對日系企業及個人財產與生命安全的保障。根據當地的報紙，報導發生在長沙、株洲的平和堂被襲擊事件是以「失控的『愛國主義』行為」稱之。這點提醒了人們以「愛國」為出發點的行為，如果在「害國」一方，則成了義和團式的極端民族情緒。所謂約法三章，即殺人、傷害、竊盜等必遭懲罰，這是自古法治的鐵則。可是「語出容易，履行困難」是自古人性的真理。事後，襲擊平和堂的肇事者實際上如何被逮捕、起訴、懲罰等則不得而知，直到十月十一日為止，只出現「九・一五破壞平和堂約廿餘人被逮捕」的消息（《三湘都市報》十月十一日）。

總之，更重要的是，為了呼應私有財產的保護與不再發生的承諾，日中友好人士也積極回歸正常。

損害較少的兩家店（長沙東塘店、株洲店）在十一月中旬之前重新開幕，至於被放火、損毀、搶劫等嚴重損害的五一店預定在十二月重新開幕。還有預定二〇一三年夏季開幕的第四號店——平和堂中國AUX廣場店（長沙市）也如期進行著。

平和堂的店鋪並不全都是以廉價生活用品為主的GMS（綜合超市），而是集結各種名牌或人氣、話題性十足的商品專門店，以及進口食品、生鮮食品等計三百家以上專櫃所組成的高級百貨公司。這個附加價值頗高的高級路線吸引內地七百萬人口的都會新富階層，自第一號店開幕以來，經過十四年已成為湖南省最頂尖的百貨公司。目前這三間店在二〇一二年二至六月期間的淨利達八十七億八千萬日圓，比上期增加一〇一・九％，換言之，一年已達倍增，因此反日浪潮的損害在短期間應該可以快速恢復。

湖南平和堂實業有限公司於二〇一二年八月一日將社名變更為平和堂（中國）有限公司，這是將眼界朝向湖南省以外而布局事業擴展的野心。

3 青島AEON JUSCO黃島店與蘇州泉屋

除了平和堂以外，受到示威民眾襲擊而嚴重毀損的還有山東省青島市的「青島AEON JUSCO黃島店」與江蘇省蘇州市的「蘇州泉屋」等兩家（詳見表1-1）。

損害總額七億日圓的青島AEON JUSCO黃島店

山東省青島市黃島店在九月十五日被示威隊伍闖入，民眾砸毀店內的玻璃，搶奪店內的商品。「這已不是示威、罷工，而是一種恐怖主義。」這是青島AEON的折口史明總經理的感嘆。根據公開數字顯示，損害總額包括商品、生產工具、設備等約七億日圓。又透露：「所幸適用保險理賠，對於業績幾乎沒有太大影響。」

這個AEON集團的中國總社設置於北京，共有北京AEON、青島AEON、華南AEON，以及廣東JUSCO等四個集團組成以GMS（綜合超市）為主，在中國拓展業務。青島AEON設立於二〇〇九年，以青島為中心，在山東半島的威海、濟南、淄博等地共成立八間店，JUSCO黃島店也是其中之一。位於青島老城對岸的黃島開發區，為一家GMS型的綜合量販店。中國國慶日這天，日中合資的青島AEON東泰商業有限公司的總經理、副總經理聯名發表一封以「致尊敬的各交易廠商」為題的感謝函。

青島店將於十月一日起開放部分賣場營業，目前計畫在十一月內全店重新開幕。雖然目前青島AEON東泰商業有限公司面臨暫時性的困難，但我們會繼續為顧客提供優質服務，優美的購物環境及物美價廉的商品而努力。青島AEON東泰商業有限公司計畫於二〇二〇年之前在山東省內成立八十家店鋪，以滿足更多顧客的購物需求。

（http://www.qdaeon.com/gxx.html）

AEON的岡田元也社長在十月十二日的法人說明會上，針對在中國的開店表示：「今後仍不改初衷地繼續努力。」表達了目前為止沒有變更計畫的跡象。青島AEON以食品超商為主的「百麗廣場店」於十月廿五日在青島市內開幕，使得AEON集團在中國綜合性及食品超商的展店數達四十九家。

損害額達一億元的蘇州泉屋

位於蘇州市高新技術產業開發區的「蘇州泉屋百貨」於二〇一一年十一月隆重開幕，是由包括直營食品超商以及約一百五十家進駐時尚生活用品廠商所組成的休閒百貨店。

二〇一二年九月十五日數千人的示威隊伍中，部分民眾以石頭敲碎一樓玻璃而闖入店內，將鞋鋪、化妝品等多數店家砸毀，損害估算在直營部分約三千五百萬日圓，進駐店的部分約三千四百萬日圓，加上營收大降的損害約三千萬日圓，初步估算約一億日圓。損害金額中多半適用保險理賠範圍。

蘇州市高新技術產業開發區內聚集日系企業近五百家，蘇州市內約有五千名日本人長期留駐。看似非常親日的都市裡，鬧區街上的日本料理店被砸毀，泉屋之外還有Panasonic的三間工廠被襲擊等等，對於一連反日行動所引爆的嚴重結果，是應該被檢討的。

根據坂田社長在企業法說會上表示，泉屋今後在中國的開店計畫，將依蘇州泉屋百貨的恢復狀況而決定。然而，從當地傳回的消息得知，受到毀滅性破壞的日本料理店在那一週後，大致上九〇%都已恢復營業。

4 UNIQLO、無印良品、7-Eleven、全家便利超商

絲毫不為所動的UNIQLO柳井正會長

專門生產販賣休閒服飾的「Fast Retailing公司」，在上海設立中國總部，中國各地設有「UNIQLO」店鋪，計一百六十五家。九月十八日有六十家暫停營業，更有兩百名以上的日籍員工全都在家待命。九月廿日仍暫停營業的只剩五家，也解除了日籍員工在家待命的指示。如上述情形是沒有遭受激進行動給砸壞毀損中度過的。

可是日後網路流傳著上海UNIQLO店玻璃櫥窗上，貼著寫有「支持釣魚島是中國固有領

土」的海報，這相對於日本的辯解，等於露出破綻。UNIQLO解釋為依照警察指示的：「為了確保安全，請貼上寫有『支持釣魚島是中國固有領土』字樣的紙張吧。」加上店長的個人判斷，在示威隊伍即將接近時（前四十分鐘）才張貼的，並在示威隊伍經過時即撤下。可是企業首頁上卻言明「Fast Retailing公司，以及UNIQLO公司，認為私人企業不應該在政治外交的問題上採取任何立場。因此對於上海該店的行為感到非常遺憾。」

（http://www.uniqlo.com/jp/corp/pressrelease/2012/09/092112_press_release.html）。

然而柳井正會長也清楚的表示：「（對於中國）看法以及想法完全沒變。」總之，UNIQLO在中國經營的既定路線，展現絲毫不為尖閣反日浪潮所動的立場。

UNIQLO的海外店鋪中有四成在中國。二〇一一年UNIQLO海外營業額是九百卅七億日圓，其中在中國（含香港）的營業額達四百零四億日圓，占四三％，這對企業而言是重要的印鈔機。UNIQLO預計二〇一五年之前，完成在中國展店一千家的計畫。

直接免於受害的無印良品

「良品計畫公司」曾在前進中國時面臨了商標註冊問題。「無印良品」、「MUJI」的商標被香港廠商早先一步在中國完成登記，使得這項違法行為必須經過裁判的一番爭奪。因為這個紛爭而費時七年八個月的時光。商標登記問題解決後，良品計畫於二〇〇八年一月在上海浦東創店開始正式前進中國，規劃拓展多家店鋪的計畫，以北京、上海、深圳、香港為主要據點。在一級消費都市以一年展店十家以上的速度為開店策略，五年間已達四十七家店（二〇一二年八月為止）。二〇一三年預計達一百家店鋪為目標。

尖閣反日浪潮中，九月十五日至十八日間有卅九家店鋪全日停業，四家店鋪則縮短營業時間而躲過直接受害，且在九月十九日所有店鋪恢復正常營業。

7-Eleven、伊藤洋華堂的損害輕微

九月十四日夜晚，四川省成都市7-Eleven等日系便利超商的多數店家被反日示威者闖入，傳聞收銀臺及商品被砸毀，但是損害程度似乎並不太嚴重。還有新華社的報導，十五日在成都市的伊藤洋華堂也因示威隊伍闖入而暫停營業。7&I控股公司[15]在十八日將北京與四川省成都的伊藤洋華堂計十五家店鋪，以及7-Eleven的一百九十八家店鋪暫停營業。（7&I控股公司旗下的伊藤洋華堂專營大型超市業務，另有7-Eleven則專營便利超商業務）。

伊藤洋華堂在中國的店鋪，有四川省成都的洋華堂旗下的綜合超市（五家店），北京「華糖洋華堂」經營的伊藤洋華堂（十家店），王府井洋華堂經營的食品超商（一家店），計十六家店鋪。

「7-Eleven・JAPAN」所投資經營的7-Eleven（北京），自二〇〇四年一月在北京開幕第一號店以來，二〇一二年九月底的現在已有北京一百六十二店、天津四十一店。還有二〇一〇年所設立的7-Eleven（成都）的直營店鋪則有卅家。

此外在中國豎立7-Eleven招牌的超商有一千七百卅二家店，但實際上除了直營的北京、天津、成都之外的店鋪都是授權經營店。授權者是香港的「Dairy Farm集團」，各在香港與廣東展開多家店鋪的經營。另有一個授權來源就是臺灣的統一集團，由該公司投資的7-Eleven（上海）負責營運，自二〇〇九年在上海第一號店開張之後，就以上海為出發點，正朝向廣東、北京、天津、河北之外的中國大陸擴展版圖。

然而，這個授權店是否為日系呢？以下是《北京晚報》九月十九日的消息，內容是針對授權經營的「疑似日企」的防衛措施。

部分容易被誤認為日資的企業也公開自己的「血統」。例如「百盛購物中心」（授權）的吉野家，在大型看板上畫一顆心形符號，再以大字寫著：同唱一首歌《我的中國心》。並強調「一〇〇％是香港企業」。此外「將太無二」（日本料理店）則在官方微博上澄清是「來自加拿大的資金」。

臺日合作的全家便利超商沒有成為被攻擊的對象

與「疑似日企」採取同樣防衛措施的，還有混合日資的臺資企業。其中以製造速食麵聞名

15 譯註：Seven & I Holdings Co., Ltd是日本的大型零售、流通事業控股公司。旗下擁有7-Eleven、伊藤洋華堂、SOGO西武等公司。

的臺灣康師傅，在九月廿日的新聞稿中，針對「康師傅是日本資金控制的」、「抵制日本商品，抵制康師傅」等來自有心人士的攻擊時，明確地表示：「康師傅是擁有中國特色，並受到認可的民族品牌。」這次康師傅可能因部分股權為三洋食品株式會社持有而成為攻擊目標，但值得一提的是康師傅的母公司臺灣頂新國際集團與伊藤忠商事，以及全家便利超商共同合資，在中國成立全家便利超商（福滿家便利店有限公司）。

全家便利超商到上海開設第一家店是在二〇〇四年五月，之後八年間上海店鋪總數達六百卅九家，繼上海之後即往南方的廣州，接著蘇州，以及二〇一一年在杭州、成都。以上五個地點在二〇一二年九月底的現在，店鋪總數達一千零五家。今後在北京等華北地區、以及武漢等華中地區仍陸續進行開店計畫，預計二〇一五年為止達四千五百家，且在二〇二〇年為止達八千家的氣勢。

福滿家便利店有限公司的經營，是以日本便利超商的技術指導為本，並藉頂新的中國市場為主要通路，伊藤忠提供商社機能所組成的團隊。這在中國大陸無論被認為是日資或臺資，甚至是民族資金的猜測，總之全家便利超商較不易成為反日示威的攻擊目標。僅成都的四家店鋪因被砸破玻璃的損害而暫時停業兩、三天。還有上海以外的所有店鋪都正常營業。根據上田準二社長表示，將在二〇一五年為止達四千五百家的目標而努力，可是中國經濟成長趨緩之下，使得消費能力降低，因此今年將調整開店速度（《日本經濟新聞》二〇一二年十月十七日）。

5 損失慘重的旅遊業與汽車廠商

積極跟進轉為退場抉擇

以上是根據各項報導而整理中國的日系零售業在反日浪潮中的損害狀況與之後因應措施。損害狀況除了平和堂的三家、青島AEON黃島店、蘇州泉屋五家之外，大都輕微。損害慘重的五家店適用保險理賠，所以在損益結算上並沒有造成嚴重的虧損。

反倒是產物保險公司將面臨支付龐大保險金才是問題所在。這次的反日浪潮所支付的保險金額，根據日本損害保險協會會長透露：「約數十億至百億日圓的程度。」因此傳聞各大產物保險公司打算暫停中國暴動損害理賠的新契約，甚至考慮提高保險費（《日本經濟新聞》十月五日）。

在暴動與罷工中所造成的物質損害，或是因為工廠、店鋪的停業可獲得利益賠償是屬於暴動特約保險，對中國的日系企業而言這是絕對必要的。然而保險費上漲將轉為經營成本的提升。近年中國工資上漲的風險，加上暴動特約保險的壓力，使得日系中國企業的經營戰略蒙上一層巨大的陰影。

各家零售業今後的中國經營方針，大致上仍呈現意氣風發的態勢。這是在日本國內市場的狹隘化、經濟成長趨緩，而新興國家市場擴大、經濟高度成長的背景下，而轉為全球化經營的行動之一。根據IMF的預測，中國經濟的潛藏成長力仍然旺盛，五年後將超越美國，成為

GDP世界第一的國家。又根據聯合國預測，現在正是從農村社會轉為都市社會的轉換期，二〇二五年時中國人口超過兩百萬的都會將達六十二個。

中國人的生活模式正在進行一場生活革命，消費水準也急速成長。對於零售業而言，現在前進中國市場正是千載難逢的機會。根據柳井正會長的形容，正是淘金潮。像這樣反日浪潮時無法無天的異常事態，應該不可能攪亂放眼龐大市場的中長期戰略吧。

然而，其中也有日本的零售業者，對於這次反日浪潮的結果，轉為觀望的態度，將改變中國的經營策略。例如連鎖家電量販店「山田電機（YAMADA）」。山田電機於二〇一〇年在瀋陽開設大型店鋪，二〇一一年在天津，二〇一二年在南京等陸續開店。二〇一二年在上海開設第四家，三年內計五家，曾以年度銷售額一千億日圓為戰略目標。可是卻傳出「原本預計今年度進軍上海的計畫，以『必須清楚政府之間的對立所產生經濟活動的影響』（一宮忠雄社長述）為由，二〇一三年之後的規畫則不予考慮。對於二〇一三年度底為止維持五店制度的計畫，也透露『變為困難』」（《日本經濟新聞》十月六日）。山田電機的山田昇會長才剛說過：「現在正是機會，稍微悠哉的話，也許就來不及了。」然而古有明訓，君子豹變也。

此外，受到反日浪潮而直接影響經營的還有飯店業、旅遊業、航空業等。日本JTB旅行社九月由日本出發往中國的旅行團減少兩成。全日空的九至十一月份團體訂位也被取消四萬三千個機位。還有日本航空九至十一月的團體訂位也被取消一萬九千五百個機位。中國三路線[16]至十一月十七日為止呈現減班的狀況《日本經濟新聞》十月九日）。

打擊日系汽車的原因使得廠商減少產量

店鋪遭受嚴重損害，而萌生「該是退場時刻了吧」的經營判斷的正是豐田汽車等各家汽車製造商的心聲。這是以目前生產、銷售狀況而作出熟思熟慮的戰略經營判斷，更何況造成的影響很大，也很嚴重。

二〇一二年九月十五日，青島的豐田、日產汽車展售店被縱火全燬。在西安市駕駛日本車的司機被攻擊，車子被砸毀，南京有十幾輛日本車被丟擲寶特瓶。之後也在北京市內出現「車是日本車，心是中國心」的字句印刷在汽車專用的彩繪貼紙。

豐田汽車的九月分新車銷售輛數對照八月分跌至一半以下的四八・九％。日產汽車與前年相比減少三五・三％，只有七萬六千一百輛。本田也減少四〇・五％，只有三萬三千九百卌一輛。三菱汽車的銷售輛數與前年同期相比減少四七・三％，只有九千三百八十二輛。馬自達汽車與前年同期相比減少三四・六％，只有一萬三千二百五十八輛，比起八月的一萬六千五百卌九輛減少二〇％。此外以Forester車系頗受好評的SUBARU富士重工業（株）在中國銷售比前年同月減少六四・五％只剩一千八百五十七輛。鈴木汽車與前年同月相比減少四四・五％，只有一萬五千四百四十六輛。

16 譯註：中國三路線即：成田—北京、成田—上海（浦東）、關西—上海。

這個結果，造成庫存品堆積，迫使必須減產。

二〇一二年十月，豐田調整生產量，比既定計劃減產五成，日產、本田也減半。

此外，不在中國生產的日本車也在輸出上踩煞車。例如豐田的高級車「Lexus」從日本的輸出作業預計暫緩到十一月為止。

汽車製造業的供應鏈，擴及以零組件業、原材料業、機械產業等廣泛相關產業，整車製造一旦調整生產，將影響全體產業。不僅前進中國的汽車相關廠商，連日本國內的相關廠商也遭受波及，恐將對於日本整體經濟產生影響。中國景氣衰退使得建設機械、工作機械以及鋼鐵為首的材料商都已減少訂單，這次的尖閣騷動，恐怕會加速對中國業務的蕭條而呈負面螺旋式下降。

值得注意的是，中國的日本車銷售量減少是否為暫時性的，或是長期性的還需要仔細觀察。如果就以此時中國景氣呈現衰退的局面，應該從數月到長期化是無可避免的。也許短期間內是陰霾，可是抵制日本商品，或抵制日系汽車的行動不可能持續長久。對消費者而言，商品的品質與價格才是重點。例如流通業已盡速恢復被毀損的店鋪，消費者回籠，以及店鋪繼續擴展等趨勢即可證明前述。

汽車製造廠商對中國的長期戰略，與零售業同樣是積極前進，各大世界廠牌向中國市場聚集展現齊頭並進之勢。中國市場在轎車（基本型汽車）銷售的市場品牌占有率如下：日系二一・六%、德系二一・三%、美系一五%、韓系九%等（二〇一一年確實績效）。日產在中國的第四座汽車製造據點正在大連興建中（預計二〇一四年啟動）。豐田以二〇一五年為目標，在中國生產油電混合車（Hybrid Car）的基本零件等一貫生產。本田於二〇一一年開始銷售中國的自主品牌「理念」，計畫在二〇一二年將油電混合車的基本技術提供給中國廠商，讓別家先行製造。換言之，對汽車產業而言，在中國市場的戰略上，仍是前進信號。日產的卡洛斯・戈恩（Carlos Ghosn）社長也明確表示：「中國市場的重要性不變。」（《日本經濟新聞》十月卅一日）。

在持續的反日浪潮中，硬是火中取栗的是三菱汽車。九月廿五日，在暴動餘溫尚未冷卻的湖南省長沙市，三菱汽車成立廣汽三菱汽車（出資比例三菱汽車三三％、三菱商事一七％、廣州汽車五〇％），這是在中國的生產、銷售合併事業。二〇一二年十月下旬開始生產SUV車型（多功能休旅車）的「RVR」車系，進而正式投入「PAJERO SPORT」（三菱休旅車系）生產計畫。

然而不僅非法的激烈行動而已，來自行政當局的「打擊日本」也潛在發展。在上海或天津的稅務機關，對於來自日本的電子零件或高級材料等進口商品的檢查變為嚴格，這對日本企業的供應鏈是一個障礙。根據JETRO調查結果《中國的通關狀況》顯示，這個合法性的「打擊日本」是暗中惡意進行的，表面並沒有顯現出來，但這比非法行動所受的實際傷害還要大。日本的財務省所發表的二〇一二年九月貿易統計數報顯示，對中國的輸出較前年同月相比已經下滑了一四・一％。預計十月以後將浮現更大的影響。

表1-1　駐中國零售業在尖閣反日騷動始末（二〇一二年十月五日為止）

日本總社	中國據點	當地店鋪	受害狀況	今後經營方針
平和堂：Heiwado（滋賀縣彥根市）	湖南省長沙市、株洲市 http://www.heiwado.cn/	平和堂五一廣場店（一九九八年十一月開幕）、東塘店（二〇〇九年九月開幕）、株洲店（二〇〇九年九月開幕）〔同為百貨店〕	九月十五日百貨店三家店鋪被闖入、砸毀、搶劫。直營部分損失五億日圓（其四億為保險理賠適用範圍），此外因停業導致營業損失為十三億日圓，共計十八億日圓的損失。駐店廠商的部分約損失三十億日圓。	兩家店十一月中旬重新開幕，另一家店十二月重新開幕。還有預定二〇一三年夏季開店的四號店如期進行（夏原社長的法說會談話）
イオン：AEON（千葉市）	山東省清島市黃島區 http://www.qdaeon.com/	青島永旺黃島店。二〇〇五年十二月開幕（GMS）	九月十五日店鋪被闖入、商品被搶奪。受害總額中，包含貨品、生產工具、設備等約七億日圓（該額為保險理賠適用範圍）。	十月一日起開放部分賣場營業，十一月全店重新開幕。計畫於二〇二〇年止在山東省內成立八十家店鋪（總經理十月一日感謝信）
イズミヤ：Izumiya（大阪市）	江蘇省蘇州市高新區 http://www.sz-izumiya.com/	蘇州泉屋百貨（百貨店）二〇一一年十一月隆重開幕	九月十五日店鋪被砸毀損壞。直營部分約三千五百萬日圓，駐店廠商的部分約損失三千四百萬日圓。營業劇減損失約三千萬日圓以上，	今後在中國的開店計畫，將依蘇州泉屋百貨的恢復狀況決定（坂田社長的法說會談話）

			共約一億日圓。受害金額大都為保險理賠適用範圍。	
ファーストリテイリング：Fast Retailing（山口縣山口市）	上海市 http://www.muji.com.cn/index.shtml	迅銷（中國）商貿易有限公司（二〇〇九年九月上海一號店。二〇一二年八月為止中國境內達一百四十五間店鋪）	經警察勸告上海店九月十五日曾貼著「支持釣魚島是中國固有領土」等標語。並無店鋪設備、商品的損失。九月十八日其中六十店鋪暫停營業，以及二百名以上的日籍工作人員全部在家等候	柳井正會長也清楚的表示：「（對於中國）看法以及想法完全沒變。」今後仍預計每年開店八十～一百家為目標。
良品計畫（東京都豐島區）	上海市 http://www.muji.com.cn/index.shtml	無印良品（上海）商業有限公司（二〇〇八年上海一號店。現在中國境內達五十店鋪）	九月十五日～九月十八日間有三十九家店鋪全日停業，四家店鋪則縮短營業時間而躲過直接受害，且在九月十九日開始所有店鋪恢復正常營業	對全期利益的影響不大。自二〇〇八年來、以每年十間店鋪以上進度展店策略上，計畫二〇一三年展店一百間店鋪為目標。

註1：九月十四日晚間，在四川省成都市7-11等日系便利超商的多數店鋪被反日示威者闖入，收銀臺貨商品被砸毀。

註2：山田電機原本計畫二〇一二年度前進上海，可是已決定從長計議。二〇一三年度之前達成五店計畫也有困難。（《日經新聞》二〇一二年十月六日）

表1-2 駐中國製造業在尖閣反日騷動始末（二〇一二年十月六日為止）

日本總社	中國據點	當地法人組織	受害狀況	今後經營方針
ミツミ電機：MITSUMI	山東省青島經濟技術開發區	青島三美電機有限公司（一九九二設立、獨資。電子遊戲機器相關、開關、螺旋圈、連接插頭等製造，員工三千九百八十六名，營業額二百六十五億日圓）	九月十五日闖入場內、建物及生產設備被砸毀及放火	九月廿五日重新開始啟動部分生產。但尚未完全復原（十月一日現在）
パナソニック：Panasonic	山東省青島保稅區	山東松下電子部品（保稅區）有限公司（一九九七設立、合營。輕觸開關、透明觸控面板、開關組件等電子零件製造）	場內被被闖入及放火、設備被砸毀	除部分商品之外已重新開始啟動生產。十月中旬仍可恢復正常運轉。但Panasonic蘇州工廠（印刷電路板、材料生產）從九月廿一日開始正常啟動，珠海工廠（生產固定電話）從九月廿五日開始正常啟動
トヨタ自動車：豐田汽車	北京市等	豐田汽車（中國）投資有限公司（天津、長春、成都、廣州等地生產）	九月在中國的新車販賣數下滑至既定計畫的半數以下、庫存量急速增加	縮短生產的啟動時間。十月生產臺數下滑至既定計畫的五成左右而可能大幅減產。從日本的「Lexus」輸出，暫緩至十一月。

註：其他趨勢——豐田汽車十月八日以後，天津等在中國的九座工廠開始啟動。日產汽車也於九日重新啟動在中國三家的全部組裝作業。本田汽車也於八日開始啟動在中國的五座工廠。MAZDA（馬自達）及三菱汽車之後重新在當地進行合營公司。

表1-3 中國六家日系汽車大廠二〇一二年九月新車販賣數

廠牌	九月販賣輛數	去年同月比
日產汽車	76,100	↓35.3
豐田汽車	44,100	↓48.9
本田汽車	33,931	↓40.5
鈴木汽車	15,446	↓44.5
MAZDA（馬自達）	13,258	↓34.6
三菱汽車	9,382	↓47.3

* 根據廠牌數據資料，日產與三菱汽車含部分合營對手的品牌，日產含商用車。（《日經產業新聞》二〇一二年十月十六日始）

第二章

回顧歷史

第一節　固有領土的迷思

第一章探討了東京都知事石原慎太郎在四月中旬宣布尖閣諸島的購買計畫之後，至九月十一日由野田政權取得所有權（即國有化）的原委。決定國有化的同時，中國各地不斷發生抗議示威行動，日本企業及工廠遭受前所未有的損害。結果導致日中邦交正常化以來，不僅政治，連經濟關係都陷入最壞的不良影響。在此先整理日本與中國、臺灣對於「尖閣主權」的各自主張，並回溯過去的歷史。其中臺灣的歷史主張與中國幾乎一樣，因此部分省略以免重複。

如第一章第二節文末的年表所示，中國外交部長楊潔篪於二〇一二年九月廿八日（日本時間）在紐約聯合國大會的一般性辯論中發表演說時提到：「無法改變甲午戰爭末期日本從中國偷走釣魚島的歷史事實。」語中直指日本而進行批判。許多報紙也刊出「尖閣是『從中國偷來的』」並以「偷」為斗大標題，這一幕也許有些讀者還記得。對此，日本駐聯合國副大使兒玉和夫行使「答辯權」表示：「尖閣是日本固有的領土，中國與臺灣對於尖閣的主張是在一九七〇年代才開始的。」語中否定了領土問題的存在。日中兩國間，以聯合國為舞臺針對主權激烈爭論，這是第一次。

1 是否「在一八九五年正式併入日本領土」

針對日中雙方的主張與論點，整理如下。然而各自主張的詳細內容，敬請參照書末的附屬資料。

清國統治不及於尖閣的說法

首先第一個論點，日方認為「一八九五年一月十四日在內閣決議正式將尖閣併入我國領土，並在當地建造地標」而主張正當性。

日本外務省也針對「尖閣諸島主權的基本見解」提出以下補充說明：

①「一八八五年以後，政府透過沖繩縣當地政府等方法，再三訪查當地進行調查，不僅單是無人島而已，也慎重地確認了並無顯示清國管轄的痕跡。」

②「這些島嶼由此在歷史上始終是構成我國領土的南西諸島之一。」

③「根據一八九五年五月生效的《馬關條約》第二條，我國接受清國割讓的臺灣以及澎湖諸島之中，並沒有包含尖閣諸島。」

以上三項是日本外務省提出的論點。

日方的立論基礎在於近代國際法中針對「無主地」、「先占權」的法理。這是在沒有所有者的無主土地上，最早以「先占」的方式取得後，實效統治得以被認可。日本外務省的補充是強調在國際法上的正當性。

中方以「暗地裡竊取釣魚諸島」為主張

中國、臺灣的立場如何呢？

首先是提出「釣魚島自古以來是中國的領土。中國與琉球國約有五百年的友好交流歷史，因此早先命名為釣魚島。」並以一四〇三年《順風相送》一書有記述「釣魚嶼」。還有一七一九年渡海到琉球的清朝冊封使所撰《中山傳信錄》中，將沖繩本島附近的久米島記述為「琉球西南端的鎮山」，因此主張「明清的政府將釣魚島當作是中國的領土」。

這是以曾為宗主國與屬國的關係，即「華夷秩序」中，將尖閣納入版圖的認知。相對日本採用近代國際法上的正當性為主張，中國則以較先前的「中華舊秩序」詮釋正當性。各方主張在論理上似乎無法吻合。如果依照近代國際法在領土劃定的涵意上，日本的主張似乎有理。

然而日本的主張難道一點問題都沒有嗎？

中國對於明治政府的內閣決議，提出兩個問題點。

①批判「日本政府自己證實了，甲午戰爭勝利後，不等戰爭終結，也尚未知會清朝，在一

八九五年一月就暗中將釣魚島竊取」。換言之，這是沒有通知中國而暗中納為領土的「手續不完備」。而中國則以「一八八五年九月，沖繩縣令（知事）調查釣魚島的結果報告指出，認為清朝已經為此島命名，因此對建造日本領土的標識一事有疑慮。井上馨外務大臣向山縣有朋內務大臣呈報的書簡中，轉達清朝的疑慮為由，而暫緩建造國標。」為這個批判的依據。

②在歷史的認知上，尖閣之領有，是根據「明治政府對外擴張政策的延伸」。

針對這兩點，分析如下。

2 井上清著《「尖閣」列島——釣魚諸島歷史之澄清》

關於尖閣諸島問題，不得不引用已成為經典的京都大學名譽教授井上清（二〇〇一年去世）的著作《「尖閣」列島——釣魚諸島歷史之澄清》[1]。中國所言「外務大臣井上馨向內務大臣山縣有朋發送書簡中轉達清國的疑慮為由，而暫緩建造國標」等原委，即是從該書引用的。

1 譯註：井上清，《「尖閣」列島——釣魚諸島の史的解明》（東京都：第三書館，一九九六年十月）（Kiyoshi Inoue, *Senkaku Letto/Diaoyu Islands The Historical Treatise*. Tokyo: Daisan Publisher, 1996.）

井上馨對山縣有朋的覆函（一八八五年十月廿一日）

首先整理日方的敘事概約如下：

名為古賀辰四郎者，擬在尖閣從事海產、採集信天翁羽毛等事業，於一八八五年向沖繩縣申請土地租借。沖繩縣因而策動內務省納入日本領土，經政府進行現地調查結果，認定為「無主地」，因此於一八八五年三月十四日經內閣決議決定建造國標。

可是井上清以這份急欲領有決定的內務大臣山縣有朋所收到來自外務大臣井上馨的覆函（一八八五年十月廿一日）為證據，認為日本當時並沒有「該島為無主地」的認知。這份書簡的主旨是：①清國已將該島命名。②清國的報紙曾提到日本企圖占據的傳聞。③如果即刻建造國標的話，可能與清國發展為外交問題，因此可暫時觀望。以下為原文：

此地接近清國國境，與先前勘查完畢之大東島相比，面積看起來較小。尤其清國已命為島名。近日清國報紙記載，我政府將占據臺灣附近之清國所屬島嶼等傳聞，對我國抱持猜疑，我國已屢遭清政府告誡。此時若公然建造國標等措施，則易引起清國疑慮。故當前宜實地勘察，詳細報告港灣之形狀且有無開發土地、物產之可能，而建立國標及著手開拓諸事可留待他日的機會。

井上清對書簡作以下解釋：

> 使這個島成為日本所擁有之原則下，井上馨與山縣有朋是一致的。然而不是現在，應等到無須擔心清國的抗議時——留待他日的機會——再取下之意。山縣也採納井上馨的意見，而沒有讓這個問題在太政官會議上提出。

一八九四年確信甲午戰爭勝利時建造國標

原本掛念與清廷造成外交紛爭的明治政府，卻在一八九五年一月核准（內閣決議）建造國標的決定，是因為已掌握甲午戰爭將獲勝的關鍵時刻。井上清認為「沖繩縣令的『疑慮』解除，以及井上馨所言『他日的機會』到來時。」其中「他日的機會」意即一八九四年開始的甲午戰爭，日本已掌握確定

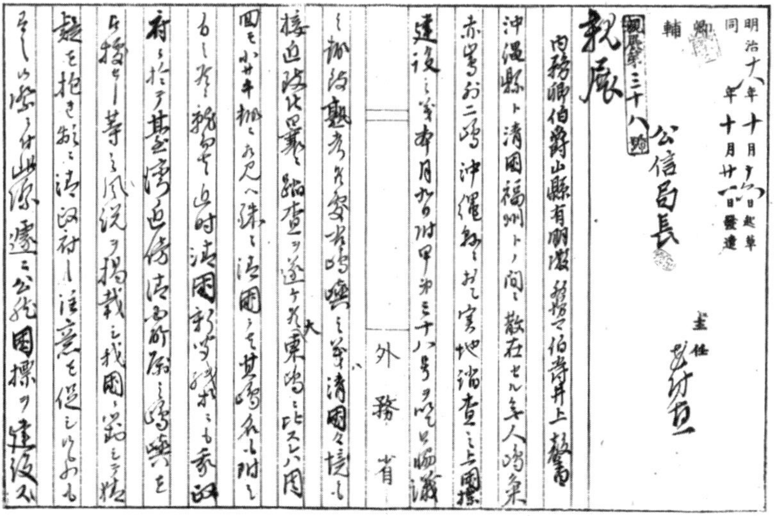

明治十八年十月廿一日起草
同年十月廿一日發遣
卿
輔
公信局長
主任
機密第三十八號
親展
內務卿伯爵山縣有朋殿　外務卿伯爵井上馨
沖繩縣ト清國福州トノ間ニ散在セル無人島嶼
赤島外二島沖繩縣ニ於テ實地踏査ノ上國標
建設ノ儀本月九日附甲第三十八號ヲ以テ御協議
ノ趣熟考致シ候處右島嶼ノ儀ハ清國々境ニモ
接近致候且先般踏査ヲ遂ケ候大東島ニ比スレハ周
回モ小サキ趣ニ相見ヘ殊ニ清國ニテ其島名モ附シ
有之候ニ付近時清國新聞紙等ニモ我政
府ニ於テ臺灣近傍清國所屬ノ島嶼ヲ
占據セシ等ノ風説ヲ掲載シ我國ニ對シテ猜
疑ヲ抱キ頻ニ清政府ノ注意ヲ促シ候モノモ
有之候際ニ付此際遽ニ公然國標ヲ建設スル
外務省

圖三　一八八五年井上馨致山縣有朋信函

戰勝的狀況。

沖繩縣在一八八五年之後的一八九〇年與一八九三年兩次向明治政府奏請「領有」的申請，可是未獲明治政府核准。但就在確定甲午戰爭將戰勝的一八九四年十二月廿七日，有一份秘密文件由內務省發送外務省，內容如下：「在久場島與魚釣島有人從事漁業，為管制的必要，請在內閣會議研商同意兩島附屬於沖繩，並建造國標的決議。」

這次，外務省也馬上同意，且在隔年一八九五年一月十四日的內閣會議中，通過魚釣島與久場島（黃尾嶼）歸沖繩縣管轄，並同意建造國標。同月廿一日內務大臣向沖繩縣知事指示：「關於建造國標之請議，已如所請。」

以上是根據井上清考察尖閣主權問題的原委。然而光以這個原委就斷定日本是「暗自偷竊釣魚諸島」的指控也許不充分。因此再以其他的證據逐條列舉。

①一八九五年一月十四日內閣決議公開的事實並不是正式文件，而是「領有作業需秘密地避開清國以及列國的眼目下進行」。內閣決議的存檔也在一九五二年（昭和廿七年）三月出版《日本外交文書》第廿三卷時初次公開。

②領有議題通過內閣決議的話，相關省廳應將各島的名稱、位置（經度、緯度）、區域、管轄廳、地籍標示、領有開始年月日等刊登在官報，且須以公告、文件將事實告知相關國，可是並未發現這類文件。

③簽訂馬關條約前所舉行的日清講和會議時，日方並未提出「尖閣領有」議題。而未經「內閣決議」公布時，日本政府是無法建造國標的，因此清國方面不可能在講和會議中討論島嶼議題。當地石垣市所建「市標」，是在聯合國組織「ＥＣＡＦＥ」調查發現海底蘊藏資源之後，使得日本與中國、臺灣對主權紛爭逐漸浮現檯面，才在一九六九年五月五日建造的。

3 「尖閣」命名於一九〇〇年

以上是中國或井上清認為「竊取」的依據。在國際法上，「先占」了「無主地」時，並無須國際性的布告。可是日本在「固有領土」的主張上，其領有的決定過程，不得不說是問題重重。

初次出現尖閣的日本地圖是海軍省水路部所完成的一八八八年地圖，在魚釣島還註明「和平山」，東側涵蓋的幾個島嶼被記載為「尖閣諸島」，這應該是引自英國海軍的航海圖所翻譯而成的。而日本是在領有五年後的一九〇〇年，由沖繩縣師範學校的教師黑岩恒在魚釣島與南北小島進行初次的地質調查之後，才正式命名的。為何取名「尖閣」？根據井上清的說法，一八四五年，英國軍艦「沙馬朗號」（HMS Samarang）進行測量諸島。測量完成後，在一八五五年英國海軍的航海圖裡即有記載「Pinnacle Islands」。

依照這張航海圖完成地質調查的黑岩就以「Pinnacle」的「尖峰」之意，而取名「尖閣」。黑岩也於《地學雜誌》（一九〇〇年八月號）發表〈釣魚嶼地質圖〉，英文題目為「GEOLOGICAL MAP OF HOA-PIN-SU」，這是引用航海圖上的記錄名稱，可是黑岩的「HOA-PIN-SU」字母即是以「和平嶼」漢字的中國語發音而來的。英國軍艦「沙馬朗號」的測量引路人認為，可能是原先已使用了中國名的原因。然而取了中國名，並不因此就成為中國領有的證據，但中國方面存有「版圖」意識的推測，應該是不會錯的。

總之，領有議題在內閣決議之基本程序的內務省請議案中，除了公布「久場島」、「魚釣島」兩島的名稱之外，南北小島與大正島並沒有公布。使得日方的領有程序上，存有許多疑點。

4 中國主張的「明治政府對外擴張政策的延伸」

其次探討的是，中國在歷史認知上認為尖閣的領有是「明治政府對外擴張政策的延伸」。先從結論看來，對明治政府而言，從琉球處分到割讓臺灣為止，可說是往南方擴張、劃定領土的一環。如前述的，日本的領有主張在國際法上是有合法性的。但是從中國、臺灣的角度認為，日本是在甲午戰爭中，獲知勝利的階段就進行「尖閣併入」的「趁亂奪取」。

從中國以及日本的視野中消失的「無人孤島」

對於當時領土不斷被英、德、法、俄等帝國列強奪取，已呈弱化的清朝而言，對尖閣之類的無人小島應該是沒有多餘的興趣。（現在的）中國大陸與臺灣則將此視為「保衛重要的領土」而深表關切。

在日本方面，一直主張簽訂《馬關條約》時，清國並未對「日本領有尖閣」提出異議，且中國與臺灣對主權的主張是在一九七〇年代開始的。然而如前所述「日清講和會議時日方並沒有表明對尖閣的領有，因此清國不可能在講和會議時對尖閣諸島提出討論」。「尖閣領有」三個月後簽訂馬關條約，日本因臺灣的割讓，使得尖閣隱藏在「日本領有」下的臺灣背後，而從中國的角度卻「看不見」了。從此，尖閣與八重山同為臺灣經濟圈的一部分而「一體化」。

從甲午戰爭到滿洲事變的「戰爭年代」裡，被排除在戰爭中心之外的「無人孤島」，應該是從日本與中國的視野中逐漸消失的。這個部分將在第四章第三節詳述。

第二次世界大戰後，因與沖繩同屬美國施政下，所以「尖閣」也從本州的日本人的意識中消失。對於韓戰時曾經參戰，以及越戰時與美國對峙而形成冷戰對立結構，並發生文化大革命內亂的中國而言，尖閣亦成為被遺忘的存在。日後隨著歸還沖繩的時間表已排定時，才初次在中國、臺灣人的意識中，喚醒了領土被日本近代化過程所奪取的記憶。

可能有部分讀者覺得「似乎過於偏頗中國、臺灣的主張」，但是關於領土問題，尤其是無人孤島的價值，都是由於主權紛爭而浮上檯面的。而石垣市當局，在魚釣島建造「市標」時，已是內閣決議的七十四年後的事了，那是因為察覺臺灣、中國已開始在注意主權時，才匆忙建造的。所以日本也不能太神氣地多說甚麼。

出兵臺灣、琉球處分與尖閣

對急於建設近代國家的明治政府而言，尖閣是「從琉球處分到割讓臺灣為止，往南方擴張、劃定領土的一環」，這點如實地顯示在出兵臺灣與琉球處分的決定。

如前文介紹的，根據井上清的看法，在甲午戰爭時，當日本已掌握勝利的階段，明治政府就秘密地將「尖閣領有」。井上清在文中指出，首相伊藤博文當時接獲明治天皇指示出席大本營會議，伊藤對後續的戰略提出：「攻略威海衛，讓北洋艦隊全滅，即可確保他日往天津、北京的進攻路線。此外，先進軍占領臺灣。即使占領臺灣，絕不會引起英國及其他諸國干涉。最近我們國內都認為在講和時必須要求割取臺灣的聲音明顯高漲，為此，事先以軍事占領較為妥當。」等建言。

這內容顯示當時的明治政府是如何迫不及待想割取臺灣的言論。並且就在《馬關條約》之前不久，一八九五年三月底，南方派遣艦隊已先從澎湖島登陸、占領，這點即可佐證。

參閱表2-1「琉球處分與尖閣諸島併入的過程」年表，解釋如下。最初的項目為，一八七一年（明治四年）記載「臺灣原住民，殺害漂流到南方的宮古島琉球人五十四名」。

表2-1　琉球處分與尖閣諸島劃定的經過

年代	大事記	備註
一八七一（明治4）	十二月　漂流到南方的五十四名宮古島琉球人被臺灣原住民殺害。	
一八七二（明治5）	九月　明治政府將琉球王朝改為琉球藩併入日本版圖。	第一次琉球處分
一八七四（明治7）	十月　明治政府派兵三千名前進臺灣南部（屏東）。	
一八七九（明治12）	四月　明治政府將琉球藩改為沖繩縣。引起清朝強烈反對。美國格蘭特的調停下提出「琉球三分案」。	第二次琉球處分
一八八〇（明治13）	十月　明治政府提出宮古、八重山割讓給清朝的方案。清朝於十一月拒絕。	第三次琉球處分
一八八五（明治18）	將無人的南北大東島納入日本版圖。	未准尖閣建立國標
一八九四（明治27）	四月　日清（甲午）戰爭開始。	
一八九五（明治28）	一月　內閣會議通過決定，允許在魚釣島與久場島建立國標（納入日本版圖） 四月　日清（甲午）戰爭勝利，簽署《下關（馬關）條約》，割取臺灣為日本殖民地。	
一九〇九（明治42）	二百四十八人移民定居尖閣諸島的魚釣島與久場島	日韓合併

這事件後來以行兇的原住民所居住的「牡丹社」為名，稱作「牡丹社事件」。事件始於同年十一月從那霸出航的六十九人乘坐宮古島的船，在航海中遭遇颱風，十二月七日漂流到臺灣南端，上陸時三人遭溺斃，剩下六十六人遭臺灣原住民襲擊，其中五十四人被殺害。這一起事件，直接影響明治政府決定隔年（一八七二）將原屬清朝與薩摩「兩屬」的琉球王國併入日本成為琉球藩，這就是「第一次琉球處分」。兩年後的一八七四年，明治政府斷然「出兵臺灣」，這是第一次海外派兵。出兵臺灣的直接動機是針對琉球民受害而執行「報復」，然而將臺灣原住民的地域（蕃地）視為「無主地」，當作是清國領土之外等作為，似乎與「尖閣領有」的論理同樣耐人尋味。這時就是在美國駐廈門領事的建議下，說服日本出兵的。

格蘭特前總統提出的「三分案」

話說明治政府因禁止琉球王向清廷朝貢，而引起清國不滿，又在一八七九年四月，日本決定將琉球藩改制為沖繩縣而進行「第二次琉球處分」時，更引發長達一年半的兩國談判交涉。

關於出兵臺灣與琉球處分的因果關係，根據東洋學園大學朱建榮教授的著作《中国外交：苦難と超克の一〇〇年》（PHP研究所，二〇一二年十月），此書第八十三頁指出：

> 重要的是中國方面曾向琉球漁民承諾支付撫卹金，因此明治政府當作這是琉球為日本保護下的諾言，立即於隔年一八七五年下令琉球廢除與清朝之間的冊封．朝貢關係，並使用

明治年號。再於四年後執行消滅琉球王國的「琉球處分」。

如前所述，明治政府在一八七九年四月決定將琉球藩改制為沖繩縣，進行第二次琉球處分時，清朝曾強烈抗拒，兩國開始長達一年半的談判交涉。當時清朝委請正造訪東亞的美國卸任總統格蘭特居間調解。格蘭特是美國南北戰爭時的北軍統帥，也就是五十元美鈔上的肖像人物。格蘭特的調停案是向日本提出「琉球三分案」：

①奄美大島以北為日本領屬。
②沖繩本島為主的群島歸琉球，而恢復琉球王國。
③宮古、八重山群島為清國領屬。

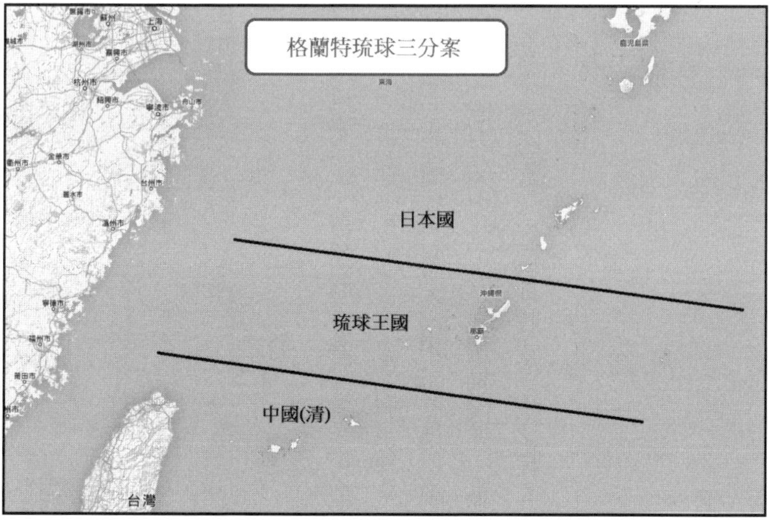

圖四　格蘭特琉球三分案示意圖

對此，明治政府於一八八〇年十月向清朝提出「分島改約案」：

①宮古島、八重山島割讓給清朝。

②其他則屬日本。

這段插曲令人思考「固有領土」到底為何？

何謂固有？

根據岩波書店發行的字典《廣辭苑》解釋為「自始以來」、「自然的」等意涵，可是尖閣議題不過是發生在一百一十七年前（一八九五）的事而已。更進一步而言，土地與那裡生活圈的住民在帝國主義式的領土擴張政策與大國間的利益分配下所犧牲的歷史，才是值得重視的。至於「固有」這樣空泛性的單詞幾乎沒什麼意涵，只以「固有領土且不存在主權問題」為前提時，則無法側耳傾聽對方的主張。這點不知能否在承認爭議確實存在的前提下，與中國、臺灣共同參與歷史研究和調查呢？

第二節　美國的曖昧戰略——戰後秩序的論點

在第一節回顧了明治政府對「尖閣領有」的歷史經過，也介紹了中國、臺灣對此主張「竊取」的立論。在甲午戰爭、日俄戰爭中獲勝的日本，開始對臺灣實施殖民地統治之後，進而向朝鮮半島、滿洲、東南亞等擴張領土，而確立了東亞的「盟主」地位。

第一節也提到，在戰爭的時代，被排除在重點之外的東海「孤島」，也在與臺灣成為一體化的助力之下，應該是從日本與中國的視野中逐漸消失的。並且，日本戰敗後，尖閣又與沖繩一起被置於美國的施政下，因此本州或沖繩本島的人們在政治、社會意識上，應該是不存在「尖閣」吧！

曾在一家熟識的居酒屋裡，遇到店裡的常客正熱烈討論尖閣的話題。其中一人對於中國、臺灣的說詞表示：「猜拳的時候，出手不能慢半拍喔！」的意見，且臉紅氣粗的表情令人印象深刻。的確，臺灣與中國的主權主張是在歸還沖繩日期已排定之後，而且已測出蘊藏石油、天然氣等海底資源之後的一九六〇年代後半段才開始的。可是日本方面開始意識到主權問題，也是在他們主張主權之後才開始的。

二〇一〇年的中國漁船衝突事件以來，日本的媒體遇到紛爭時，總是不斷傳達美國政府對尖閣諸島的見解，彷彿請示主人的模樣。如果日本政府確信「日本固有的領土，且不存在領土問題」等見解的話，則毋需每次在同一件事上都要請示「主人」吧！這顯示出，以尖閣為首，包括竹島（獨島）、北方四島等日本的領土問題的關鍵都掌握在美國。在第一章探討國有化問題時，曾提到在石原慎太郎的「手掌中」隨之起舞，然而解開戰後尖閣史的繩結時，才發現又陷入一個比「石原掌中」還要大的「美國掌中」踊舞的感覺。

對於回歸亞洲戰略的美國而言，看待日中的紛爭時，只要不導致武力衝突的話，應該不會減分。除了制衡中國的大國化，也可探索非敵對關係。因此，維持日美同盟體制，又擔任日中調解者以提升自我價值的「利益」，令人想起明治政府在美國的建議下對臺灣派兵，琉球處分時格蘭特前總統提出「琉球三分案」等歷史。當時與現今，日本與中國的角力關係幾乎是逆轉。

1 戰後秩序下日中雙方的主張

戰後的國際政治秩序中，日中雙方的主張如下。

【日本的立場】——施政權的歸還與實效統治

①根據一九五二年生效的《舊金山和平條約》規定，尖閣與沖繩本島同屬美國的施政下，一九七二年將施政權歸還日本（施政權的歸還）。

②沖繩施政權歸還後，針對領海內違法作業的外國漁船之取締，以及尖閣所有者固定資產

稅額之繳付，則由政府或是沖繩縣實施調查（日本的實效統治證明）。

③中國、臺灣未思考過自己的領土，那是因為尖閣是在美國施政權之下，所以至一九七〇年代為止，未提出任何異議。

【中國的立場】——美國非法占領，又任意交給日本

①第二次世界大戰後，美國非法占領中國領土釣魚島，又任意交付日本。日本接受《波茨坦宣言》，允諾放棄所有的中國領土。而這些領土包含附屬於臺灣的島嶼，即釣魚島在內。

②中國曾對於美國在《舊金山和平條約》中，單方面將釣魚島劃入施政權下的宣言，表達了非法的主張。中國並沒有參與條約，所以是非法無效的，無法接受。

爭論點一：尖閣是否涵蓋於《開羅宣言》內

中國外交部長楊潔篪在九月廿八日的聯合國大會演說時指控「無法改變甲午戰爭末期日本從中國偷走釣魚島的歷史事實」等批判日本。許多日本人對於「偷」的文字表達，應該是先愣住而納悶：「有必要這麼說嗎？」的反應吧。

其中，評論家池上彰記下當時的感受：「對於『偷』的說法，我感到驚訝，難道是先開口的就贏嗎？」（《週刊文春》十月十八日號）

池上又引用中國外交部發言人提及「一個戰敗國卻要霸占一個戰勝國的領土，豈有此理」為例，他認為：「這是露骨地顯現一種『戰勝國占領戰敗國的領土是理所當然』的意識形態。」因而直指中國的「蠻橫」與「傲慢」。

然而，正是如此：「戰勝國占領戰敗國的領土是理所當然的事。」是否還記得，甲午戰爭的戰勝國——日本，從戰敗的清國割取臺灣以及遼東半島，並獲得相當於清國歲收總額兩倍半的賠償金。以平時國際關係裡的「常識」為基準，來斷定戰後處理的規約「不合常情」的說法並不正確。

「偷」的詞意表現在外交文件裡有原始資料。第二次大戰中的一九四三年十二月一日所公布的《開羅宣言》，為了慎重起見附加英文原文如下，後附日文、中文譯本：

President Roosevelt, Generalissimo Chiang Kai-shek and Prime Minister Mr. Churchill, together with their respective military and diplomatic advisers, have completed a conference in North Africa.

The following general statement was issued:

"The several military missions have agreed upon future military operations against Japan. The

Three Great Allies expressed their resolve to bring unrelenting pressure against their brutal enemies by sea, land, and air. This pressure is already rising.

"The Three Great Allies are fighting this war to restrain and punish the aggression of Japan. They covet no gain for themselves and have no thought of territorial expansion. It is their purpose that Japan shall be stripped of all the islands in the Pacific which she has seized or occupied since the beginning of the first World War in 1914, and that all the territories Japan has stolen from the Chinese, such as Manchuria, Formosa, and The Pescadores, shall be restored to the Republic of China. Japan will also be expelled from all other territories which she has taken by violence and greed. The aforesaid three great powers, mindful of the enslavement of the people of Korea, are determined that in due course Korea shall become free and independent.

"With these objects in view the three Allies, in harmony with those of the United Nations at war with Japan, will continue to persevere in the serious and prolonged operations necessary to procure the unconditional surrender of Japan."

日文譯本：

「ローズヴェルト」大統領、蔣介石大元帥及「チァーチル」総理大臣ハ、各自ノ軍事及

外交顧問ト共ニ北「アフリカ」ニ於テ会議ヲ終了シ左ノ一般的声明発セラレタリ

「各軍事使節ハ日本国ニ対スル将来ノ軍事行動ヲ協定セリ

三大同盟国ハ海路，陸路及空路ニ依リ其ノ野蛮ナル敵国ニ対シ仮借ナキ弾圧ヲ加フルノ決意ヲ表明セリ右弾圧ハ既ニ増大シツツアリ

三大同盟国ハ日本国ノ侵略ヲ制止シ且之ヲ罰スル為今次ノ戦争ヲ為シツツアルモノナリ右同盟国ハ自国ノ為ニ何等ノ利得ヲモ欲求スルモノニ非ズ又領土拡張ノ何等ノ念ヲモ有スルモノニ非ズ

右同盟国ノ目的ハ日本国ヨリ千九百十四年ノ第一次世界戦争ノ開始以後ニ於テ日本国ガ奪取シ又ハ占領シタル太平洋ニ於ケル一切ノ島嶼ヲ剥奪スルコト竝ニ滿洲，臺湾及膨湖島ノ如キ日本国ガ清国人ヨリ盗取シタル一切ノ地域ヲ中華民国ニ返還スルコトニ在リ日本国ハ又暴力及貪欲ニ依リ日本国ガ略取シタル他ノ一切ノ地域ヨリ駆逐セラルベシ前記三大国ハ朝鮮ノ人民ノ奴隷状態ニ留意シ軈テ朝鮮ヲ自由且独立ノモノタラシムルノ決意ヲ有ス

右ノ目的ヲ以テ右三同盟国ハ同盟諸国中日本国ト交戦中ナル諸国ト協調シ日本国ノ無条件降伏ヲ齎スニ必要ナル重大且長期ノ行動ヲ続行スベシ」（「日本外交年表並主要文書」下巻、外務省編　一九六六年）

中文譯本：

「羅斯福總統、蔣中正統帥、邱吉爾首相，及各自軍事外交顧問共同於北非舉行會議，一般公開聲明如下：

各方軍事使節，對於日本今後軍事計劃，已獲決議。

三大同盟國公開表示決定從海陸空方面，對野蠻敵國，施以壓力，這個壓力已在擴增之中。

三大同盟國決制止及懲罰日本之侵略，為此戰之目的，同盟國絕不為本國圖利亦無拓展領土等他念。

三大同盟國之目的，為剝奪日本自一九一四年第一次世界大戰開始以後，日本國在太平洋上所奪得或占領之一切島嶼，如滿洲、臺灣及澎湖島嶼等，日本國從清國人竊取之一切領土，須歸還於中華民國。

凡被日本國以武力或貪欲攫取之一切領土，得將日本國驅逐出境。

前記三大國關心朝鮮人民之奴隸待遇，決定於適當時機使朝鮮自由獨立。

基於以上各項目的，三大盟國已與同盟諸國為對日交戰之各國簽訂協議，日本無條件投降為止，須持續重要且長期之戰鬥。」

原文就有記載「Japan has stolen」（日本竊取）的表現方式。《開羅宣言》是美（羅斯福）、英（邱吉爾）、中（蔣介石）等三國領袖會談後，決定對日展開長期戰鬥，並且要求日本歸還其奪取領土的宣示內容。

關於《開羅宣言》的有效性，因不見署名及標示日期，因此引發是否為有效力的外交文件之質疑。然而在那之後，日本無條件投降（即《波茨坦宣言》），與簽署《舊金山和平條約》時，如「履行宣言」明文規定接管的話，即使對《開羅宣言》提出質疑也不會有所變動，也不會採取回溯戰後體制，及當時歷史的否定立場。

回歸尖閣的問題。中國、臺灣對於尖閣諸島以「附屬於臺灣的島嶼」為立場，當然涵蓋「日本國從清國人竊取之一切領土」在內的主張。

對此，日本以「簽訂《舊金山和平條約》時尖閣沒有被列出，而且依《舊金山和平條約》而置於美國施政權下時，中國、臺灣也未提出抗議」等上述理由，堅持不含尖閣諸島的立場。

如表2-2所示，《開羅宣言》或《波茨坦宣言》中，對於「尖閣領有」的確沒有清楚的明文規定。此外中國、臺灣則解釋為「日本接受《波茨坦宣言》，允諾放棄所有的中國領土。而這個領土含附屬於臺灣的島嶼，即釣魚臺在內。」

然而蔣介石在一九四三年的當下，對於尖閣的存在是否有概念，是令人存疑的。

表2-2 開羅宣言以後的尖閣諸島處置

一九四三年十二月公布	《開羅宣言》	如滿洲、臺灣及澎湖島嶼等，日本國從清國人竊取之一切領地，須歸還中華民國。	美、英、中華民國
一九四五年七月二十六日	《波茨坦宣言》	《開羅宣言》之條件必將實施，而日本之主權必將限於本州、北海道、九州、四國及吾等決定其他小島之內。	美、英、中華民國
一九四六年一月二十九日	「駐日盟軍總司令部」SCAPIN第六七七號	「日本的領土由四島（北海道、本州、四國、九州）以及對馬諸島，還有北緯卅度以北的約一千個島嶼所組成的琉球諸島」等規定。	雖未提及尖閣，但指北緯卅度以南之「被排除在日本的範圍之外地區」。
一九五一年九月八日簽署	《舊金山和平條約》	日本政府放棄對臺灣、澎湖等島嶼的一切權利、權利名義與要求。	第三條　日本政府同意美國對於北緯廿九度以南之南西諸島（含琉球諸島與大東諸島）（中略）為唯一的施政權信託統治制度權利。
一九五一年九月十八日	周恩來外交部長	上記條約的準備、擬制、簽訂，中華人民共和國並沒有參加，因此認為是無效的，且一概不承認。	
一九五三年十二月二十五日	美國民政府公告第廿七號	根據《舊金山和平條約》，重新將琉球群島上的美國民政府以及琉球政府所列為管轄的區域。	涵蓋尖閣諸島

爭論點二：《舊金山和平條約》

另一個爭論點是日本主張的：「根據一九五二年生效的《舊金山和平條約》規定，尖閣與沖繩本島同屬美國的施政下，一九七二年將施政權歸還日本（施政權的歸還）。」

中國則表示：「美國在《舊金山和平條約》中，單方面將釣魚島劃入施政權下的宣言，表達了非法的主張。中國並沒有參與條約，是非法無效的，不能接受。」

簽訂條約時，美國與英國對「中國代表權」的意見不合，中國與臺灣也都沒有被邀請。若日本未曾與中國簽訂和平條約的話，則無法劃定領土，北京如此的主張似乎有理。然而參與韓戰時與美國展開「熱戰」的中國的視野中，恐怕沒有「尖閣」吧！

另一方面，日本在《舊金山和平條約》生效不久後，即與臺灣的中華民國政府簽訂了《日華和平條約》[2]。該和約中第二條依照《舊金山和平條約》規定：「放棄對臺灣、澎湖諸島、新南群島及西沙群島之一切權利、權利名義與要求。」其中並沒有提到尖閣。以常識判斷的話，對於處在美國「軍事保護」下的蔣介石政權而言，他的燃眉之急應該是在臺灣本島以及金門的防衛，而對於「無人孤島」，應該是不存在於他的意識中。更何況尖閣議題如果被置於美國的施政權下的話，對於與共產黨呈對峙狀態的臺灣之利益是不相違背的。

而所謂「新南諸島」即中國與越南、菲律賓之間為主權而不斷有激烈紛爭的今日「南沙群島」。日本在一九三八年宣布主權而取名「新南群島」，並開始實施統治直到第二次世界大戰結束為止。然而歷史所留下的問題，正是今日仍未解而成為紛爭的原因。

根據日本外務省以「一九五〇或六〇年代之前，中國方面曾有類似承認尖閣諸島是日本領土的事例」為由，舉證如下。

①一九二〇年五月，當時的中華民國駐長崎領事針對福建省漁民遭遇海難漂流到尖閣諸島獲救事件而贈送感謝狀，文中記載「日本帝國沖繩縣八重山郡尖閣列島」等內容。

②一九五三年一月八日《人民日報》刊出題為「琉球群島人民反對美國占領的鬥爭」一文中提到，琉球群島是由尖閣諸島在內的七組島嶼所形成的。

關於①是在日本統治臺灣的時期，這從中國、臺灣所持「尖閣是附屬於臺灣的島嶼」等立場而言，並非矛盾的論理。此外關於②，北京清華大學劉江永教授向筆者提出反論：「文末並無作者具名，應該是地名註記上的翻譯錯誤，也無法代表當時政府的立場。」

2　譯註：即《中日和平條約》，簡稱《中日和約》，又稱《臺北合約》。第二次世界大戰結束後，中華民國與日本為結束戰爭關係而簽訂的和平條約。一九五二年四月廿八日於臺北賓館簽署，同年八月五日生效。

2 美國的立場——在主權紛爭裡不偏袒任何一方

接下來將探討主題，移轉到掌握日本領土問題關鍵的美國的立場。

將尖閣的主權與施政權分離

首先釐清一點，當時占領日本的美軍，對於日本領土的認知是如何呢？關於這點的佐證在於一九四六年「駐日盟軍總司令部（SCAPIN）」第六七七號的領土規定。其內容如下：「日本的領土由四島（北海道、本州、四國、九州）以及對馬諸島，還有北緯卅度以北約一千個島嶼所組成的琉球諸島。」從這個解釋得知不包含尖閣在內。

另一方面《舊金山和平條約》生效後的一九五三年十二月廿五日，「美國民政府」[3]所頒布的《第廿七號公告》中，記載關於在琉球群島的美國民政府以及琉球政府所管轄的區域，也就是界定美國政府的施政權所涉及的領域，而這個區域即包含了尖閣諸島。換言之應可解釋為美國政府一開始就已將尖閣的主權與施政權分離的。

沿著這個基本型態，美國政府面對歸還沖繩時仍堅持「主權與施政權分離」的一貫主張。最近美國國務院的官方說法如下：「尖閣諸島屬於日本施政權之下，為對日防衛義務的《日美安保條約》第五條適用對象。同時，美國對於尖閣諸島的最終主權不表明（特定的）立場，期待兩方以和平手段解決問題。」（《共同通信》二〇一二年七月九日）

為何美國政府對於日、中、臺間產生紛爭火種的主權議題上，一直採取曖昧的立場呢？

根據《產經新聞》二〇一二年九月廿八日報導所引述的美國國家檔案館文件，指出反對尖閣諸島歸還日本的中華民國（臺灣），曾要求美國在一九七一年簽訂《歸還沖繩協定》的條文中加入一行「尖閣諸島的施政權不屬於任何一方」等文字。當時的國務卿羅傑斯等人曾特別向白宮傳達臺灣的意見，而尼克森總統則以「施政權的歸還已經與日本達成協議，現在無法再議論」而加以回絕。最後日美兩國政府終於在一九七一年六月十七日簽署《歸還沖繩協定》。可是國務卿羅傑斯以及總統幕僚彼德森、以及擔任日美纖維談判總統特使的大衛甘迺迪等人，直到簽約前夕都還持續為臺灣發言。

如果報導內容屬實的話，在歸還沖繩與尖閣主權議題上，有可能是美國政權內部在談判紡織品貿易上用來對日施壓的一張牌。看得出尼克森在歸還沖繩，且即將在隔年訪問中國之前，不得已的情況下必須在日中政策上取得平衡的考量。

3 譯註：琉球列島美國民政府（United States Civil Administration of the Ryukyu Islands，簡稱：USCAR）為美軍於一九四五年四月一日登陸占領沖繩時所設置的占領政府，屬琉球政府的上層機關。一九七二年五月十四日沖繩歸還日本的前日，「琉球列島美國民政府」被廢除。

留下紛爭的火種，漁翁得利

關於這個部分，關西學院大學豐下楢彥教授指出，日中之間如果發生領土紛爭時，即使已歸還沖繩，但仍可使美軍的駐留沖繩正當合理化，因此做出分析：「故意留下紛爭的火種，以確保（沖繩的）美軍的存在為目的。」（《世界》二〇一二年八月號）

眾所周知，北方四島議題在一九五六年的日蘇談判時也有美國的外交介入。當時的國務卿約翰．杜勒斯曾示意日本，如果接受了蘇聯所釋出歸還的其中兩島，美國則不歸還沖繩給日本，此舉是用以制衡日蘇之間的親近。這即是有名的「杜勒斯威脅」。

中國各地燃起激烈示威的二〇一二年九月中旬，美國國防部長潘內達（Leon Panetta）先後訪問日本與中國，以「調解者」的身分展現中立的立場。潘內達在九月十七日與防衛大臣森本敏會談時，曾要求日中雙方應冷靜節制對立。這是美國國防高層在日中外交關係上，罕見的公開表達疑慮。潘內達在會談後的記者會上，針對尖閣為《日美安保條約》的適用對象而表達一貫的立場，並表示「美國對於雙方的主權紛爭將不偏袒任何一方」而極力保持「中立」的立場。

之後，潘內達飛抵北京，十九日與國家副主席習近平展開會談時表示「應謹慎挑釁行動，並以和平方式解決」而要求中國須慎重處理。同時表明對於尖閣及南海問題，美國決不採特定立場。這彷彿是一百卌年前格蘭特總統的身影。

第三節　「擱置」的歷史與記憶

在第二節裡，回顧了第二次世界大戰後尖閣的歷史。美國在一九七二年因歸還沖繩而將尖閣「歸還」日本，可是歸還的只是「施政權」，而對於「主權」則以「不採特定的立場」為由，將主權與施政權分離。這證實了「主權」為產生紛爭的源頭。也介紹了學者的見解來分析其理由：「故意留下紛爭的火種，以確保（沖繩的）美軍的存在為目的。」

歸還沖繩後，接著日中兩國邦交正常化，可是正常化的同時也面臨幾個難題。首先探討「結束戰爭關係」時，曾與中華民國（臺灣）之間所簽訂的《日華和平條約》（即《中日和平條約》），在法理上的整合成為最大的問題。在「賠償問題」上，中國方面很早就已向日方表達「放棄」的決定。另一個問題是關於「領土」（尖閣）。中國與臺灣是在歸還沖繩已排出時間表的時期，也就是發現蘊藏豐富的石油資源之後的一九六〇年代後半才開始主張主權的。回顧邦交正常化談判以來，兩國在這個問題上是如何處理的？也就是所謂「擱置」的歷史為何？到底透過媒體保留了哪些「記憶」？

1 田中角榮、周恩來會談記錄被刪除的怪事

全面否定「擱置」論的外務大臣前原誠司

這個問題暫時擱置應該無妨，即使擱置十年亦無妨。這些話是鄧小平單方面的言語，並非日本方面同意的共識。因此就結論而言，與中國並無達成擱置論等共識的事實。

這是二〇一〇年十月廿一日在「眾議院安全保障委員會」會議上，當時的外務大臣前原誠司針對中國漁船衝突事件的答辯。稍後（廿七日）前原在眾議院外務委員會上針對擱置議題表示：「對於過去的原委作了相當詳細的調查，並沒有所謂的默契。」而全盤否認。當時筆者從新聞的大幅報導中得知這段發言時，不禁反應：「耶！真是這樣嗎？」的生疏感。筆者的記憶中，對於前原外相所提到的一九七八年的鄧小平發言留下極為強烈的印象，那是對於日中之間應該是存有「心照不宣的協議」的認知。

外務省的「田中角榮首相、周恩來總理會談」紀錄

日中邦交正常化談判時，日中的領導者之間究竟如何往來？過程整理如下：

日中邦交正常化談判第三次首腦會談（一九七二年九月廿七日）的內容為外務省之《田中

角榮首相、周恩來總理會談》。

田　中：對尖閣諸島有什麼想法呢？不少人跟我提到這個問題。

周恩來：關於尖閣諸島問題，現在談沒有好處。因為發現石油，這就成了問題。如果沒有石油的話，臺灣與美國都不會大作文章。

《紀錄與考證　日中國交正常化》六十八頁[4]

刪除外務省紀錄的外務省中國課橋本恕課長

然而，整理出這段原委的橫濱市立大學名譽教授矢吹晉指出：「刪除這段往來過程的是外務省。至於是誰刪除的很清楚。之後，刪除的當事人曾向清水幹夫[5]說出真相。」那份紀錄已重新還原，直接引用在此。

還有，第四次首腦會談於一九七二年九月廿八日午後三時開始，在首腦會談席間，周總理提到：「臺灣問題解決之後……」又說：「終於快結束了。」但這時田中首相卻說：「不，還有

4 譯註：石井明等編，《記録と考証　日中国交正常化・日中平和友好条約締結交渉》，東京：岩波書店，二〇〇三年。

5 譯註：清水幹夫（Mikio Shimizu），前每日新聞社論說委員長。

問題沒談！」然後提出尖閣列島問題。周總理回答：「如果要談這個問題，雙方都有很多話要說，首腦會談就會無休無止，所以這次還是不談吧。」田中首相也認為：「說的也是，那就下次機會吧。」談判到此全部結束。（〈橋本恕於二〇〇〇年四月四日向清水幹夫的證言〉，大平正芳記念財團編《去華就實 聽寫大平正芳》，二〇〇〇年出版。《紀錄與考證 日中國交正常化》二二三～二二四頁）

橋本恕就是當時的外務省中國課長。這部分如何解讀呢？矢吹教授分析如下：

> 這就是田中與周恩來會談被隱藏的真相。針對這一段交談，中國方面稱之「默契」、「共識」（共同的認知之意）。日本政府主張的「沒有默契或共識」是扭曲了田中與周恩來會談的真相。這時中國認為日本政府的認知與尖閣國有化，都是使田中與周恩來會談的擱置原則功虧一簣，因此提出譴責。

中國方面堅持「擱置」論

矢吹教授的理解，中國方面也有同樣的看法。前中國國務院新聞辦公室主任趙啟正認為：「田中角榮首相訪中之前曾表示『如果沒有提到尖閣問題則無法向國民交代』。可是當他向周恩來首相提出時，卻被回說：『如果現在談的話，則無法正常化，這事以後再說吧。』田中也同意。」（《朝日新聞》二〇一二年七月七日早報）這個說法與「橋本恕的證言」邏輯相通。

到底日語的「棚上げ（擱置）」一詞為何意？根據岩波書店的《廣辭苑》解釋，即「暫時保留，而延後解決、處理」之意。面對周恩來說的：「這事以後再說。」田中回答：「說的也是，那就下次機會吧。」這應該可解釋為，一方面承認領土問題確實存在，同時對於「暫時保留，而延後解決、處理」的原則表示「同意」吧！

2 日中和平友好條約談判中的晃動

「擱置」的問題出現在以下的場合，一九七八年八月簽署「日中和平友好條約」的談判過程。

「留待下一代智慧解決」的鄧小平談話

如前原誠司所引述的，就是為出席批准書交換儀式而訪日的鄧小平副總理，一九七八年十月廿五日在日本記者協會記者會上的談話，讓許多日本人印象深刻。引述當時記錄如下：

在實現中日邦交正常化時，我們雙方也都有約定不涉及這一問題。這次談中日和平友好條約也同樣的不提這個問題。

這段發言中，陳述了雙方「同意」的擱置議題。

然後是有名的一段話：

> 我們兩國政府在談判時，認為避開這些問題比較明智。這樣的問題，擺一下不要緊，擺十年也沒有關係。我們這代人智慧不夠，（中略）下一代人總比我們聰明一些。

這就是所謂「留待下一代的智慧解決」的一段話。

關於「擱置」的部分，當時報紙曾經如此解讀：「鄧發言即明確表達了雖然日本現在擁有尖閣諸島的實際統治，但中國並沒有放棄主權之意。」（《讀賣新聞》一九七八年十月廿六日早報）

較早於日本記者協會的發言，一九七八年八月十二日簽署《日中和平友好條約》的前兩日，鄧小平曾在北京與外務大臣園田直會談時提到：「釣魚島問題、大陸棚問題等，現在沒有必要提出來。可以稍微放一邊，等適當的時機再討論，為找到彼此都能接受的方法，可以慢慢商量。」（《北京週報》二〇〇四年第卅四期）。

針對這段發言，園田回答了什麼？可惜外務省的公文檔案尚未解密。

日中的角力關係，以及永田町左右兩派的抗爭與擺動

田中角榮、大平正芳不顧自民黨內的反對勢力而斷然朝向日中正常化。自民黨內的「抵抗

勢力」於一九七八年開始和平友好條約談判時，在正常化談判會議上，針對日本方面決定「擱置」尖閣諸島抱持疑慮，而使大平外相、園田外相[6]的「推動條約積極派」等人的政治地位受到動搖。

同年的一九七八年四月十二日，超過一百艘以上的中國武裝漁船出現在尖閣周圍領域，其中幾艘漁船冒犯領海而造成騷動。四月十八日召開的自民黨總務會議時，當時屬於福田派的小泉純一郎（後來的首相）曾以「邦交正常化談判時，已經同意擱置尖閣了嗎？」為題，追問大平正芳（時任自民黨幹事長）。

根據《讀賣新聞》（一九七八年四月十九日）報導，大平回答：

①從大局的見解處理的話，不應清楚區分黑白，而是需要彈性應對。

②已經同意擱置的說法並不正確，對方只是說了「先別提出」而已。

從這段話的語氣，彷彿聽到他那熟悉的「啊……喔……」的「大平節」，想必是一場辛苦的答辯。

6 譯註：大平正芳為一九七二年九月，日本與中華人民共和國「日中邦交正常化」而發表《聯合聲明》的外務大臣。園田直為兩國於一九七八年八月簽署《日中和平友好條約》的外務大臣。

實際上是已經「擱置」了，但如果一承認的話，恐會引發鷹派攻擊：「已對中國讓步。」因此日中兩國的角力關係與永田町的風向一直是微妙的搖動「鐘擺」。直到現在的民主黨政權，政府主流與外務省都「全盤否認」的情形下，應該已經讓「鐘擺」作用完全停止了吧。

實效統治的強化與挑撥——中國方面的「報復」模式

自民黨內以福田派或是青嵐會為主的「抵抗勢力」，對於和平友好條約的「擱置」是強烈反對的，並要求先解決主權問題的前提下才簽署條約。例如一九七八年三月廿四日自民黨總務會議上針對尖閣問題提出「為我國固有的領土，如何確立實效的統治權，政府應該採取某些措施」而通過上述決議。

具體上有直升機停機坪、漁船用的緊急避難港、氣象設備、人員配置等列舉項目（《讀賣新聞》一九七八年三月廿五日早報）。

根據當年的報導，一九七八年三月廿四日的總務會議上也曾出現「再這樣下去就會像竹島的重蹈覆轍」、「應展現既成事實」等意見不斷。觀看這些處理對策，與今日決定國有化時在官邸所討論的「八套劇本」，幾乎是加入同樣的內容。

當年的園田直外相，對於大量的中國漁船侵犯領海的理由，在自民黨的黨內會議討論時表示：「這是對中國放大尖閣問題的一種反抗。」（《讀賣新聞》一九七八年四月十五日）。然而，對中強硬派提出了實效統治的強化與挑釁，中國方面隨即做出相對的報復等模式，卅四年前與今日一成不變。

當時，屬於青嵐會成員的石原慎太郎也看出政府曾經「擱置」。

這個問題，被鄧小平的「交給下一代聰明的年輕人處理」這麼一說之後，單純的外務省也以為這樣就得救了，而積極贊同的結果成為擱置。其實在那之後，政府應該還可以「那是奇怪的，那裡是日本的領土」等明確的表態。（《PRESIDENT》二〇一二年九月十七日號〈日本要有戰爭的覺悟〉）

三年前也曾贊同「擱置主權、共同開發」的石原慎太郎

此時此刻，認為外務省態度軟弱而對於擱置提出批判的石原慎太郎，其實在三年前的某次會談中，對於東海油氣田開發案的「擱置主權、共同開發」是表態支持的。也許令人無法置信，因此將原文如實重現。對談人物是石原的大學同學凌星光，現任日中科學技術文化中心理事長。

凌星光：東海油氣田問題，成為日中關係發展的一道關卡。這五年中，我提出「擱置主權、共同開發」的主張，受到日中雙方的學者肯定。所謂「擱置主權、共同開發」即是無需劃定中間線與大陸棚延長線的共同開發計畫。這是相對於一六四八

年所確立的威斯特發利亞（Westphalia）體制的意涵，也是不得不從廿一世紀歐美所構築的現代國際政治的框架中跳脫而出的改變。

石　原：「擱置主權、共同開發」的意見，我贊成。在廿一世紀，必須面對全球暖化問題等全球性問題。已不是擴大軍備競爭的時代了。應該要尊重各國的主權，必須要避免主權爭論所引起的戰爭。

（日中科學技術文化中心會報〈KIZUNA〉二〇〇九年夏）

雖然日後辯稱「並非針對尖閣，只是談論東海油氣田開發案而已」，但這個說辭是行不通的，不是還有清楚的呼籲「必須要避免主權爭論所引起的戰爭」等話語嗎？一個為了實現自己的野心而什麼都可行的「政客」言行，不知哪一次才是發自內心的？

媒體也將擱置常識化

自民黨右派以「擱置了」為由施壓黨內執行部，政府卻以中國「只說先別提」而閃爍其詞。暫且不論政治家的修辭，而當時媒體的認知如何呢？介紹《讀賣新聞》一九七九年五月卅一日以〈勿讓尖閣問題成為紛爭的種因〉為題的社論：

關於尖閣諸島的主權問題，一九七二年邦交正常化時，以及去年夏天簽署《日中和平條

> 約》時也沒有任何爭議，也就是一直以所謂「暫時不涉及」的方式處理。總之，日中雙方共同主張領土主權，但一方面又承認在實際上存有「爭論」，因而保留這個問題，待將來解決的意向是日中政府之間的理解。
>
> 這並不是聯合聲明以及條約上的文件，但確實是政府對政府之間的清楚「約定」，而既然約定的話就要遵守才合乎常理。

這一則社論是針對沖繩開發廳於一九七九年五月廿八日至六月七日為止，在魚釣島舉行「學術調查」（水質、氣象、地形、生物）的一環，假設在島上建設直升機停機坪時，則已違反「擱置」的默契而提出批判的文章。文中又提到：「和平條約簽署後，尚未滿一年就已經在為建造直升機停機坪而派遣調查團的行徑，彷彿是故意誇示實效統治的感受。」用以提醒日本政府的行動。中國方面也針對這次學術調查提出「違反日中和平友好條約談判時的理解」而表達遺憾之意。這件事還是成為外交問題。而社論最後如下建言：

> 如果，真是有必要做學術調查的話，應該事先與中國商量，或是有無共同調查的方式可行。尖閣諸島海域中，反正不久的將來都必須進行海底資源調查開發。如果連一塊「小岩石」都要爭奪的話，不如將眼光放在遠大的事業而朝向日中兩國之間協力的方向，讓雙方的氣氛提升是最重要的。

該社論最後如此結尾：「希望今後對於尖閣諸島問題應該慎重處理，必須避免成為紛爭的種因。」

這真是一篇以日中關係的大局著想的了不起社論。對於「擱置」的默契，提示了政府之間對於「約定」的理解。但對照今日已成為批判中國急先鋒的同一家報社，當年也曾留下極為優良的篇幅。

關於魚釣島設置設施的政府內部的否定性見解

然而接受這個學術調查之後，沖繩開發廳於一九七九年十二月十八日彙整報告書，以沖繩縣的漁安作業為由要求建造避難港、漁船避難用的停泊浮標，因惡劣的天候條件下，對其建設與設置判斷為「幾乎是不可能」、「也不適當」（《讀賣新聞》十二月十八日）。由此顯示對魚釣島的設施建造，政府已表明否定的見解。

日本的輿論，對於擱置常識化的事例，光是這一則社論也許還不夠充分，因此再舉一例。簽署日中和平友好條約時的外相園田直在隔年一九七九年七月十日內閣會議上，針對尖閣周邊的石油開發案表示「暫且不論主權，盼能與中國進行共同開發」（《讀賣新聞》七月十日晚報）。整版的頭條新聞中，記者如此下筆：「以迴避國際性的衝突點的立場，基本上對於主權問題是同意擱置的。」從這些發言及當時的報導看來，應該可以明瞭當時的自民黨政府主流或是主流媒體，對於尖閣問題都抱持「已經同意擱置」的認知。

園田或是社論所提及的尖閣周邊的石油共同開發計畫，在卅年後的二〇〇八年六月實現了日中油氣田開發的共識。這也是從「主權」分離的「擱置」成果，而這個成果是不可被輕忽的。

3 右翼團體「日本青年社」所引起的建造燈塔事件

一九七九年十二月沖繩開發廳彙整報告書，而判斷為不適合建設的決定之後，發生主權問題是在一九九〇年九月的事。日本右翼團體「日本青年社」登上魚釣島建造燈塔，海上保安廳決定承認這個燈塔為正式的航路標識，為此引起臺灣和中國的強烈反對。中國外交部新聞局副局長於十月十八日針對中國主權被侵害行為發表談話：「中國政府強烈要求日本政府即刻採取有效處置，制止日本右翼團體的行動，並防止類似事件再發生。」

十月廿一日，臺灣區運動運舉行前，為了將「聖火」傳遞到釣魚臺，主辦單位的高雄市政府祕書長林中森與宜蘭縣長游錫堃一起搭乘漁船前往釣魚臺。為了宣示臺灣的主權，另有一艘載有臺灣媒體工作人員的漁船同行。兩艘船曾進入日本領海，但被守候多時的日本海上保安廳的十艘巡視艦艇和航空機圍住攔阻，而被遣回。

臺灣、中國的反應以及日本政府的見解

在這事件上，以下三點值得注意。

①中國對臺灣行動的反應。

中國外交部發言人在隔日的十月廿二日發表談話，譴責日本出動艦艇與航空機一同侵入該島海域並阻攔「臺灣省漁民」的行為是「毫無道理的」。又表示「中國政府強烈要求日本政府，即刻停止在釣魚島及周邊海域損害中國主權的一切行動」。在尖閣的事件中實際上促成「中臺合作」的契機。

②站在臺灣抗議活動第一線的是臺灣獨派大老。

宜蘭縣長游錫堃是反對國民黨獨裁的民進黨高層之一，曾在一九八九年至一九九七年間擔任被譽為「民主聖地」的宜蘭縣的縣長，是二〇〇〇年民進黨取得政權後，歷任行政院長與黨主席的重量級人物。從日本看臺灣時，對於高喊「尖閣領有」的馬英九總統或國民黨似乎給人留下「反日」勢力的既有觀念。那麼這回，對於應該是「親日」的獨派游錫堃縣長的行動，又該如何解釋呢？

對於臺灣漁民而言，自從日本時代或美國施政下，尖閣諸島附近的海域早就是比較自由的漁場。他們所求的，並不是為了尖閣的「領土」，而是一個漁場的「生活圈」，而身為縣長，不過是站在漁民的立場而站到第一線罷了。若只以「親日」或「反日」等扭曲的量尺來看臺灣的話，說是不妥，不如說是有害的。

③日本政府的反應。

當年的坂本官房長官在廿三日的記者會上，針對阻攔臺灣漁船靠近的事件重申尖閣諸島為日本固有領土的立場，並表示「日本固然如此，中國、臺灣大家都在主張擁有（尖閣諸島）主權，我想那應該是依各國的立場而陳述的」（《共同通信》一九九〇年十月廿三日）。雖然日本政府以「不存在領土問題」為主張，但顯然當時在認知上是「承認各自都有各自的主張」。然而日本政府所主張的「不存在領土問題」是在一九九六年八月，當時的外務大臣池田行彥發言開始的。

日本政府的讓步「不承認航路標識」

那之後，燈塔事件是如何處理的呢？

根據臺灣報紙《中國時報》一九九〇年十月廿三日的報導，為抗議日本的阻攔，臺灣民進黨表示「預計派遣兩百艘漁船隊伍前往釣魚臺，還為了保護漁船隊伍而打算要求政府出動軍艦」。這時日本政府的姿態開始轉為和緩。當時的首相海部俊樹廿三日午後對記者團表示：「航路標識的問題會審慎處理。」而暫緩承認燈塔為航路標識的決議。（《共同通信》一九九〇年十月廿三日）

日本政府廿五日也正式決定「不承認航路標識」，而節制了可能連結實效統治的強化動作，可說是「盡量以不顯眼的方式」來處理。然而這時要求海部俊樹「圓滿解決」的正是自民黨對中強硬派的「日華議員懇談會」的會長藤尾正行、佐藤信二等兩人。因為考量臺灣方面的抵抗，反而看到「親臺派」持反對加強實效統治的「較勁現象」。

日本青年社的燈塔建設案，石原知事幾次都曾參與過。如前述的《PRESIDENT》二〇一二年九月十七日號〈日本要有戰爭的覺悟〉一文中，石原如下證實：

> 大約四十年前，自民黨的青嵐會共同集資，由關西地區的學生同志在尖閣建造燈塔。（中略）在那之後的昭和六十三年（一九八八），非常感恩的，我們的活動引起日本青年社的呼應，向我們熱烈表達了修築燈塔的意願。在修築燈塔時，青年社的沖繩支部長因過勞而去世，所以是在極為艱困中建造完成的，那是了不起的燈塔。我們邀請水陸部（舊運輸省）派人到現場去確認後，還曾向我們保證「這就可以了。可登記為正式的燈塔」。（中略）即使海上保安廳也接受了申請，可是外務省仍以「時候尚早」為由，而沒讓我們登記。談什麼時候尚早？真是令人無法理解。

當燈塔問題決定「擱置」時，筆者與訪問東京的臺灣民進黨顧問許信良（之後成為黨主席）一起用餐懇談時，許信良指出：「右翼在釣魚臺建造燈塔，對臺灣人民產生了日本軍國主義復甦的強烈憂慮。」他提出一個解決策略，就是在領有問題處理完畢前，這個島「應該共同使用」。這個想法令我印象深刻。當然我也有寫成報導。

中國宣布領海法，初次註明釣魚島及其附屬島嶼為本國領土

中國政府一九九二年二月廿五日宣布領海法，這是第一次明文宣示釣魚島諸島為中國領土。其中第二條中明文規定：「包含臺灣與釣魚諸島在內的臺灣附屬各島、澎湖、東沙、西沙、中沙、南沙等各諸島及一切屬於中國所屬之島嶼。」因為中國將驅逐領海侵入者的實際行使權限賦予軍方，因而刺激了日本。當時的小和田外務次官在廿七日向駐日大使楊振亞提出抗議：「尖閣諸島為日本固有領土，在歷史上、國際法上都沒有問題，對於中國的行為感到遺憾。」

關於領海法的制定，日本外務省高官認為：「一再提到擱置，可是又不按牌理地先制定領海法的是中國。」對照當時中國方面是如何解釋？而日本方面又是如何處理？回顧當時所依據的資料，主要是共同通信社的報導。

日中同時以「擱置」為理解而收拾結局

一九九二年，這一年初開始，中國國家主席江澤民的訪日，與日本天皇訪中的議題極為熱絡。日本外務省等政府內部觀察，領海法的制定應該是受到對日強硬派的中國軍方施壓，但日本政府仍一致認為「中國中樞最後應該會定調為加強日中關係的和好」。當時日本的外務省報導官在一九九二年三月三日的記者會表示：「中國是按照法律進行的。中國維持一直以來的主

張，所以要立刻讓日本滿意的方式解決是比較困難的。而這確實是日本實際統治的地區，日本所主張的是以主權不受侵害為立場。」

三月十六日，在北京舉行日中當局的協議會上，當時中國外交次長徐敦信向日本解釋：「這是法律整合的一環，而不是針對特定國家的措施，或趁機行事，這並不是重新調整措施的性質。」

針對這段談話，當時的齋藤邦彥外務審議官在北京表示：「中國將領土問題暫時擱置的一貫立場更為明確。」於是日中雙方繼續以擱置的「默契」收拾結局。

4 聯合國海洋法公約的批准與登陸大戰

一九九六年七月廿日，日本國會批准聯合國海洋法公約，將兩百海浬加入專屬經濟海域（ＥＥＺ）[7]。

在北小島建造燈塔引發臺灣、中國、香港與日本的登陸大戰

依照聯合國海洋法公約的規範，在ＥＥＺ之內擁有優先開發、利用漁業資源與天然資源等權利。因此其中如有發生領土問題的話，有可能會因牽引「境界線」而與中國、臺灣之間產生紛爭。回顧戰後的尖閣史，以一九九六年為界線，可說是使得日中兩國間的紛爭更加激化的關

鍵期。關於ＥＥＺ的境界線，日本方面是以尖閣諸島與中國海岸線的中間（即日中中間線）為原則。此外，中國方面以「自然延長論」宣稱至沖繩海槽[8]為止皆屬於中國大陸棚的大陸棚境界線。此外中國約在一九九五年開始，在日中中間線附近正式開採天然氣，引發日本抗議，從此天然氣的開發成為雙方對立的導火線。

右翼團體「日本青年社」配合海洋法批准的運作期間而選在七月十四日登上北小島建造高四公尺的燈塔。完工後，向石垣海上保安部提出申請，希望依照航路標識法承認為正式燈塔。可是燈塔的消息傳出後，中國政府認為是「侵犯領土」而提出抗議。在臺灣也發生了日本國旗被燒毀事件，宜蘭縣的「蘇澳地區漁協」也宣布為表達抗議，將動員上百艘漁船隊伍前往尖閣海域。一九九六年九月廿六日以登陸尖閣為目標的香港民間團體搭乘抗議船「保釣號」進入日本領海。接著有幾人從船上跳入海中，其中一人名為陳毓祥（四十五歲）溺死。消息傳開，使得香港、臺灣的抗議活動在十月七日達到最高潮。這一天從臺灣出港的四十九艘抗議船隊駛近釣魚臺，兩隊的其中幾人登上島，並且豎起青天白日旗與五星紅旗。而引發爭議的燈塔，在那

7 譯註：英文為Exclusive Economic Zone，簡稱ＥＥＺ。日文為「排他的経済水域」。

8 譯註：海槽與海溝不同。水深一千公尺以上稱之海槽，五千公尺以上謂之海溝，正式名稱如下：
(a)沖繩海槽，日語：沖縄トラフ（おきなわとらふ）Okinawa Trough。
(b)琉球海溝，日語：琉球海溝（りゅうきゅうかいこう）Ryukyu Trench。

之後因受颱風侵襲而傾斜的原故，日本政府在十月決定不予認可[9]。

因這次的契機，導致之後的尖閣周邊經常有臺灣、中國、香港的保釣人士與日本上演登島大戰，直到隔年的一九九七年夏天為止，類似情況不斷重複。其中主要行動如下。

4月27日 沖繩縣石垣市的市議員與產經新聞記者登上魚釣島。

5月6日 新進黨眾議員西村真悟與石垣市議員仲間均等四人登上魚釣島。同行的前運輸大臣石原慎太郎並沒有登島。當時首相橋本龍太郎表達不悅。官房長官梶山靜六、外務大臣池田行彥、運輸大臣古賀誠也都各表達遺憾。中國、臺灣提出抗議。美國也表達不悅。

26日 臺灣、香港的保釣人士乘坐漁船以及卅艘漁船靠近領海周邊，其中有香港民主黨議員等人乘坐的抗議船與臺灣漁船侵入領海。為了阻止越線，日本海上保安廳巡視艇與香港船擦撞。其中兩名保釣人士跳入巡視艇而互相扭打。保釣人士之後被暫時留置，海上保安廳並未依現行犯逮捕，而是直接交由臺灣媒體乘坐的船遣回。

9月5日 西村眾議員等十五人乘坐遊艇航向尖閣，被海上保安廳前來檢查而遭遣回。

擱置境界，使得漁業協定、天然氣開採達成協議

得知日本的聯合國海洋公約的批准後，日中兩國於一九九六年八月開始進入新漁業協定談

判，隔年一九九七年十一月十一日中國的總理李鵬訪日並且簽署新協定。新協定中，事實上已擱置了被尖閣諸島主權問題絆住的ＥＥＺ境界劃定作業。

①ＥＥＺ的境界劃定以必要的東海部分海域為對象，並導入「共同規制水域」的暫時性措施。

②關於違法作業的取締，從既有的漁船所屬國所執行的「船旗國主義」改以沿岸國執行的「沿岸國主義」為主軸，主權問題又再次被擱置。

此外還有海底資源開發的問題，對中國方面進行的東海天然氣開發，日本約在二〇〇四年對此關注，因持續敵視而產生對立。之後，不斷經由局長級談判交涉，終於在二〇〇八年六月達成協議。

雙方將東海喻為「和平、合作、友好之海」，從日中中間線開始到靠近中國所屬位置的天然氣田「翌檜Asunaro」（中國名：龍井），其周邊為共同開發區域。其中有載明中國獨自進行開發的「春曉」（日本名：白樺Shirakaba），日本企業也有出資。並為實現共同開發而載入

9 譯註：日本青年社建造的燈塔，經海上保安廳衡量，最終仍未核准成為正式燈塔。因此釣魚臺與北小島的兩座燈塔在法律上，至今仍是不存在的。

「及早為締結條約而努力」等文字。

這份協議在中國引起輿論強烈認為「對日本大幅讓步」的觀感，因而一片反對論。二〇一〇年五月溫家寶總理訪日時已達成條約談判開始的協議，可是同年九月受到中國漁船衝突事件的影響，因此停止談判，而一直懸宕未決。

5 「不存在領土問題」的虛構

對於尖閣主權，日本政府的官方見解如下。

①為固有的領土，無論在歷史上、國際法上都沒有問題。
②實際正進行統治。
③不存在主權問題。

外交上無法處理，只好以「政治判斷」釋放了衝撞船長的難堪

討論「不存在領土問題」的主張是否正確的鮮明一例為二〇一〇年九月七日，發生了中國漁船與日本海上保安廳巡視艇的衝突事件。針對逮捕船長而被中國提出抗議時，日本政府重申「依照日本的法律謹慎處理」。這顯示「不存在領土問題」，因此始終依國內法處置，完全無須

聽從中國的主張，也無須理會外交問題。

可是船長並非依現行犯被逮捕的。而決定從暫時留置轉為正式逮捕的過程長達十三小時。因為在斟酌是否依妨害公務執行逮捕，或是依照慣例以《入管難民法》而驅逐的同時，也有考量「中國的處理策略」而耗費時間。

這不稱為「政治判斷」又是什麼呢？而就是在認知上不希望演變成外交問題，所以日本政府從一九九〇年代後半開始以來，即使對於日本國內也嚴格限制尖閣諸島的出入活動。

因為緊緊地附著於不存在領土問題的虛構前提下，導致面對中國的強勢態度也無法以外交處理，終究還是以「政治判斷」釋放船長的難堪結局。

中國、臺灣所主張的主權問題是事實，至少應該承認是有紛爭的。前駐華大使宮本雄二表示：「即使日本確信主權，可是看不出與中國之間『沒有紛爭』的事實。」（《朝日新聞》二〇一二年七月七日〈日中四十年　為了避免擴大傷痕〉）。宮本的主張，似乎在之前日本政府內部之前就有認為應該要承認「紛爭」的聲音。

因「扣錯鈕扣」，引起中方強硬抵抗策略

中國的日漸擴大海洋權益，同時又強化軍事，使得周邊各國提高警覺。二〇一〇年漁船衝突事件中，中國所表現的強硬態度令人感到「中國真要奪取尖閣了」的想法逐漸逼真。

結果如何呢？這裡必須探究漁船衝突事件。

事件起源是大醉如泥的中國漁船船長的「失控行為」為實際真相，可是卻有媒體報導「偽裝成漁船的軍方工作船」等謠傳，所以即使到現在仍有讀者相信。重點是，逮捕船長與移送、延長扣留等並不是沿襲「前例」，這是使得中國感到意外，進而激起強烈抗議的重要因素。這彷彿「扣錯鈕釦」的誤會。

中國以及臺灣的學者對於這次案例，相較於二〇〇四年七名中國人登上釣魚臺而被強制驅逐的情形相比，大都認為日本的處理已變為嚴格。然而當時登上釣魚臺的七人是中國的保釣人士，而且是「確信犯」。

可是沖繩縣警察署依違反《入管難民法》而將現行犯逮捕的七人，並沒有被移送法辦，而是以強制遣還畫下句點。而這次（二〇一二年）八月十五日登島的十四名香港保釣人士也是以相同的處分方式。在二〇〇四年，當時首相小泉純一郎召開釋放記者會時強調，這是重視日中關係「以大局為重的考量」。當時也被多方批評為「政治考量」，然而二〇一〇年漁船衝突事件卻並不是「確信犯」而是「偶發事件」（前原誠司陳述）。因此北京要求按照二〇〇四年案件及早釋放的想法並不奇怪。

臺灣海釣船沉海事件，日方道歉支付賠償金

日本與臺灣之間在尖閣議題上開始有接觸是二〇〇八年六月在尖閣諸島海域，日本海上保安廳巡視船與臺灣的海釣船「聯合號」發生撞擊導致沉船事件。臺灣為表達抗議，而讓巡邏船

開往日本領海的報復行為，日本媒體批評這是剛誕生的國民黨馬英九政權所表露的「反日態度」。二〇〇八年末，日本方面為臺灣的沉船事件道歉，也支付了賠償金，只是記得這一事件的讀者應該不多，因為加害者腦中的意識總在不自覺中逐漸淡忘。

二〇一〇年中國漁船衝突事件發生時，正逢民主黨黨魁選舉的議題延燒，菅直人內閣在這個節骨眼上迴避「大局」為考量的政治判斷，而顯現問題惡化的一面。「中國將以武力奪取」的主張並無明確證據，然而被「狼來了」的有效「土壤」與「空氣」所鼓動的醞釀原因也是必須事先要有察覺的。在這次的衝突事件之後，中國的基本政策仍是「擱置」。

尖閣問題在日本、中國、臺灣等三方都主張主權的時候，除了「擱置」別無選擇。現為日本實效統治，因此維持現狀對日本而言並沒有任何的減分。當時完全否認「擱置的協議」的民主黨政權的政治判斷，將來會後悔的。而為了對抗中國軍方的活躍行動，日本方面強化軍備的動作也逐漸明顯。政府乘著衝突事件的順風，派遣陸上自衛隊到與那國島的決定已為盯視尖閣而加速強化南西諸島的防衛態勢。這令人看到彷彿是一個「安保困境」（security dilemma）的模型。

表2-3　尖閣諸島　戰後大事記

一九四五年	第二次世界大戰後，與沖繩等南西諸島一起被納入美國施政權下，並在大正島（赤尾嶼）以及久場島（黃尾嶼）設有美軍試爆演習場（一九七八年以來美軍已無使用記錄）。
一九六八年	日、臺、韓的海洋專家透過聯合國亞洲暨遠東經濟委員會（ＥＣＡＦＥ）的協助進行東海海底調查。
一九六九年五月	ＥＣＡＦＥ調查發現可媲美波斯灣的豐富石油蘊藏量。臺灣在同年將石油開採權讓給美國海灣石油公司（Gulf Oil Corporation），並在島上豎起「青天白日」的「國旗」。
一九七一年六月	臺灣外交部發表聲明，主張尖閣諸島的主權。同月日美簽署《歸還沖繩協定》。同年十二月中國外交部也宣布主權的主張。
一九七二年九月	一九七一年十二月三十日，中國譴責沖繩的歸還領域涵蓋尖閣諸島。（美國政府表示「對於主權不表明立場」）。一九七一年四月，在華盛頓集結了來自中國與臺裔的美國人，以「保釣」為由到日本大使館前抗議示威，保釣運動持續直到一九七二年五月十五日歸還沖繩為止。同年九月日中邦交正常化談判中，日中雙方先將問題擱置。
一九七八年四月	自民黨黨內對於《日中和平友好條約》不斷提出反對意見。同年四月十二日一百艘以上的中國漁船駛近尖閣諸島，其中有部分進入領海。
一九七八年八月	簽署《日中和平友好條約》的前兩日，鄧小平在北京與外務大臣園田直會談時表達擱置的主張：「釣魚島問題、大陸棚問題等，現在沒有必要提出來。可以稍為放一邊，等適當的時機再討論，為了找到彼此都能接受的方法，可以慢慢商量。」
一九七八年十月	因出席《日中和平友好條約》批准書交換儀式而訪日的鄧小平在東京明確表示：「將問題擱置，委由下一代的智慧解決。」

一九九二年二月	中國將尖閣諸島記載為中國領土並制定領海法。臺灣則是二〇〇四年一月將諸島登記為宜蘭縣的行政區域。
一九九五年左右	中國方面在日中中間線的界線附近約1.5～4km處，發現天然油氣田而進行正式開採，一九九九年「平湖油氣田」開始生產，遭日方抗議後仍繼續進行工程建設。
一九九六年七月	日本國會批准聯合國海洋法公約，將二百海浬加入專屬經濟海域（EEZ），朝中國海岸線的「日中中間線」設定。中國主張以沖繩海槽為大陸棚境界線，雙方因此產生對立。
同年七～九月	①日本的右翼團體「日本青年社」七月在北小島建造燈塔。 ②為此提出抗議的香港、臺灣等抗議運動不斷擴大，九月香港的抗議船進入領海，保釣人士數名投海，一人死亡。
一九九七年五月	西村真悟眾議員等人五月六日登島，引起中國與臺灣向日本表達抗議。
二〇〇二年十月	日本政府向居住埼玉縣的地主租借魚釣島等三島。
二〇〇三年八月	中國將東海日中中間線附近的「春曉油氣田」與美、英、荷蘭等石油開發公司簽署開採契約。二〇〇四年六月八日，時任經濟產業大臣的中川昭認為日本的資源「可能會像吸管一樣被吸走」，而向中國方面表達抗議。二〇〇五年九月「天外天油氣田」開始生產。
二〇〇三年八月	東京都內的政治團體登島。
二〇〇四年三月	中國保釣人士七人登陸。沖繩縣警依違反《入管難民法》的罪嫌以現行犯逮捕，兩日後釋放。
二〇一〇年九月	久場島周邊的日本領海內，中國漁船與海上保安廳的巡視船發生衝突。海上保安廳將中國船長逮捕，中國政府強烈抗議，兩國關係從此惡化。

第三章

國際關係中的尖閣諸島問題

位居世界第二（中國）與第三（日本）經濟大國的紛爭，不僅對東亞國際政治造成嚴重打擊而已，日中之間的經濟冷縮，與「血流」不止的歐洲金融危機碰在一起的話，恐將造成新的世界經濟風險因素，這就是日中關係的「大局」的道理所在。只為一個「無人孤島」的無謂紛爭，即使不惜付出高額的成本，也是對誰都沒有好處的「零和（zero-sum）遊戲」，這是誰都清楚的道理。至於引起紛爭的背景以及原因等眾說紛紜，因此本章將以中國的國內要因與外交政策的關係為主，探討日中關係的背景。

第一節 解讀中國的內在邏輯

首先不得不指出的是，中國的大國崛起，使得日美等既有的大國勢力平衡產生變化。二〇一〇年漁船衝突事件時，中國展現的強硬姿態，令人感到一股前所未有的、近乎破壞力性質的異常氣息。這到底所為何來，首先探討中國的內在邏輯。

發生漁船衝突事件的二〇一〇年，也是中國與周邊諸國之間的摩擦轉為激烈的一年。中國因為美國對臺武器輸出，還有知名搜尋網站「Google」因檢查尺度而與美國產生摩擦，之後似乎還擴散到與南海的東協各國的不和印象。已成為世界第二經濟大國的中國，對於美國以及周邊各國，正展現「強勢姿態」。

以下將探討胡錦濤領導階層自誕生以來對外政策的變化，除了從共產黨大會等官方文件解讀之外，再從中國學者的論文逐一探討共產黨相關的對外政策。

1 中國外交姿態的變化——解讀中國共產黨的官方文件

黨內權力鬥爭轉為對日強硬政策的神話

回顧漁船衝突事件的原委，日中兩國二〇一〇年十一月十三日在橫濱舉行APEC領袖高峰會議的領袖會談（中國稱「會晤」）時，終於打開了修復關係的門路。可是就在十月中旬，在中國西安、鄭州等內陸都市陸續發生「反日示威」活動，加上日本海上保安廳拍攝留下漁船衝突的畫面，並透過網路播放的同時，造成無法收拾的後遺症。相較兩國政府為尋求改善而表現的行動相比，一旦點燃「領土民族主義」的火苗後，就已不是容易沉靜下來的。

十月十五日開始，中國共產黨第十七屆代表大會第五次中央委員會全體會議（五中全會）在北京開幕。日本媒體一如往昔，針對中國地方性示威擴大的背景，認為是「強硬派」為了攻擊領導階層在尖閣事件中的軟弱而使出的陰謀等刻板分析。

例如某家全國播放的電視臺二〇一〇年十月十一日晚間播放關於示威的解說時，記者報導如下：「這次的會議焦點集中在國家副主席習近平獲選為中央軍事委員會副主席一事，就可看得出檯面下正進行激烈的權力鬥爭。因此，對於積極改善日中關係的胡錦濤政權，強硬派似乎也有施壓動作。」

所謂強硬派，到底是什麼群體？什麼樣的成員？他們給胡錦濤如何「施壓」？正是大家想知道的。可是報導中，中國問題的專家或是媒體之間，總是將一些未經檢證即隨意散播的「言論」以「好像」的不確定表現模糊其詞。

也許將矛頭指向電視臺似乎有欠公允，其他的媒體也不遑多讓。在分析對日政策的中國共產黨領導階層內部時，許多人以「江澤民＝強硬派」、「胡錦濤＝親日派」的對立軸分析。如「太子黨VS共青團」也是同樣的模式。雖然以此二元對立的模式較為清楚理解，只是以此類模式或對立軸來說明中國對外政策時，不知是否合理？

二〇〇九年朝向積極外交而轉換方針的胡錦濤領導階層

這裡盡可能排除曖昧的證據或猜測，並從中國共產黨的官方文件中，檢視胡錦濤領導階層本身的對外認知及外交政策的變化。當然也有認為是權利鬥爭或軍方（強硬派）的抬頭等看法是完全不可否認的，但如果仔細閱讀官方文件的話，即浮現出胡錦濤領導階層本身對外政策的變化。其中並不涉及中國對外政策決定過程的外交部、軍方、企業、媒體、研究者、地方政府等各主體之間的協調、對立、摩擦。

東京大學高原明生教授認為漁船衝突事件顯出中國態度的變化，他著眼於二〇〇九年七月十七日舉行的「第十一次駐外使節會議」。這個會議上，胡錦濤演說時，特別為鄧小平曾說過的「韜光養晦、有所作為」稍加修飾。在「韜光養晦」前面加入「堅持」兩字，「有所作為」前面加上「積極」兩字。高原教授著眼這個變化指出「有所作為」即轉移外交主軸，朝向「更積極的方向而變化」之意（《世界》二〇一〇年十二月號一〇二頁）。

關於這個解讀，東洋學園大學朱建榮教授引用了曾為胡錦濤執筆撰寫演說稿的智囊解釋「兩句都是為維護既有方針之意」，因此加註兩字。但外交部的內部對於這個變化並沒有過多討論，而是認為「加註兩個修飾語句並無任何特別用意」（《中國外交─苦難と超克の一〇〇年》一八一頁）。

此外高原教授又分析，關於轉變為積極態度的背景，應該是從度過二〇〇八年雷曼風暴所引發的世界金融危機後的自信中，相對於新自由主義市場經濟路線的「華盛頓共識」（Washington Consensus），已席捲世界的中國價值正形成「北京共識」（Beijing Consensus），因此變得有自信，也開始擁有大國意識。

「積極的外交」起源於第十七屆黨大會前夕

中國展現強勢最為顯著的時期應該是在雷曼風暴以後，可是對外強勢的鋒芒微露是在胡錦濤即將進入第二任期（二〇〇七年第十七屆黨大會）之前就可看出端倪。首先從中央關係的官方文件瀏覽如下。

①胡錦濤曾在二〇〇六年說過「以外交為主導權」。

根據二〇〇六年八月廿四日中國共產黨的機關報《人民日報》海外版報導，共產黨於八月廿一日至廿三日在北京舉行黨中央外事工作會議。席間，胡錦濤認為外交政策不僅要營造「現代化的良好國際環境和外部條件」，更要「維護國家主權、安全、發展利益相統一，努力掌握對外關係的主動權」。這是第一次將主權與安全保障放在前面，而為「積極的外交」揭開面紗。黨中央外事工作會議即是決定黨中央的外交路線之最高決策機關。從會議期間，直到二〇〇七年的第十七屆黨大會之前，不難看出即將進入第二屆任期的胡錦濤在外交上發揮個人色彩的構想。

②以「主權、安全、發展」為「三位一體」。

關於「積極的外交」內容，在二〇〇七年十月十五日第十七屆黨大會上，胡錦濤演說時是如何表達的？根據二〇〇七年十月廿五日《人民日報》報導，胡錦濤在黨大會上的談話內容如下：

當代中國與世界的關係發生了歷史性變化，中國的前途命運日益緊密地與世界的前途命運聯繫在一起。不管國際風雲如何變幻，中國政府和人民都將高舉和平、發展、合作旗幟，奉行獨立自主的和平外交政策，維護國家主權、安全、發展利益，恪守維護世界和平、促進共同發展的外交政策宗旨。

其中「主導權」的表現詞彙並沒有登場，但初次出現在外事工作會議上的是以「主權、安全、發展」為「三位一體」的表現。相較於胡錦濤就任總書記的二〇〇二年第十六屆黨大會時江澤民的演說，其中的差別是更為明顯的。

③江澤民是「防守」，胡錦濤轉為「積極」。

雖然人物不同，但與第十七屆黨大會胡錦濤總書記的演說，值得相提並論的應該是第十六屆黨大會上，江澤民總書記的演說內容吧。其中引用相當於前述胡演說內容的部分，江演說的表達方式如下：

不管國際風雲如何變幻，我們始終不渝地奉行獨立自主的和平外交政策。中國外交政策的宗旨，是維護世界和平，促進共同發展。我們願與各國人民一起，共同推進世界和平與發展的崇高事業。我們主張建立公正合理的國際政治經濟新秩序。各國在政治上應相互尊重，共同協商，而不應把自己的意志強加於人；經濟上應相互促進，共同發展，而不應造成貧富懸殊。（新華社二〇〇二年十一月十四日）。

胡錦濤演說時，提到世界正進行「歷史性變化」與「中國的前途、命運日益緊密地與世界的前途命運聯繫一起」。這應該可解讀為，中國已經意識到在世界上占有穩固地位的認知。對此，在江澤民的世界認知裡，中國依然是「發展中國家」，認為「已開發國家」應該尊重「發展中國家」的立場，其特徵即顯出「保守」型。相較江澤民對外態度的「防守」，胡錦濤則轉為「積極」的情形應該是可清楚理解的。

④胡錦濤對主權強勢的出發點為二〇〇六年夏天。

二〇一〇年漁船衝突事件後，在第十七屆代表大會第五次中央委員會全體會議（五中全會）上，針對外交政策是否出現什麼內容而成為關注的焦點。根據二〇一〇年十月十八日開幕時的新華社電文所發布的會議電報提到：「堅持獨立自主的和平外交政策，積極推行國際合作，維護國家主權、安全、發展利益。」其中強調了「主權、安全、發展（利益）」。如此觀察，對於尖閣或是南沙群島的主權產生強勢作為的出發點之證據，應該可追朔至二〇〇六年夏天舉行外事工作會議的時機。

中國對於臺灣、西藏為首的問題，每當涉及領土與主權問題時，經常使用「核心的利益」一詞，關於這部分於第三節陳述美中關係時將詳述。

2 維持一黨獨裁的危機感

對外政策轉為「積極」的胡錦濤領導階層，對於共產黨的一黨統治或內部問題，反而產生了強烈危機意識。二〇〇八年成功舉辦了北京奧運的另一面，卻也為了奧運聖火傳遞與日本及法國等西方各國之間產生了摩擦。特別是陸續爆出西藏及新疆發生種族問題。還有在人權運動家劉曉波的諾貝爾和平獎頒獎問題上，對於要求釋放的西方輿論也給予強烈反擊，到現在仍對挪威政府施加壓力。

將這個構造單純化而言，應該是中國在大國化與國際化的歷史變化中，共產黨獨裁的統治體系無法應對而引起消化不良的結果。然而促成對外強勢的背景之一正是處於跨越國境，強調全球化的世界中，共產黨的一黨獨大已產生動搖的危機意識。這就是和經常形容為「內部矛盾而轉嫁外部」幾乎是同樣的構造。

動搖共產黨一黨獨裁的危機意識

這個危機意識明顯出現在二〇〇九年九月所舉行的四中全會的會議公報。以下為相關部分的全文引用，其中的意涵參閱如下：

世情、國情、黨情的深刻變化對黨的建設提出了新的要求，黨面臨的執政考驗、改革開放考驗、市場經濟考驗、外部環境考驗是長期的、復雜的、嚴峻的，落實黨要管黨、從嚴治黨的任務比過去任何時候都更為繁重和緊迫。全黨（中略）增強憂患意識，常懷憂黨之心，恪盡興黨之責，勇於變革、勇於創新，永不僵化、永不停滯，繼續推進黨的建設新的偉大工程。

堅決反對腐敗，是黨必須始終抓好的重大政治任務。必須充分認識反腐敗鬥爭的長期性、復雜性、艱巨性，把反腐倡廉建設放在更加突出的位置，堅持標本兼治、綜合治理、懲防並舉、注重預防的方針，嚴格執行黨風廉政建設責任制，在堅決懲治腐敗的同時（中略）更有效地預防腐敗，不斷取得反腐敗鬥爭新成效。要加強廉潔從政教育和領導幹部廉潔自律，加大查辦違紀違法案件工作力度，健全權力運行制約和監督機制，推進反腐倡廉制度創新。」（新華社二〇〇九年九月十八日）

沒有政治體制改革，現代化建設就不可能成功

在第一章裡曾探討過，對於貧富落差的惡化及官僚腐敗的不滿而擴及中國各地的抗議活動，在二〇一一年約有十八萬件以上，這是根據中國政府的內部調查顯示（《北京共同》九月廿四日）。抗議活動的次數「二〇〇六年超過九萬件」以來呈倍增的進度，這對於「社會的不安定化」可看出端倪。共產黨領導階層，對妻子被揭發殺害英國商人事件的前政治局委員薄熙來（重慶市黨委書記）開除黨籍，而他被撤銷公職的處分，並非以違反路線，而是以「嚴重違

反紀律」的框架去處理。

言歸正傳，四中全會的會議公報所強調的，正是對於共產黨無法應付外部環境的變化與考驗，繼續維持一黨獨裁將會面臨困難的認知。這份會議公報，幾乎沒有觸及政治改革，其特徵是以「反腐、倡廉」為肅正綱紀的著力點。如果捨去法治、民主、權力監視系統等廣泛意含的政治改革的話，共產黨要度過統治危機將會很辛苦。這是中國領導者不可能沒注意到的。

溫家寶二〇一〇年夏天開始以「沒有政治體制改革，現代化建設就不可能成功」為口號，再三強調政治改革的必要性。可是龐大的國家體系，複雜的權力與利害關係，使得著手改革變為困難。但，如果不尋找突破口的話，黨的再生是令人不放心的。

「維基解密」揭露了最高領導階層的內幕

在北京的中南海，共產黨高層們是如何商議政治決策的，我們不得而知。但二〇一〇年世界各地的美國大使館或領事館，紛紛向華盛頓國務院傳送機密電報，內容正是朱利安·阿桑奇帶領的網站「維基解密」所揭露的情報。雖然沒有公開令人訝異的中國相關情報，但公文電報也包含了令人好奇的領導階層的政策決定過程。以下是關於政治局的決策過程以及對於剛就任總書記的習近平的人物評論等兩封電報，介紹如下。

①中央政治局委員的政商關係握有政策決定的關鍵。

熟悉中共高層運作的北京消息來源告訴美國外交官，中央政治局具有集體領導的色彩，重要決策比方說兩岸關係和北韓問題，廿五位成員必須全體參與，其它則交由九位常務委員來決定。中央政治局內部採取「共識決」（並非多數決）。

儘管總書記胡錦濤說話最有分量，但是每位委員都握有否決權，任何決策都得經過充分討論，直到有共識。消息來源表示，中央政治局這樣的運作模式是「真正的民主」，目的是防止權力過度集中在一人手裡。不過一旦涉及棘手的西藏問題時，只有胡錦濤發言的才是最受重視的。

美國駐北京外交官在拍回國務院的電文還指出：「中央政治局委員個人的政商關係，往往才是左右決策的關鍵。」例如，負責國家安全的周永康與國營的石油業關係匪淺，賈慶林在北京的房產圈人脈深厚，胡錦濤的女婿是新浪網的高層主管，溫家寶的妻子則掌控了中國的寶石業等情形（〈美國大使館外交電文〉，引自德國《明鏡周刊》（*DerSpiegel*），中央社二〇一〇年十二月九日）。

②習近平對民主改革不感興趣，喜歡佛教、氣功。

習近平不貪錢、不貪汙、不好女色，唯獨對政治野心勃勃。一度迷上佛教和氣功，卻對民主改革不感興趣。一位接近習近平人士提供訊息，描述他「自小就意識到將進入中央領導層」。習近平在父親的管教下成長。很多高幹子弟都對於習在清華大學的第一個馬克思主義學位「不予置評」。

習近平首段婚姻對象為中國駐英大使柯華的女兒柯玲玲，可是感情不睦「經常吵架」，最終以離婚收場。習離婚後專注於仕途，歷經河北、福建、浙江等地方政府，地位扶搖直上。因在福建為官多年被視為黨內「知臺派」。在地方工作時，習近平一度迷上佛教密宗和氣功。

個性上是務實主義者，一直小心翼翼，深藏不露，至時機成熟才出示王牌。不愛喝酒，與著名女高音彭麗媛再婚後沒傳過婚外情，這點與胡錦濤性格近似。但他不是「中國的戈巴契夫」，對民主改革缺乏興趣。習相信太子黨才是中共革命的「合法繼承人」（〈美國大使館公文電報〉，引自《明鏡週刊》，聯合報二〇一〇年十二月九日）。

3　全球化與一黨獨裁的拔河

無力化的意識型態與民族主義

對外政策的強勢與統治體系的危機感。

這個顛覆中國的非對稱性理論，解釋起來並不困難。這應該說是「國家主權、安全保障、意識型態受到經濟全球化而鬆垮，而與此抗衡的國家理念產生拔河拉鋸」。然而冷靜思考時，這與日本所擁有的矛盾是相同的。只有一些早已經過近代化，而進入「後現代主義」階段的先進國則另當別論，而尚在近代國家形成階段的中國，因這個拔河拉鋸，將導致國內激烈的政治經濟結構變化。有時這將會是引起統治體系崩潰的一道衝擊力。

這之間的拔河構造簡單說明如下。

所有市場涉及跨越國境的經濟全球化時，都將使國際關係與國家的統治型態產生變化。其中資金、人、物的移動，即可簡單的跨越國境，超越國民、國家的一國經濟體系而跨越國境往更廣泛的檯面（市場）參與激烈競爭。其中一直維繫著國民國家（Nation State）的一國經濟體系，將因跨越國境而面臨更寬廣的檯面上的激烈競爭。這使得涉及國家的領域變為狹窄，大概只侷限於維護外交、安全、公民基本設施的分配預算等範疇。

因此「行使於有限的領域與國民的排他性權利」這樣的國家概念已開始瓦解。經濟的相互依存關係密切的話，對於他國行使軍事力即是犧牲本國經濟權益的自殺行為。不可忘記的是安保的框架也是從「軍事力對軍事力」的世界轉變而來的。這個變化將會使意識型態與民族主義轉為無力化。

以臺灣為例，李登輝、陳水扁時期所提倡的「臺灣民族主義」，主要失利於兩岸經濟相互依存的全球化世界，而並非以「一個中國」為主張的國民黨意識形態的獲勝。尖閣國有化的始作俑者，石原慎太郎的購島計畫也是以領土的絕對性主題，企圖恢復無力化的民族主義所致。

以國民統合為理念，訂定「中華民族的復興」

中國正沉浸在低工資以及龐大市場為武器的全球化恩典中，且步向經濟大國與軍事強國而行。軍事的強化，應該說是趕上了上升氣流的國家，在成長過程獨具特徵的一面。只是中國人自古以來，對國家的歸屬意識極為薄弱，國民意識中具備了超越國家框架，而容易接受全球化潮流的特質。

既有的舊式國家概念與意識形態、民族主義在「經濟全球化」之下瓦解時，以「復興偉大的中華民族」為國家目標的共產黨向心力則無法避免地將弱化。這正是全球化與民族主義的「拉鋸戰」。共產主義統治的危機意識與強硬的外交態度，說是如錢幣正反兩面的關係並無矛盾。但不如說這是為了維護國家框架的互補關係。

中國在二〇〇九年十月，適逢建國六十週年。在天安門廣場前舉行了慶祝大會，胡錦濤在演說中幾次提到「中華民族的偉大復興」等關鍵詞。這單純是以「中華民族共通的願望，完成祖國統一」的概念，並不是只強調統一臺灣的意識形態。這不如說共產黨並沒有設定「社會主義革命」的目標，而是在辛亥革命以後中國近代化的延長線上，取得共產黨存在的正統性，所以應該是在這之上設定以「中華民族的復興」為目標的。

馬列主義或毛澤東思想的影響正逐漸消失中，如果設定「社會主義轉向共產主義」為國家目標的話，恐怕是哪個國民都不會相信的。對於向心力正逐漸消失的共產黨而言，如果以國民統合的新概念而設定「中華民族的復興」，用以解讀民族主義是合理的。可是隨著全球化來臨，如果不在乎與鄰近各國的相互依存關係變為緊密的趨勢，只追求民族主義的話，中國並無贏面，而中國正陷入拉鋸戰的困境中，這就是對外展現強硬路線的背景。因此並非是強大的中國，應該可說是弱勢中國的象徵。

4 既成的國際秩序與關係

轉向「積極的外交」後，胡錦濤在外交的展望為何？

尖閣諸島的漁船衝突事件與國有化事件都大幅提升了「中國懷有領土野心」的印象，而使得日本強化防衛力的主張開始擁有說服力。可是我們所關心的重點是，以歐美為中心的既成國際體系中，中國將如何架構關係？這恐怕是共產黨領導階層內部也無法有一致又明確的藍圖吧！

以下整理論點，同時介紹一篇文章。這是新加坡國立大學東亞研究所鄭永年所長的論文〈中國外交的大變化與大選擇〉（《聯合早報》二〇一〇年十月七日）。當然這不是共產黨領導階層的方針，可是其中領導階層在「選擇容許範圍」上所認知的內容是值得注意的。打算與西方世界如何相處而推展外交等，以這個角度思考充滿啟發。

鄭所長於一九六二年出生在浙江省，北京大學畢業後到新加坡擔任教職。專攻民族主義與國際關係、東亞的安保議題等國際關係領域。以下翻譯責任為筆者自負。

論文的要點如下：

①中國如果如蘇聯那樣，同樣使用軍事力量來反制美國，那麼就很有可能再次把世界體系一分為二。

②中美兩國的高度相互依賴只是增加了美國或者中國退出這個體系的成本和代價，而不能從制度上阻止中國退出這個體系。

③中國已經是世界上第二大經濟體，很難想像如果沒有強大的海上軍事力量，中國能夠保障其外向型經濟發展的可持續性。

④這並不是說，中國必然成為另外一個西方式帝國。但從歷史經驗看，中國更可能選擇繼續目前的經濟現代化道路。

⑤中國無論是主動的還是被動的，都不可能退出現行國際體系。而當中國感到外在世界太麻煩了，就選擇孤立，自我封閉起來。或是如同蘇聯一樣，另組一個國際舞臺。

⑥中國不可能像德國、日本和蘇聯選擇走軍事強國的道路。軍事現代化要最大限度限制在防禦政策界內。一旦成為軍事強國，經濟成長則不可能持續。

鄭永年論文〈中國外交的大變局與大選擇〉

鄭永年論文摘要如下。

①概觀

二〇一〇年以來，中美關係、中韓關係、中日關係、中國和東協（ＡＳＥＡＮ）的關係都在發生巨變。美國等國家和中國的互動方式令人擔憂。中國ＧＤＰ總量來看已經成為世界第二大經濟體。但因為每人平均ＧＤＰ仍然很低，人們不認為經濟大國的變化將對生活產生什麼大變局。

中國現在已是世界經濟的一部分，成為推動經濟全球化的主動力。中國在世界銀行和國際貨幣基金（ＩＭＦ）等西方的國際組織裡，地位快速上升。這意味著至少在經濟領域開始和其他大國一起掌管「世界經濟秩序」。

另一方面，中國也面臨著非常嚴峻的外交局面。在經濟上，中國的出口導向型經濟構造，被認為應為全球經濟失衡負責，美國對人民幣匯率問題施加越來越大的壓力。快速的經濟發展，被認為是競爭資源。而與經濟發展緊密相關的氣候、環保問題，已經成為中國外交的重要一環。在戰略方面，中國面臨巨大的不確定性，不僅表現在大國關係，而且也表現在中國和周邊國家的關係上。

②新的權力再分配

中國正面臨「機遇」與「憂患」。改革開放不僅改變了中國，也改變了日後的世界。當時貧窮的中國，要發展就需要一個和平的國際環境。但這樣一個和平的國際環境並不是從天上掉下來的，而是自己爭取來的。為此，中國放棄了從前的封閉政策，打開國門、改革自己，和世界接軌。在沒有多長時間裡，中國成為了世界體系的一部分。同時中國的選擇也改變了世界。最直接的就是給當時位居巔峰的蘇聯等東歐陣營產生了很大的壓力，引發日後的巨變。

中國面臨新的國際局勢和權力分配，再次面臨選擇。從G2結構（中美兩國同處一個國際結構）看來，兩國都處於這個結構的頂端。因此兩國的互動極為關鍵。美國是這個體系的既得利益者，而中國是後來者。美國的行為深刻影響著中國，中國如何回應美國的行為，又決定著美國日後如何行為。

顯著的特徵是，美國在國際政治舞臺上越來越凸顯其軍事力量。自冷戰時期以來，在很長時間裡美國政治、經濟、軍事的「三權合一」，在冷戰之後達到了頂峰。但是金融危機極度影響的美國經濟，似乎沒有能力得到快速的恢復。美國全面恢復其經濟和政治信心之前，軍事力量很容易超出美國外交和國際關係之前。有時，軍事力量的行使甚至變得不可避免。

③軍事現代化是次要的

在新的情況下，中國如何反應成為關鍵。中國如果如蘇聯那樣，同樣使用軍事力量來反制美國，那麼就很有可能再次把世界體系一分為二。這種「以牙還牙」方式是西方的現實主義邏輯。有人認為，中美兩國的經濟已經達到了相當高的互相依賴程度，不可能想像世界秩序還會一分為二。但是，相互依賴只是增加了美國或者中國退出這個體系的成本和代價，而不能從制度上阻止任何一個國家的退出。第一次世界大戰之前的情形也是這樣。當時歐洲各國經濟貿易往來頻繁，形成了一波早期全球化浪潮。有人認為沒有任何國家能夠不顧巨大的經濟利益，而和他國發生戰爭。但經濟上的互相依賴終究沒能阻止歐洲各國之間的戰爭。

中國會不會步上西方帝國（包括蘇聯）的軍事邏輯？面對外在的巨大壓力，中國必然會、也必須要加速其軍事現代化來加強其國防。中國的外向型經濟，無論進出口還是投資，其經濟和世界經濟體的相關性會繼續強化，這也要求中國發展軍事力量來保障其海上航道的安全。實際上，保障海上航道的安全不僅是美國和其他大國的關切，更是中國的關切。中國已經是世界第二大經濟體，很難想象如果沒有強大的海上軍事力量，中國能夠保障其外向型經濟發展的可持續性。

這並不是說，中國必然成為另外一個西方式帝國。但從歷史經驗看，中國更可能選擇繼續目前的經濟現代化道路。就是說，中國會繼續是一個經濟大國，而軍事的現代化會繼續處於次要位置。

自近代以來，中國今天第一次開始真正發揮具有實質性的外交影響力。這種影響力主要是因為中國的經濟發展和中國經濟與世界經濟的相關性，而非中國的軍事現代化。這次和日本在釣魚島撞船事件上的較量，已經充分顯示出中國經濟的能量。從前總是西方國家對中國實行經濟制裁，但中國現在也已經具備了這種能力。

④五項建議

鄭所長最後為中國提出五項選擇方案。

1.中國無論是主動的還是被動的，都不可能退出現行國際體系。這裡會有兩種情形。一是當中國感到外在世界太麻煩了，就選擇孤立，自我封閉起來。二是如同蘇聯一樣，另組一個國際舞臺。有些被西方視為「敵人」的國家之中，倒是希望中國能夠站出來和西方美國對立。但孤立主義顯然行不通。這是近代歷史給中國最慘痛的教訓。

2.中國不可選擇像德國、日本、蘇聯走軍事國家道路。軍事現代化要最大限度限制在防禦政策界內。一旦成為軍事強國，經濟成長則不可能持續。

3.中國不可選擇美國的道路，到處擴張，並且使用軍事力量。

4.中國應當繼續選擇做經濟大國。應該以經濟力量及其相關的文化崛起成為亞洲的大國。

5.中國要選擇在和其它國家互動過程中，來確立和培養自己的國際責任感，而不是以自己界定的「國際責任」強加給他國之上。

以上是針對中國步上經濟大國的同時，所面臨複雜國際環境與選擇的分析整理。

第二節　日中關係——更加互不信任

在上一節提到，針對尖閣的漁船衝突事件與國有化，而分析中國所展現的強勢對外政策的背景，主要在於中國共產黨的統治體系所抱持的問題產生的矛盾。二〇一〇年發生漁船衝突事件之後，因中國的軍事力增強使得日本提高警戒，並以「中國威脅論」使日中雙方互相不信任的程度繼續升高。如此為提升自己國家的安全而增強軍備，導致他國也出現同樣的舉動，最終激化出的緊張關係似乎是「安保困境」的典型。這裡先概觀一下漁船衝突事件之後的日中關係，然後再將目光朝向為抵抗中國而強化南西諸島防衛力的日方舉動。

1 漁船衝突事件以後的日中關係

中國「國防白皮書」與日本「防衛白皮書」的相互應酬

二〇一〇年發生漁船衝突事件之後，日本內閣二〇一〇年十二月十八日公布《外交輿論調查》結果。對於中國「有親近感」的回答是二〇％，比二〇〇九年十月調查的降低十八．五個百分點，創下自一九七八年開始進行此項調查以來的新低記錄。此外回答「沒有親近感」的回答為七七・八%，刷新最高記錄。

隔年二〇一一年三月十一日發生日本東北大地震時，中國當晚即宣布將派遣搜救隊以及援助物資等迅速應對。接著國家主席胡錦濤前往北京的日本大使館向罹難者表達默哀之意。同行中還有國務委員戴秉國等人陪同前往，這是中國國家主席首次訪問大使館，顯示中方有意改善惡化的對日關係。

可是，安全保障方面不一定都是一致的，緊張關係仍持續著。

二〇一一年一月廿日，在北京舉行日中外交、防衛官員參與的「日中安保對話」會議上，中方對於日本去年底所發表的《防衛計畫大綱》上明載將強化南西諸島的防衛力而表達疑慮。日方則解釋「專守防衛的基本方針不變，將在維護防衛配備上取得平衡。」

中國政府三月卅一日發表國防白皮書《二〇一〇年中國的國防》，針對國防政策的主要目標上，強調「保衛領陸、領海、領空的安全，維護國家海洋權益」，表達將繼續強化海軍的方針。

此外，日本政府於八月二日的內閣會議批准《二〇一一年版防衛白皮書》，內容分析了中國海、空軍的急速現代化，及擴大周邊海域的活動，並指責中國的態度是：「即使與周邊各國發生對立問題時，也被認為展現高壓姿態。」其中內容具體列舉如下；①艦隊通過沖繩本島與宮古島之間航向太平洋案例。②中國國家海洋局的航空機異常靠近日本海上自衛隊護衛艦。③與東協（ＡＳＥＡＮ）會員國在南海的主權紛爭持續不斷。

對此，中國共產黨機關報《人民日報》於《防衛白皮書》發表的隔日八月三日登載《又炒中國威脅》的評論文章。又在十二月間，對於日本政府放寬「武器輸出三原則」的決定，中國國防部發言人表示「期待日本貢獻地區的和平與發展」而施予制衡。

對中好感度微增，經濟進展順利

野田首相於二〇一一年十二月廿五日第一次正式訪問中國。與溫家寶總理會談時，適逢日中邦交正常化四十週年即將來臨，雙方一致認為應朝加強戰略性互惠關係而努力，這是為改善冷縮的兩國關係而前進一步。

在首腦會談中，為東海的危機管理建立外交次長級的「海洋事務高級別協商機制」而達成共識。此外確定了全面性的改善策略：①中國放寬日本產食品輸入的規定。②及早開始進行日、中、韓自由貿易協定談判（FTA）。③原則上同意簽署海上搜救協定。④青少年廣泛性的交流。⑤節能環保議題上的協助等。

內閣的《外交輿論調查》（十二月）結果顯示，對於中國「有親近感」的達二六・三％，比去年增加六・三個百分點，已有稍微改善。然而「無親近感」的依然維持七一％的高水準。

此外，兩國的經濟關係進行順利，中國商務部二〇一一年十一月發表了一至十月日本對中國的直接投資實質額，相較去年同期增加六五・五％。這也顯示「二〇一一年日本東北大地震」之後，日本零件供應鏈的重新整合與日圓升值的影響，而加速了生產據點移轉中國的現象。

此外日中兩國在同年十一月的首相會談中，同意由日本購入中國國債，及促進日圓與人民幣的匯兌結算。並且為協助金融市場的發展，擬設置契約作業部會，希望能加強與中國在金融方面的關係，朝經濟成長的目標前進。日本另在財務省[1]設置「外匯資金特別會計」的運用對象裡，加入中國國債。然而購入時，須經過中國當局的批准，因此日本政府開始申請程序。日中之間的貿易結算，目前幾乎半數以上使用美元交易，如果以日圓和人民幣直接交易的話，將有利於企業降低交易成本。

2 中國艦隊通過與抑止論

日臺雙方在與那國島上空的防衛識別圈的界線變更

在此，想舉一個游移在沖繩普天間基地背後的問題，不太引人注意的議題。那是一個人口不過一千六百多人的小島，也就是在與那國島上發生一件「重大的故事」。

1 譯註：財務省（ざいむしょう）Ministry of Finance Japan。為掌管國家預算、稅制、貨幣、國債的公務部門。前身為大藏省，二〇〇一年一月六日中央省廳重新編制，廢除大藏省，改制為財務省，首長為財務大臣。

與那國島距離臺灣的花蓮約一百公里，為日本最南端。將來陸上自衛隊的雷達監視部隊將在附近駐紮，因與尖閣諸島最接近，如與中國發生軍事衝突時，這裡將有可能成為「最前線」。島的上空，有一道自戰後六十餘年間一直存在的無形界線，那就是為了監視侵犯領空而劃定「防空識別區」（ADIZ）的分界線。

如果事先未經通報就滲透這片領空的話，戰鬥機則緊急起飛（Scramble），某些情況下還會被迫降落陸地。目前為止，劃定島的東部三分之一歸日本，西部三分之二歸臺灣的分界線沿用至今，然而劃定這奇妙防線的是戰後占領沖繩的美軍。這樣描述了之後，應該有讀者已經想起美國對尖閣的「戰略性曖昧」。

二〇一〇年五月下旬為了協商普天間問題，在日美兩國政府的談判中，日方以「在地的強烈反應」為由，請求將分界線往臺灣方向的海上移動，美方同意了。根據這個承諾，日方於是通知臺灣將變更分界線，但臺灣外交部於五月廿九日表示「（日方）事前未曾充分的意見溝通」而拒絕接受。所幸臺灣只是抗議而已，才未釀成嚴重的外交問題。

二〇〇九年秋，初次贏得政權的民主黨鳩山由紀夫首相積極推動東亞共同體與沖繩普天間基地的「遷移縣外、海外」為選舉政見的著力點。可是普天間的遷移公約卻以「抑止[2]」為由，最後仍回歸縣內，選舉政見因此無法兌現。鳩山為此引咎辭職。

這裡要明確指出的是，鳩山「抑止」的理由。這一年四月，有十艘中國海軍艦隊通過宮古島，加上韓國哨戒艦（天安艦）沉沒時，被認為該不會是利用了中國與北朝鮮的「威脅」風浪，連帶在檯面下進行防空識別區分界線的重新界定與部署自衛隊登陸與那國島等運作。自衛隊的部署，使得中國、臺灣也對日本的意圖產生警戒，因此將與那國島喻為「安保困境」的舞臺，一點也不為過。

美臺斷交後與那國島上空的切斷分界線仍存在著

首先針對「防空識別區」的分界線問題概略整理如下。從美軍在東亞的時間順序看問題時，反映在這次的劃線意涵上。

防空識別區並不是與領空、領土的範圍有直接關係，而是在防衛上的意涵較為強烈，因此單方面就可決定劃線。根據《朝日新聞》二〇一〇年五月廿八日報導，通常以十二海浬的領海外為劃線基準，占領沖繩時的美軍一九五六年就在與那國島上空劃下分界線。而決定歸還沖繩的一九六九年，當時的日本防衛廳以「訓令第卌六號」追加了東經一百廿三度線為分界線的沿用。

冷戰時期，美國承認臺灣的中華民國，也因軍事結盟而在臺灣設置空軍基地。用以當作對抗來自蘇聯與中國的「軍事威脅」時的嚇阻力，由沖繩的美國空軍與臺灣的美軍合而為一。美國在一九七九年與中華人民共和國建立邦交後，美臺因此斷交，在臺基地也因此被撤銷。

2 譯註：抑止，即嚇阻之意。

可是在那之後，美國對臺防衛的《臺灣關係法》生效，對美國而言，臺灣是「默認的同盟國」，因此與那國島上空的切斷分界線也就沿用至今。

冷戰結束後，取代被消滅的蘇聯，繼起的是中國威脅論。一九九四年經過北朝鮮核武危機及一九九五、一九九六年的臺海危機之後，日本首相橋本龍太郎和柯林頓總統在一九九六年重新議定《日美安保條約》，設定安保的對象、地區擴大為「亞洲、太平洋地區」，其中「周邊地區」一詞，實際上是與朝鮮半島同時將臺灣海峽一併納入。如果中國攻擊臺灣的話，則為日美安保條約的適用對象。因此與那國島上空的識別區分界線即是為臺灣與美軍、日本自衛隊成為一體共同行動時的便利為考量。

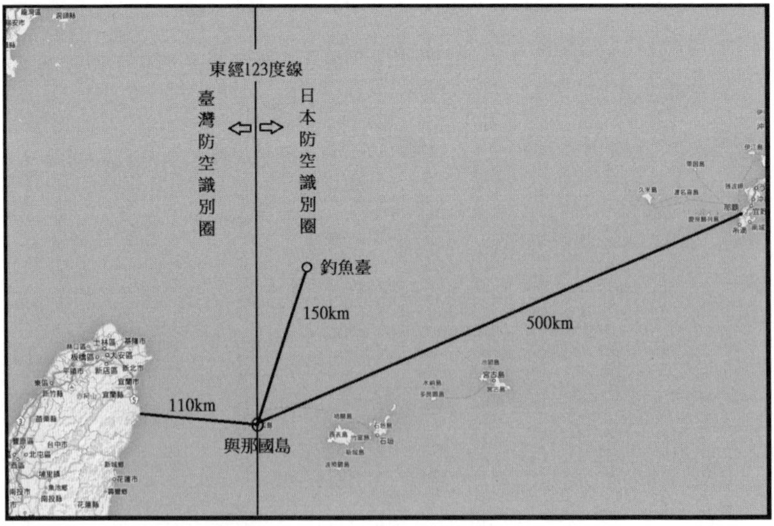

圖五　臺日防空識別圈

與那國町長民族情緒式的憤慨

反之，如此變化的分界線中，對於日本與臺灣雙方有什麼缺點呢？根據媒體的報導引用如下「（因分界線的原因）國土交通局那霸航空交通管制局與臺灣航空管制局互相提交民間航機的飛行計畫，避開不測事態之外，其他臨時航班或是急難救助的直升機等都須向臺灣提出飛行計畫」（《東京新聞》五月廿六日早報）。如此一來，在運送急救病患時，繁雜的手續的確是缺點。

值得注意的是當地的反應。與那國町長二〇〇四年曾向自民黨議員控訴：「都已歸還祖國而獨立了，可是在這個島的上空仍有防空識別區是很奇怪的。」（二〇〇六年二月九日眾議院預算委員會，自民黨西銘恒三郎委員的質詢）。

當地所主張的，並不是安保上的理由或便利性的問題，而是針對「（臺灣）外國的識別圈在島的上空」表達「民族情緒式的憤慨」。針對西銘委員的質詢，當時防衛廳長官額賀福志郎答覆：「為侵犯領空所實施的適當措施（中略）請可安心。」由此可知，至少在當時，這個分裂在安保上並無產生不良作用。

然而，二〇〇五年十二月在西銘委員陪同下，與那國町長外間守吉拜會了臺灣總統府。當時國安會諮詢委員表達了臺灣方面認為「應該將臺灣的管制區從與那國島半徑十二海浬之內排除」（八重山每日新聞二〇〇五年十二月廿八日）。

西銘委員在預算委員會議上，向額賀追問是否確認實情時，卻只回復「會盡快確認」的答辯。臺灣方面何時將與那國島上空的識別區排除的，不得而知。但是這一場質詢之後的二〇〇六年八月十一、十二日兩天，臺灣海軍規畫實彈射擊訓練的實施預定場域，確實涵蓋了與那國島的西半部（《琉球新報》二〇〇六年八月十九日）。

雖然無法確定臺灣總統府與海軍在認知上，是否不同調。但是日本防衛省表達「臺灣已經從該島周邊的防空識別區排除」（《共同通信》二〇一〇年五月廿八日）的認知，對於日本的重新劃線，似乎已取得「臺灣方面的理解」。

為對抗中國，部署陸上自衛隊登陸與那國島的構想

回到陸上自衛隊部署與那國島的議題，關於與那國島的戰略位置，和美國所進行駐日美軍的基地重整計畫的關係上是更為明確的。

這個計畫的決定是在二〇〇九年七月。根據《產經新聞》二〇〇九年七月五日早報的報導：「部署的部隊，預計為蒐集雷達等船舶航行情報的沿岸監視部隊，規模約數十人。」《產經新聞》又指出，如果實現的話，將是在沖繩本島以外第一次部署陸上部隊。對於其目的與目標有如下陳述：「針對附近航行的船舶進行監視的同時，還明確的包含離島防衛的打算為目的，同時也為對抗增強軍力且在東海行動頻繁的中國，因此強化南西諸島的防衛力為目標。」一文中清楚地表達是為了對抗中國。

報導又指出：「在與那國島上的兩處駐在所只有配置兩名警官，距離自衛隊駐留的沖繩本島約五百公里之遙。因此遇到周邊有事，或是被侵略的話，根本無法防衛。」又強調「這是毫無防備的現狀」。此外二〇〇八年九月，與那國町議會還追加表決了推動自衛隊駐島的決議案，獲得多數贊成而通過。

關於駐留的具體程序，希望駐守那霸的陸上自衛隊第一混成團（約一千八百人）再增加三百人，升格為「旅團」的規格。然後由該旅團派遣部隊駐守與那國島，並設置雷達設備。該島建有兩千公尺長的滑行道為飛機場。最後文章如此結尾：「如果有事的話，陸上自衛部隊的援助，或是海上自衛部隊的哨戒機P3C也同時配置完成。」這是一篇得宜且完整的文稿，看得出防衛省方面非常仔細說明的痕跡。

對於兩岸關係改善而提高警覺的日本防衛當局

上述報導刊出後不久的七月八日，防衛大臣濱田靖一首次以防衛大臣的身分進入與那國島，並和與那國町長會談。根據《產經新聞》報導：「町長再次請求陸上自衛隊派遣自衛隊駐守該島。濱田也以：『也請您能理解，我來此即是答案。』作為回覆。」

當時中國方面是如何接受的呢？

根據中國共產黨機關誌《人民日報》系的《環球時報》（二〇〇九年七月七日）刊出社會科學院的日本專家吳懷中的評論：「（自衛隊派兵）不僅讓東亞的安保變為複雜而已，終究惡化。」表露了警戒心。吳懷中又指出，日本當局（自馬英九政權誕生以來）認為兩岸關係的改善恐怕會使日本的安保環境惡化，所以又分析：「日本認為兩岸的親近而使得將來統一的話，恐造成強大的中國突破第一列島。」

剛好當時筆者在臺北，出席臺灣智庫舉辦的研討會。記得曾有臺灣學者問筆者：「與那國島駐軍的目的何在？」那位親近馬政權的臺灣研究學者幾次提到：「日本發自內心不希望兩岸關係改善，所以強烈防止統一吧。」

促成自衛隊部署的轉換源自中國艦隊的通過

也許無法馬上實現的布署計畫，在那不久的大選中，因執政的自民黨慘敗，民主黨鳩山內閣的誕生而停止運作。

當時北澤防衛大臣上任不久的二〇〇九年九月廿五日在記者會上表示：「有必要這麼早就部署嗎？尤其會給對鄰國帶來麻煩的舉動應避免，且要審慎處理。」顯示了政府轉為謹慎的態度（《共同通信》九月廿五日）。這與麻生前政權所鮮明展現的「不惜與東海行動頻繁的中國對抗」的態度相比截然不同。而以「近鄰諸國的疑慮」的表現方式，即是優先考量中國、臺灣的感受。這應該可說是反映了鳩山政權重視亞洲的態度。

但這個謹慎態度並沒有維持多久。北澤在二〇一〇年三月十九日的參議院外交防衛委員會表達：「防衛省已有相當積極的檢討結果了。」北澤又於四月卅日出訪印度，與印度國防部長安東尼會談時，針對在日本周邊海域日漸活躍的中國海軍的動向，北澤表示：「希望好好收集情報，並進行分析。」又對同行記者表示：「鑒於中國擴大軍備，將考慮在南西諸島部署陸上自衛隊，而在二〇一一年度預算案中編列相關調查費。」語中透漏了自二〇一一年將開始進行中期防衛力整備計劃，並明示部隊部署的策略（新德里《共同通信》二〇一〇年四月卅日）。

曾經表達「造成（中國等）近鄰諸國的顧慮」而對於部署自衛隊採取謹慎態度的北澤，不到半年卻以「中國的擴大軍備」為由，而轉為積極部署論。到底促成如此轉折的原因為何？那是由於二〇一〇年四月上旬發生了中國海軍的十艘艦艇航行於沖之鳥島[3]周邊，中國艦載直升機與日本海上自衛隊的護衛艦異常接近的「騷擾」事件。中國海軍的「騷擾」被新聞報導曝光後的四月十三日，當時平野官房長官在例行記者會上針對中國艦隊的通過表示：「為何此時出現（上述活動）而抱持疑慮。」又表示：「因為這是通過公海，至於為何通過，則不予置評。」這時政府顯示了不當作問題的態度。但應該是「不當作問題」的問題，卻轉為依據「中國的擴大軍備」而對部署自衛隊變為積極態度看來，似乎是「反應過度」。

3　譯註：沖ノ鳥島（おきのとりしま）Okinotori Islands。西太平洋上無人珊瑚礁，為日本最南端島嶼。一九五二年依《舊金山和平條約》規定，與小笠原諸島一起被列入美國施政權下。一九六八年依《歸還小笠原協定》，與小笠原諸島一起回歸日本，行政區域為東京都小笠原村。二〇一二年五月十六日，聯合國決議將沖之鳥島以北海域劃日本領海，但是回絕了日本將大陸棚伸延至沖之鳥島以南的要求。

突然登場的鳩山首相針對「美軍維持抑止力」的發言

終於即將進入核心。其實這個方向的轉折就是在普天間基地的遷移議題上，鳩山透露「隨時有腹案」（二〇一〇年三月卅一日，國會黨魁討論），以及始終執意「至少也要遷移縣外」的公約，終於在一個月後的五月四日向仲井真知事表達「縣內移設」的方向，甚至表示：「愈是深入學習，愈能夠理解沖繩美軍維持抑止力的理由。」這席話，即意識到美軍維持嚇阻力的用意，而將「縣內移設」議題接軌合為「抑止論」。換言之，利用中國海軍大移動時，轉換普天間方針的一種判斷。之後鳩山表示當時的抑止論發言只是「有感而發」……。

可是根據筆者舊識的政府人員如此透露：

（中國艦隊的通過）那是從以前就有的行動了，並不是特別新奇的事。這回是北澤親自在記者會宣布之後，而將問題擴大的。在那之前都只是將「報導資料」提供給記者協會而已，可是這回卻是大臣親自發表的。（因媒體及在野黨的反應過度）也讓一些「制服組」[4]的感到困惑。

政府人員又附加一句：「（經由公海）通過宮古島，並不構成國際法問題。只是出現十艘的大艦隊是之後才得知的訊息。」

根據防衛省二〇一〇年四月所公布的《中國軍事力近代化：關於海洋活動》，內容以中國海軍在這個海域活動緊密化為例，特別舉出二〇〇八年十一月、二〇〇九年六月、二〇一〇年三月等三次事例，並指出每次四至六艘的艦艇幾乎航行在同一個海域為舉證資料。這回（二〇一〇年四月）達十艘之多，又加上被發現潛水艇的行蹤都是第一次遇到。

此外，熟悉美國動向的記者同事也提到：「處理普天間問題時，外務省官員曾重複提醒『要注意五月廿日左右』。現在回想起來，那一天正好是韓國總統李明博將發表抗議北朝鮮發射魚雷擊沉韓國護衛艦『天安艦』的日子。這該不會是趁中國海軍的行動與天安艦事件而轉移普天間的決定吧。」而中方對於日方的譴責，駐日大使程永華五月廿七日召開記者會表示：「中國的軍艦遭到自衛隊艦船與巡邏機糾纏，這個行為違背了兩國的相互信任關係。」而提出了批判。這從中國的角度來看是反映出「日本方面的挑釁」，而事情的真相，如果不兩面觀察的話，是無法釐清的。否則最終將成為一場與事實不符而煽動緊張的結局。

4　譯註：基層人員之意。

表3-1 普天間問題與東亞情勢相關年表

年月日	普天間日府方針	與那國島相關	事件	其他
二〇〇五年十月廿九日	駐留沖繩的美國海軍部隊宣布移防關島	出現要求自衛隊駐留的聲音（二〇〇八年九月，町議會通過請求駐軍議案）		在華盛頓舉行日美安保協議委員會（二加二會談），達成《日美同盟：為未來進行轉型和調整》的協議
二〇〇九年七月五日《產經新聞》		希望駐守那霸的陸上自衛隊第一混成團（約一八〇〇人）再增加三百人，其中數十名派至與那國島	七月八日，防衛大臣濱田初次進入與那國島，並表示：「我來此即是答案」	中國環球時報（七月七日）：「讓東亞安保問題更為惡化」
九月廿五日		北澤防衛大臣剛上任的記者會上表示「對鄰國帶來麻煩的舉動應避免」的謹慎態度		
二〇一〇年三月十九日		北澤在參議院外交防衛委員會表達「積極的檢討結果」而態度轉為積極		

三月廿六日			在黃海的北方交界線付近，韓國「天安艦」爆炸、沉入海底。四十六人下落不明	
三月卅一日	國會黨首討論上，鳩山透露「隨時有腹案」			
四月十三日	針對中國艦隊的通過，平野官房長官表示：「因為是通過公海，所以不會造成問題」		北澤記者會表示，中國海軍十艘艦艇通過宮古島附近，艦載直升機騷擾日本海上自衛隊的護衛艦	程永華「遭到自衛艦船與巡邏機糾纏，已違背了互相的信任關係」（五月廿七日，在日本記者協會的談話）
四月卅日		北澤訪問印度時，針對中國海軍的動向表達憂心，表示將編列在南西諸島部署陸上自衛隊的調查費		
五月四日	鳩山到訪沖繩表示「終於理解沖繩美軍維持抑止力的理由」等抑止論			

五月廿日			韓國民間聯合五國共同調查團公布，北朝鮮攻擊魚雷沉海的調查結果	
五月廿六日		日美談判達成協議，移動與那國島上空的分界線，並知會台灣。《東京新聞》報導		五月廿九日台灣外交部表示：「日方事前未曾充分的意見溝通」而拒絕接受。自由時報：「顯然是政治處理，目的在激起日本國內的民族主義」
五月廿八日	日美兩國政府達成協議，將普天間機場移轉至名護市辺野古			
五月卅一日	日中首腦會談（東京）			溫家寶針對東海天然氣油田的共同開發問題，提議條約締結談判

3 以美軍重整的一環部署自衛隊與防空識別區問題

軍事專家分析「天然氣田的開發與中國海洋戰略為不可分的關係」

回到防衛識別區的話題。

從結論而言，部署自衛隊到與那國島和防空識別區問題，可說是美國進行世界規模的美軍重組（transformation）的一環。這將連帶影響美國在東亞部署韓國與沖繩嘉手納基地的美國海軍部隊重新部署關島的決定。日美兩國二〇〇五年十月廿九日在華盛頓舉行日美安保協議委員會（二加二會談），會中針對駐日美軍與日本自衛隊的調整計劃而達成「日美同盟：為未來進行轉型和調整」的協議。一九七五年在越戰中以敗仗收場的美國，開始從東亞逐漸鬆手。隨著美軍的撤退，使得大國崛起的中國開始往太平洋移動。因美軍撤退後，區域安全保障呈現空白狀態下，這正是日本不得不填補的邏輯所在。

防衛識別區的變更和與那國島的自衛隊部署計畫開始出現是在二〇〇四年左右。也是自民黨的鷹派議員以及右翼團體開始到當地展開遊說工作的時候。將防衛識別區與自衛隊部署成為一套，且須取得美國的理解為「必要條件」。將上述兩者合為一套的論文如下。

軍事專家平松茂雄二〇〇九年七月十四日投書於《產經新聞》以〈不可輕忽與中國的海洋協議〉為題，提及前一年針對東海天然氣油田已達成協議的日中協議卻沒有進展一例認為：「（關於協議）不僅資源開發而已，還與中國的海洋戰略有不可分的關係。」而展開一貫主張。

又提到：「中國空軍的偵察機不只在周邊空域，也侵入我國的防衛識別區。」還有：「中國進出這片海域時，企圖將沖繩所屬的先島諸島[5]至臺灣的島嶼和周邊海域都納入統治版圖。（中略）明年的上海世界博覽會結束後，中國的戰略目標一定朝向『統一臺灣』而行。」對於日本政府需要解決的課題建議如下：「不要在意鄰國，應當機立斷的為擴充周邊海域以及領空防衛的海上、防空戰力而斷然實行。」雖然沒有明示表露，可是「擴充海上防空戰力」的對象包含與那國島應該是清楚的。

東海的公海是「可被稱為日本庭院的海域」嗎？

二〇一〇年五月，識別區的分界線變更的消息被報導後，五月廿七日臺灣立法院（國會）張顯耀（國民黨）委員在外交國防委員會上表示：「因我方在國防上的需要，應該斷然拒絕日本的要求。」（中央通信社電），為反對接受而出聲。此外反對的聲音不僅來自執政黨，立場親近在野黨民主進步黨（民進黨）系的權威報紙《自由時報》五月卅一日以〈不排除與日談〉為標題的新聞中，引據政府相關人士的談話，報導如下：「鳩山政府所採取的作法，顯然是政治處理，目的在激起日本國內的民族主義，藉著對外鞏固內部。臺灣不可能同意日方片面的決定。」這篇評論是否得當另當別論，但總是被貼上「親日」標籤的該社新聞報導，可說是特例的內容。

該報導又引用臺灣政府相關人士針對日本的決定而表示：「在南北韓正值多事之秋，日本鳩山政府近來在琉球以及與那國島等海域動作頻頻，固然與中國的崛起，特別是中國艦隊進出南海，以及臺灣與中國改善關係，讓東亞第一島鏈的戰略地位出現變化，有直接的關係。」這一則報導令人驚訝的是，防衛識別區的「劃線變更」一事，在臺灣竟被解讀為與日本國內的民族主義高漲有關。相較於對日本經常投以嚴厲眼神的中國，臺灣對日本的眼神似乎柔和許多。

檢視了中國艦隊通過宮古島與天安艦事件公布後的日本媒體的論調，對於中國與北朝鮮的軍事「威脅」加重報導，的確是較為醒目。請參閱以下一段報導：

> 如果中國在可被稱為日本庭院的海域繼續旁若無人活動的話，應當覺悟這會引起日本國內「中國威脅論」的激化。

這是擷取自《共同通信》二〇一〇年五月十九日刊載〈對中國要求自制〉為題的社論。文中將東海的公海形容為「可被稱為日本庭院的海域」的意識中，似乎除了「領土民族主義」之外，別無他物。這個海域，因為鄰接中國與臺灣，所以也可說是「他們的庭院」。曾幾何時，我們竟像這種報導所描寫程度一樣，已經變得遲鈍了。

5 譯註：先島諸島，為日本對琉球列島西南部分的宮古列島、八重山列島和尖閣諸島的總稱，行政劃分上多數島嶼屬日本沖繩縣管轄。

這就是臺灣媒體所指出的「激起民族主義」一例。換言之，未從外部被指出問題的話，不會自我發覺，這就是民族主義的特徵。

看到鄰人奇怪的時候，自己也變得奇怪

鳩山首相決定辭職的五月卅一日，鳩山與訪日的中國溫家寶見面，對於兩人而言，這是「最後的日中首腦會談」。

席間溫家寶對於東海天然氣油田的共同開發問題，第一次提議開始條約締結談判，而震驚了日方。二〇〇八年六月的協議是根據日方所主張的排他性經濟水域（EEZ）的「日中中間線」附近，將其中一部分作為共同開發的內容。從中國而言，反映出的像是已承認日本的「中間線」，而引發中國內部的民族主義團體到北京日本大使館前抗議示威，甚至網路上還出現譴責胡錦濤為「賣國奴」的字句。這就是中國的領土民族主義。

如此壓力下，中國方面仍願意為談判開始踏出第一步，這點應該是值得肯定的。談判舉行了第一次，就發生漁船衝突事件而餘波浮現。

日中關係在小泉政權時代，曾因為靖國神社參拜問題而中斷了兩國首腦人物的往來。小泉針對靖國問題曾表示：「這是內政問題，所以不容許外國的干涉。」因而刺激了日本國內的對中民族主義。另一方面中國國內也熱烈的燃起「反日示威」，因此靖國問題成了雙方的民族主義象徵。就在此時傳出，中國進行天然氣油田的開發。在日本瀰漫著來自媒體或政府內部的危

機意識，例如「海底的日本資源將被吸走」的憂慮，而靖國問題以及東海成了日本與中國之間最大的障礙。特別是EEZ境界線的劃定，只有牽涉到尖閣諸島的主權問題時才變得麻煩。

然而，沒有什麼比領土問題更能夠刺激民族主義這項麻煩物了，因此許多的戰爭都源自領土而起爭執。雖然外交是可以從對立中發現「妥協」與「讓步」的場合，可是領土民族主義卻必須排除所有的「妥協」。而最容易刺激民族主義的政治，似乎潛伏著病菌溫床。這是在起伏激烈的日中關係所得到的啟示。

筆者擔任莫斯科支局長時即相識的佐藤優[6]曾對筆者分析民族主義的病理：「對於情緒的螺旋，應該以理性的論理應對。捷克斯洛伐克的建

6 譯註：佐藤優（Masaru Sato），前駐蘇聯外交官，現為知名作家，專攻東北亞情勢分析。

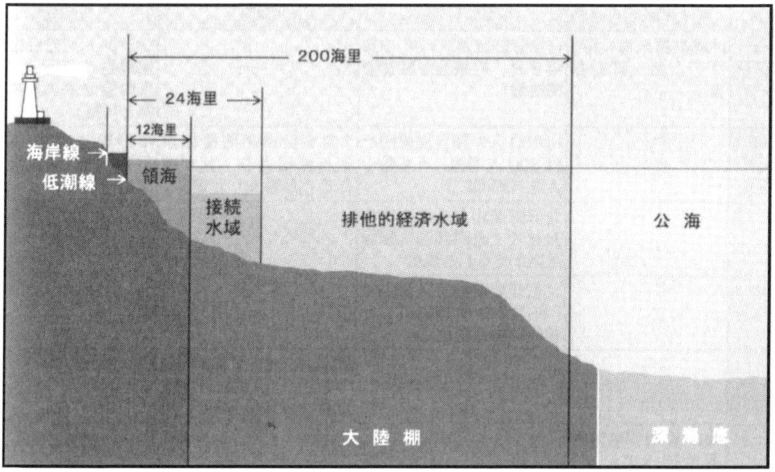

圖六　排他的經濟海域模式圖（EEZ）

國之父托馬斯・馬薩里克（Thomas Masaryk）曾說過『看到鄰人奇怪的時候，自己也變得不正常』的名言。」

即使天然氣油田談判已經開始，可是卻因為EEZ的境界線劃定而無法提出結論。因此領土或主權問題除了擱置以外，沒有其他的解決方案。擱置的同時仍可追求共同利益，這應該是從日中關係惡化中所學到的智慧吧。

與那國島的防空識別區，從自衛隊部署問題，到領土和民族主義的話題太過於廣泛了。只是，在普天間基地問題上受挫的鳩山，在哨戒艦沉沒與中國海軍的行動中，而利用「抑止論」的原委，不知在今後的日本外交記錄上是否有存留價值？

第三節　探索對中立場的美國

在上一節提到經濟全球化以及中國在獨自的統治體系拔河拉鋸之下，不得不選擇對外強勢的態度所展現的中國式邏輯。在第二節介紹了隨著美國重返亞洲，也企圖在日本「對中抑止」的前面重新保有一席之地。在第三節將針對與中國經濟更為互相依賴，可是在安全保障上卻採「抑止」的美國立場，與美中關係為主題。

1 美國的重返亞洲與中國的利弊調整

展現調解者之姿的美國

在尖閣紛爭時的日中對立，只要不演變為「熱戰」的前提下，都不會損及美國利益。也許想在中國與日本之間，重新尋找新位置的美國，在日中對立時所扮演的「調解者」，不如說是抓住最佳位置的好時機。在第二章曾探討過的，美國在尖閣主權上始終以「曖昧戰略」讓日中之間留下紛爭的題材，這就是美國為確保一席之地的策略。

正當中國引發激烈的示威的二〇一二年九月中旬，美國國防部長潘內達先後訪問日中兩國。在第二章曾經提過的像是處理琉球處分時擔任日清調解的案例，一百卅年後的現在，也同樣完全以「調解者」演出。

在日本，每當日中關係惡化時，經常被指為可能導致「日美新冷戰」。在此將逐一回顧因南海所引發的美中利益衝突而浮上檯面的二〇一一年初美中首腦會談上，雙方是如何調整不同的利弊與共通利益。

「G2」幻想與美國的重返亞洲

簡略整理美中關係如下。

二〇〇八年的雷曼風暴之後，中國政府朝擴大內需投下四兆人民幣的資金，因而支撐了世界經濟，使得媒體紛紛報導「美中兩國集團」（G2）時代來臨。特別在二〇〇九年七月開始了「美中戰略、經濟對話」，兩國在維持美元體系以及北朝鮮核武問題、地球暖化、能源問題等涉及全球化的議題朝向合作的傾向極為顯著。歐巴馬總統在二〇〇九年十一月，陸續訪問了日本與中國。在初次訪問中國時發表的聯合聲明中，對於成功的朝向氣候變遷組織條約而努力，以及針對北朝鮮的核武相關議題已與六國一致表態重新協議等，已經定調為「全地球規模的合作」。

這時也有許多媒體被「G2」幻想的煙霧追著跑，而忽略了一個重要的動向。那就是美國的「重返亞洲」。

歐巴馬訪中之前，先在訪問日本時發表「全面性的亞洲政策」，顯示積極參與亞洲的同時，也將日本界定為「擁有共同價值觀的同盟國，並且在安保與繁榮的基盤上」的位置。此外對於中國，則表達樂見強盛又繁榮的中國崛起，並將雙方的關係定位為「互相關心且實務上的協助關係」。

當時，筆者撰寫的社論如下。

（全面性的亞洲政策）應該是對於「G2」時代的來臨，而為了回應輿論的疑慮：日本地位是否倒退與連帶被「忽視」等議題的一種體恤吧。然而在這之上的更大涵意是，這次重返亞洲時，第一次明確地表達與日本及中國的距離。換言之，意味著日美關係與美中關係是不同層次的兩國關係，而不是互相對立・相互制衡的關係。所以應避免無謂的擴大檢視美中合作。

對於震度激烈的美中關係，不只以協調或對立等二分法看待，應該以涵蓋日美關係在內的深層國際關係為思考。

「重返亞洲」的隔年二〇一〇年，馬上顯現其中的「效果」。對臺販賣武器為首、北朝鮮發射爆彈事件、南海的爭執、人民幣增值的壓力等，使得美中關係自歐巴馬上任以來成為明顯不和的一年。媒體也開始察覺「G2時代」一詞完全消失，取代登場的是「美中新冷戰」。

中國提及的「核心利益」為何物

二〇一一年一月十九日美中首腦會議的焦點，在於雙方如何調整這個不和，如何重新組織框架。這次首腦會談是歐巴馬訪中以來睽違十三個月，但這是第一次被胡錦濤以國賓接待。首腦會談時提到「核心利益」的議題，當時「美國在臺協會」AIT理事主席薄瑞光（Raymond F. Burghardt）於一月廿五日在臺北舉行記者會透露，中國原希望將「核心利益」加入聲明中，但美方拒絕。理事主席又表示，中國本想在臺灣問題上簽署「第四公報」，但美方也拒絕。

日美之間，在尼克森訪中時達成歷史性和解的一九七二年簽署第一份公報，一九七八年十二月建交時簽署第二份公報，然後是一九八二年八月明文規定對臺灣武器出售將逐漸減少的第三份公報，以上各份公報都是以臺灣問題為主。而中國所提出的第四份公報尚未確認屬實，但中方並未否認。

首先釐清，何謂「核心利益」？

如果仔細咀嚼的話，即是攸關國家生命最重要的國家利益，「無法交易或讓步且攸關存亡的重大利益」。可是對於這個概念或對象地區，以中國當局為首的學者、研究者之間並無明確的統一解釋。就地區而言，西方世界似乎普遍地將「臺灣、西藏、新疆維吾爾」等名詞，與己塑造出軍事大國形象的中國，抱持不可分的印象。

最近登場的中國官方見解是二〇〇九年七月廿七、廿八日兩天，在華盛頓舉行第一次的美中戰略經濟對話。中國的光明日報系的網站「光明網」（二〇一一年一月廿八日）報導國務委員戴秉國在這次對話中，對於「核心利益」的解釋如下定義：

①基本制度和國家的安全維持。

②國家主權與領土保全。

③經濟社會與安定發展。

在美中戰略經濟對話時，歐巴馬總統以「（兩國關係）世界上沒有比這兩國間的關係更重要的了」而抬舉美中關係，媒體也形容這是「G2時代」來臨而大力讚賞的會談。

繼戴秉國發言之後，中國外交部發言人秦剛在二〇一〇年七月十三日的例行記者會上被記者問及：「黃海是核心利益嗎？」的問題時，他仍然是舉出這三點作為答覆，只是對於是否加入黃海的回答是迴避的。

然而，對於「核心利益」中國是如何應對的呢？

根據中國社會科學院世界經濟政治研究所「國際戰略研究室」副主任薛力如此定義：「核心利益事關國家存亡，不容退讓、討論、交易。」換言之，認定是核心利益的話，即使行使武力在內的所有強硬手段都是要保護的對象。如果認同薛的理論，那麼可以成為協議與對話主題的爭議點，則不是核心利益。如此一來，尖閣與南海也不是「核心利益」了。

而薄瑞光理事主席所表達的「核心利益」與兩份聯合聲明的差異，請參閱表3-2整理資料。

表3-2 兩份中美聯合聲明的不同之處

聯合聲明	二〇〇九年十一月十七日（北京）	二〇〇一年一月十九日（華盛頓）
	雙方重申，互相尊重主權和領土完整這一根本原則是指導中美關係的中美三個聯合公報的核心。雙方均不支持任何勢力破壞這一原則的任何行動。雙方一致認為，尊重彼此核心利益對確保中美關係穩定發展極端重要。	①中美三個聯合公報為兩國關係奠定了政治基礎。 ②雙方重申尊重彼此主權和領土完整。 ③兩國重申了對二〇〇九年十一月《中美聯合聲明》的承諾。美方讚揚台灣海峽兩岸《經濟合作框架協議》，歡迎兩岸間新的溝通 渠道。

記者會	胡錦濤表示：「歐巴馬總統多次重申美國堅持一個中國政策，以及遵守美中三個聯合公報原則在台灣等問題上尊重中國主權與領土完整。對此中方給予肯定。」	胡錦濤表示：「雙方應堅持尊重對方主權和領土完整。」
發布新聞	歐巴馬表示：「美國依循它的一個中國政策，遵守美中三個公報的原則。美國歡迎台海兩岸和平發展的關係，期待雙方在經濟、政治及其他領域增加對話與互動，發展更積極與穩定的兩岸關係。」	歐巴馬表示：「台海兩岸降低緊張、建立經濟聯繫，獲致進展，我們對此表示歡迎。因為這符合兩岸、區域和美國的利益。我重申我們對一個中國政策的承諾，這個政策是基於美、中三個聯合公報以及《台灣關係法》。」

2　多極化與相互依存構造中的重新調整

被曲解的「核心利益」

針對尖閣諸島或是南海的主權議題上，中國與相關各國的摩擦和緊張變為激化是在二〇一〇年，因為一則「南海也屬於中國的核心利益」的報導而擴大了波紋。事件起因於中國高官（戴秉國）對訪中的美國副國務卿史坦伯格等人提出「南海也屬於中國的核心利益」的新方針，這段內容成為《共同通信》華盛頓支局的報導新聞。中國當局也許沒有注意這則報導，導致之後被曲解成「南海＝核心利益」。

與這則報導同為《共同通信》於十月廿日發送的新聞中以〈撤回「核心的利益」〉為題，文中報導：「中國當局否定當時的發言，事實上是向美方表達了撤回的態度。」而企圖「修正路線」。但目前為止，仍有許多報導將南海視為核心利益。

根據香港英文報紙《南華早報》（二〇一〇年十月二日）報導中國政府提到：「尖閣諸島的主權以及臺灣或西藏、新疆維吾爾兩自治區同列為『核心的利益』的界定。」然而目前為止，查閱文獻也未發現中國當局的官方見解出現上述內容。在東京的外交人士也曾一再表示：「中國政府當局者並沒有說過將南海視為核心利益。」

尖閣國有化明朗化的二〇一二年五月十三日，在北京舉行的日中首腦會談中，溫家寶總理針對日中關係向野田首相表達：「尊重（中國的）核心利益和所關心的重大事件很重要。」而成為重大新聞。因此日本的一般看法是：「中國以尖閣諸島為念，運用了『核心利益』不可讓步的表現來制衡日本。」《共同通信》。

但細讀發言，並沒有將尖閣明確地稱之「核心的利益」。因尖閣攸關「主權與領土保全」，所以一般而言涵蓋於「核心的利益」之內，但要說中國對於尖閣問題的重視程度，在於從哪一方都可解讀的曖昧表現上就算已傳達了吧。因此不可單純化的將「核心的利益」與「行使武力」的概念畫上等號。至於「有說或是沒說」的揣測，則會陷入中國的計謀。

戴秉國重新定義，意在消除疑慮嗎？

北京大學國際關係學院的朱鋒教授表示：「中國在公開場合並沒有針對南海是中國的核心利益而發言過。」朱鋒是唯一針對中國高官向美國政府在非公開會議中的陳述作出解釋的特例。他認為「南海」攸關核心利益，但是「南海是中國的核心利益」和「南海攸關中國的核心利益」的意思不同。

朱鋒的解釋是否射中靶心，或為了敷衍「轉換方針」而作出的解釋等，也許有各種不同的解釋。只是戴秉國的發言，無疑的已成為美國以及西方國家對於中國行使武力奪取主權紛爭的島嶼而展現強勢的新聞來源。

戴秉國二〇一〇年十二月七日在中國外交部網頁以〈堅持走和平發展道路〉為題，發表長篇論文，詳細說明了核心利益以及和平發展的關係。其中提到守護核心利益及發展軍事力與和平發展並無矛盾，並陳述：「任何發展道路的選擇都不可能以犧牲國家重要利益，特別是核心利益為代價。」其中「核心的利益」的具體事例只提到臺灣。發表這篇論文，不知是否對於自己的發言引起西方誤解而負起責任的用意。無疑的，這是在南海議題上，為打消西方國家認為中國果真要將尖閣諸島以及沖繩都涵蓋在核心利益之內，而且是中國行使武力也要保護對象的疑慮。

是否因與美國並肩而顯示了傲慢？

「核心利益」出現在媒體並不是很久以前的事。搜尋共同通信社的資料庫「PRESTO」，從二〇〇一年開始的十年間出現「核心的利益」的原稿計六十四篇。其中四十一篇於二〇一〇年以「南海是『核心利益』」為題刊載的原稿在七月三日以後的引用頻率升高。而中國方面在外交的場合開始有意識地使用「核心利益」是源自二〇〇七年四月訪日的溫家寶開始的。

第一節裡提過的二〇〇六年八月，在北京舉行黨中央外事工作會議上（廿一至廿三日），胡錦濤曾經表示：「維護國家主權、安全、發展利益相統一，努力掌握對外關係的主動權。」而開始強調「積極的外交」似乎符合條理。而根據這個方針，二〇〇九年十一月美中首腦會議的聯合聲明中，第一次將「核心利益」列入官方文件。

在聯合聲明裡讓美國承認了「核心利益」也許給北京的領導階層很大的自信。這樣的結果，在與美國並肩成為大國後也有可能產生了「傲慢」。例如部分研究者以及軍事專家發表了臺灣與西藏，加上新疆維吾爾自治區、南海都列入核心利益的發言，即可顯示。

再重複一次，中國表明的是「政府當局在公開場合並沒有說過將南海列入核心利益」，而這並不等於「南海不是核心利益」的意思。這一點，在表明將臺灣與西藏列入「核心利益」的發言呈現對照性的不同。

在東京的中國外交人士曾向筆者提醒：「這句話容易引起誤解，盡量不用比較好。」原因是恐造成誤投不正確的信號給對方。中國當局針對這個議題的討論，似乎想從戴秉國發表〈堅持走和平發展道路〉的內容後告一段落。在美中聯合聲明中沒有列入「核心利益」的讓步上，似乎呈現今後對臺灣、西藏以外均不稱之「核心利益」的可能性。

「美元體系是過去的產物」的誤傳

二〇一一年美中首腦會談時，關於中國強勢的媒體報導，也曾出現「誤傳」。與核心利益沒有關聯，但這也可能與南海同樣的，因報導而陷入被曲解的危險，因此特別提醒注意。

胡錦濤訪美前夕，針對美國財經報紙《華爾街日報》等三報的提問以書面回答，《華爾街日報》十二月十七日將內容刊登。其中提到胡錦濤對於國際貨幣體系（美元體系）作了以下陳述：「現行的國際貨幣體系是過去的產物（a product of past）。」而轉載的日本媒體刊出了〈美元體系是過去的產物〉等斗大標題，這應該是許多讀者都還有印象的報導。

對外明顯強勢的中國，似乎都被大家認為「這回以經濟力量為背景已對美元體系展開挑戰了」因此才成為重大新聞的。

胡錦濤回答的原文應該是中國外交部所翻譯的英文。可是閱讀新華社所發送的中文原稿時，「過去的產物」一詞的原文是「歷史形成的」。所以譯文的表達應該是「現行的國際貨幣體系是歷史形成的」之意。與其說是否定美元體系不如說是「美元體系是沿著歷史的過程而形成」的客觀性認知。

中國自二〇〇八年以來，一直有著歐盟以美元為關鍵貨幣（key currency）的重要角色之外，應列入人民幣的國際化等新國際貨幣體系的主張，如果是這個意涵，早已不是新聞。中國的外匯存底在二〇一二年已經超越三兆美元，如果立即以「過去的產物」切割的話，最需要付出慘痛代價的應該是中國本身。因為三兆美元將會成為「廢紙」。中國在這之中保有一兆八千億美元的美國債券。而支撐美國赤字財政與美元體系的是中國與日本。這即是橫濱市立大學名譽教授矢吹晉提倡的「中美共同體系」（Chimerica）構造。

即使誤譯的責任在中國，但可說是從「中國的強勢」等既定印象中被引導擴大解釋的。二〇一一年的美中首腦會談中，大體上的表現即使在臺灣、人權、貨幣等有各種對立與矛盾，但可說是已超越冷戰思考的一種「雙贏」的框架了。在聯合聲明中提到：「中美已成為不同政治制度、歷史文化背景和經濟發展水準的國家之間，發展積極合作關係的典範。」又強調「應對廿一世紀的機遇和挑戰，朝相互尊重、互利、共贏的合作夥伴關係的建設上共同努力。」

冷戰結束已超過廿年，世界已進入多極化與經濟相互依存的未知領域。曾經是美蘇兩個敵對政營，單方的利益必會引起另一方不利的「零和（zero-sum）遊戲」已不易重現。所有市場簡單地跨越了國境成為地球規模的經濟一體化時，將使上述情形變得更為困難。

仇視中國及北朝鮮的「日本病」之精神構造

歐巴馬的美國，已經從仇視中國的理論中脫離，相對的，日本還在期待美中新冷戰時期的主張而企圖從中獲得市場。報導首腦會談的二〇一一年一月廿日各家報紙的版面，都是中國GDP在二〇一〇年初次超越日本，繼美國之後的世界排名第二的訊息。即使日本每人平均GDP仍是中國的十倍多，可是因失去信心，以及封閉感而自虐性的驅使「從大國的地位下降」的印象。

日本將政治與經濟都無法順利推行的原因，轉向一黨獨裁而且步上軍事大國之路的近鄰大國尋求答案。而最快速的就是以對抗「反派角色」的作法，企圖重新建構強大的國家。石原的挑釁正是這種典型。在喪失了可依賴的國家幻想之後，正處於優劣混合的情節中面對世界。這樣的國家主義，正在死灰復燃。這就是仇視中國及北朝鮮而產生「日本病」的精神構造。從這之中產生的是與冷戰時期同樣的強化日美安保而封殺中國的政策，這除了陷入軍擴競爭的「安保困境」之外，沒有別的。

那麼有什麼可以保障中國不會像美國以及舊蘇聯一樣成為軍事霸權國家呢？之前引用了新加坡國立大學鄭永年教授的主張，中國一旦成為軍事強國，經濟成長則不可能持續，因此提出「不可選擇美國的道路，到處擴張，並且使用軍事力量」的剎車建議。至於中國將選擇什麼道路，領導高層恐怕也是堅固如一塊磐石吧。蘇聯曾經在進軍阿富汗時作繭自縛而失敗，美國也在伊拉克戰爭時絆倒，而從「單極體系」（Unipolar System）的寶座開始降落。

軍事霸權在帝國自我滅亡的歷史中得到什麼教訓？經濟相互依存關係可以改變軍事依賴的

古舊統治概念。必須從冷戰思考中脫離，東亞的經濟、社會、文化的廣泛領域中，尋求可能共同獲得利益的國際關係的框架。這樣的責任不僅在美中而已，我們也必須負擔的。

第四章

領土與國家的相對化

一聽到領土兩字，就容易使人陷入「思考停止」的思緒。

在地圖上所繪製的領土，就像是自己的身體一樣被視覺化，而產生了「被侵害」的意識，彷彿從自己身上被撕裂的感覺。從領土與自我成為一體化的「視覺性感受」而產生的印象，應該就是領土民族主義所擁有的「魔力」吧。這也是以地理和歷史為主的國民教育所產生的成果：「我們這邊」都是無條件的正確，而「他們那邊」都是完全沒有正當性。

而媒體也在側面協助「思考停止」。

例如，尖閣諸島的標示。二〇一〇年九月，發生中國漁船衝突事件時，正當日中關係陷入緊繃時期開始，報紙或是電視在標示「尖閣諸島」之前一定會加上「沖繩縣的」等形容詞。如果這是發自沖繩那霸的新聞稿另當別論，可是發自北京的新聞稿卻以「中國外交部發言人於某日，針對沖繩縣的尖閣諸島問題」的方式來描述，令人感到不可思議。其他例如遇到竹島（韓國名：獨島）時也開始附上「島根縣的」等形容詞，而這些都是從李明博總統八月十日登島之後才開始的。

根據媒體工作者表示，這是各家媒體自主性的判斷，並不是新聞協會事先約定的，日本政府當局也沒有施加「壓力」等。然而附加了這個形容詞之後，所產生「日本領土」的意識則無條件地強加給讀者與閱聽觀眾。與國民教育一樣，媒體也從旁支援領土的絕對化，而在「同儕壓力」之下所產生自我限制的無責任體系。關於主權紛爭所產生的問題，應該側耳傾聽對方的主張，並將問題相對化的思考，讓國民從「曾經助長戰爭的歷史中」得到學習，這才是媒體該有的責任。

日本以推動「國策」為由的核能開發政策在政、官、財、學、媒體報導等「鐵的五角型」成為一體化的責任備受質疑。觸及領土問題時主流媒體也是在監督「國策」上，缺乏了批判性的觀點。媒體不自覺地煽動領土民族主義的當下，萌生了國家與領土、主權的相對化意識。實際上這個作業已開始在進行。最後這一章，將聚焦於相對化來介紹幾項實例。

第一節　臺灣與兩岸關係

1 東海和平倡議

首先介紹的是與日本沒有邦交的臺灣，由馬英九總統所提案的「東海和平倡議」。馬總統表示：「領土與主權雖然不可分割，但是天然資源是可以分享的。」並呼籲暫時擱置爭議，透過臺灣、日本、中國的三方對話與協議來決定資源共同開發的機制。北京並不反對這個提案，就連最初不予理會的東京，雖然有些微小的反應，但總算開始有行動了。將台灣導入原本無法解決的「尖閣方程式」之後，情況開始變為良好，這也許可以成為重新探究領土問題的一個新契機。

領土的「擱置與共同開發」提案

自從日本在二〇一二年九月十一日決定「國有化」以來，出現在我們眼簾的盡是失控的示威，還有中國公務船挑釁式的接近島嶼事件，及「經濟制裁」等，與中國之間紛爭不斷。但是，在當年排定歸還沖繩日期，也是確認了蘊藏海底資源的一九六〇年代後半時期，最先主張尖閣主權的是臺灣（中華民國）。直到臺灣主張主權之前，關於尖閣的報導近乎零，在大部分的日本人的視野範圍中是不存在尖閣的。

當時的臺灣與日本、美國都有邦交。而與日本、美國還無邦交的中華人民共和國對主權的主張是在一九七一年十二月卅日開始的。換言之，臺北是較北京還要早一步主張主權的「兄長輩」。中國在尖閣的主權解釋上認為「附屬於臺灣本島的島嶼」（中國共產黨新聞網）。大陸與臺灣也都以「共屬於一個中國」的角度，在三段論法中將尖閣解釋為「中國固有的領土」。

首先，檢視「倡議」內容。也許在日本的報導並不明顯，所以應該有許多讀者不清楚。

馬英九提案的二〇一二年八月五日這一天，在臺北由外交部與國史館共同主辦「中華民國與日本國間和平條約生效六十週年紀念特展暨座談會」。二〇一二年正是一九五二年簽署《日華和平條約》生效六十週年，也是因日本與中國邦交正常化後，使得該條約失效而與臺灣斷交四十年的階段。這正是提及尖閣主權爭議的意涵與時機點。

主要內容為「擱置領土爭議與追求共同利益」。當然這是以「釣魚臺無論從歷史、地理、國際法上，都是中華民國固有領土」為前提。馬總統又表示「對相關各國提出以下呼籲」：

①應自我克制，不升高對立行動。
②應擱置爭議，不放棄對話溝通。
③應遵守國際法，以和平方式處理爭端。
④應尋求共識，研訂「東海行為準則」。
⑤應建立機制，合作開發東海資源。

甚至提案臺日中三方協商

接著九月七日馬總統前往位於尖閣西方約一百四十公里，登上臺灣最北之島彭佳嶼，同時公布《東海和平倡議推動綱領》，並呼籲臺灣、日本、中國進行三方協商。協商的議題為：①和平對話、互惠協商。②資源共用、合作開發等。分為兩階段，第一階段先進行「日臺」、「中臺」、「日中」等三組雙邊對話，進而漸漸轉為日中臺的三邊共同協商。此外「資源共用、合作開發」的議題上，列舉以下五項領域：漁業、礦業、海洋科學研究與海洋環境保護、海上安全與非傳統安全、簽署東海行為準則。

彭佳嶼位於臺灣基隆北方約五十六公里處，這裡是臺灣最接近尖閣的島嶼，島上設有氣象觀測站以及海巡署的設施。登島目的是為主張台灣對尖閣的主權，同時也是對於日本的國有化行動表達反對之意。馬總統在登島後的談話中表示：「彭佳嶼、釣魚臺及其附近水域，都是臺灣東北區漁民百年來的大漁場。」也對於日本政府「國有化的決定，我們一概不承認。日本（取得釣魚臺）是侵略、竊占行為，違反國際法」而提出譴責。

聽到「竊占」一詞，也許很多日本人會反應「又來了」而感到厭煩吧。只因馬總統留學哈佛大學時的研究主題與「釣魚臺」有關的原因，而容易被認為是「反日、親中」的印象。可是民主進步黨（民進黨）取得政權後，在二〇〇五年由當時的陳水扁總統（入獄中）曾經登上彭佳嶼，也主張對尖閣的主權。因此只以登島的事實，就認為馬是「反日」似乎不盡公允。至於他的對日態度將會在稍後提到。

臺灣在野黨也給予適當的評價

對於馬總統的提案，中國、日本或在野黨是如何看待的呢？

中國對於提案本身並沒有介入，或提出官方評論。可是當時的對臺政策實際主管王毅（前中國國務院臺灣辦公室主任）表示：「這個主張與大陸接近。」（中國時報二〇一二年八月九日），而給予肯定，應該是因為採取「擱置爭議」的態度與中國的想法接近吧。自從二〇一〇年中國漁船衝突以來，「中國將會奪取尖閣」的論點似乎在日本有一定的說服力。但不可忘記的是，兩年前和這次，中國的基本政策依然都是維持擱置以及維持現狀。在第一章也曾經提到的，中國外交部在反對國有化的聲明中，認為日本政府的國有化，使得日中兩國領導人培養的

「擱置」的「默契」已經破裂，同時仍呼籲回歸對話的正常管道。

曾提出「對日新思考」而聞名的中國人民大學時殷弘教授也對馬總統的提案評價為：「具建設性、合理性、切合時機。」又提到，如能維護「任何一方不能單方面改變現狀」的話，將有助於迴避危險，抑制衝突的效果（中央社二〇一二年八月五日）。

臺灣的在野黨——民主進步黨主席蘇貞昌雖然揶揄馬總統登上彭佳嶼「彷彿是阿Q」，但對於馬提案的內容，民進黨卻是罕見的給予肯定。該黨的發言人林俊憲在八月十五日曾表示：「這個問題，兩岸不應該合作。」又對於馬提案則評價為：「這就是民進黨過去的主張，即使馬總統現在採用民進黨的主張，仍不算太晚。」但民進黨前立委林濁水對於三方協商則提出批判，他認為：「釣魚臺之爭主要是（臺灣）與日本之間的關係而已，馬政權卻想和中國靠在一起。」

北京對馬英九的冷眼

臺灣在野黨以及日本國內不少人抱持著「親中派的馬英九正想和北京合作」的疑慮。香港的保釣人士在二〇一二年八月十五日登上魚釣島時，同時插上「五星旗」與「中華民國國旗」，給人留下「中臺合作」的印象。但馬提案是在最佳時機發表的。如果是在國有化之後的混亂狀況中發表的話，一定會被批評為「軟弱」或是「以兩岸合作為目的」等誤會，到時又得一一辯解。根據臺灣有線電視「ＴＶＢＳ」的十月民調顯示，馬的支持率是比日本野田政權還要低的一三%。他並不是親中派，根據李登輝曾經描述：「總而言之是親美又反共的[1]。」如果所言屬實，馬應該不會只為了對抗日本而推展兩岸合作，導致失去「美國王牌」的糊塗行為吧！

然而北京真正想做的是想留給日本等西方國家認為「北京與臺北合作」的印象。擔任馬政權智庫「兩岸交流遠景基金會」副執行長的孫揚明在二〇一二年九月初接受筆者專訪時提到：「北京在今年初開始好像很喜歡『釣魚臺是臺灣所屬的島嶼』的說法。很想強調有中國當靠山，可是我們現在最怕的就是給人產生合作的印象。」他又認為：「日本政府的國有化是最糟糕的選擇。」還指出「盡可能的不突顯問題，以維持現狀是最好的」，並預測北京在今後的五至十年間，針對尖閣議題應該還會展現得更強硬。

另一方面，接近民進黨的安保專家透露，中國對於馬倡議的真正看法如下：①馬英九完全沒有對石原批判；②馬英九想把問題國際化。諸如此類，這都是中國提高警覺的部分。

二〇一二年初馬總統連任之後，中國也開始邀請民進黨高層進行交流與意見交換。在尖閣問題使日中關係陷入混亂的二〇一二年十月初，曾擔任行政院長的前民進黨主席謝長廷被邀請至中國，中方安排他與國務委員戴國秉以及王毅等會面，排場盛大。前述的安保專家又提出以下分析：「北京認為馬的對中政策已經大大倒退，因此也開始和民進黨進行交流，希望藉此產生晃動馬政權的效果。」

2 主權也擱置爭議的兩岸關係

「不統、不獨、不武」的維持現狀

這裡回歸馬英九所提出的「領土與主權雖然不可分割，但天然資源是可以分享的」議題。中國與臺灣的關係，從一九九六年臺海危機到民進黨執政結束為止的二〇〇八年，共十二年之間，處於政治對立而經濟一體化的「對立與共存」時代。當時，臺灣問題彷彿成了和歌裡附加「枕詞」般的語彙。無論「統一或獨立」、「獨裁或民主」、「反日或親日」，以及外省人與本省人之間的「省籍問題」等卻是二分法。這些在李登輝、陳水扁時代作為分析臺灣的前提時，似乎是在某些程度上有效的量尺。以臺灣本土派為主張的在野黨民進黨反對國民黨的「獨裁政治」、反對和中國統一、主張「獨立」，因而成功地奪取政權。如果將其對立以單純的圖表化時，如下所示：

- 國民黨與中國……………「統一＝獨裁＝反日＝外省人」
- 民進黨與臺灣本土派……「獨立＝民主＝親日＝本省人」

1 譯註：日本《諸君》月刊（四月號）以〈二〇〇八年臺灣總統選舉與海洋國家日本的命運〉為題，刊載前總統李登輝接受日本作家深田祐介的專訪內容。

簡直可清楚的分裂為兩個臺灣的模式。臺灣首次行使直接投票舉行總統選舉的一九九六年，中國對臺灣發射飛彈演習以來，許多日本媒體一直以這個模式為基礎探討臺灣問題。可是這個「獨立」的主張卻得不到日本及西方國家的支持，因為中國的大國崛起，民進黨如果在對中政策上無法提出展望的話，將只有朝向自我毀滅一途。

二〇〇八年總統選舉馬英九當選時，意味著這個對立軸已經失效。因為以「統獨」為根基的邏輯，已從馬英九與胡錦濤的二分法中脫離，並齊步朝向第三條路的「維持現狀」而行。

馬宣示「不統、不獨、不武」的三不政策，另一方面的胡錦濤也表示「（臺灣的）現狀並沒有分裂」（作者註：即是「承認現狀」之意）的說法即是「維持現狀」。這是朝向關係改善最重要的背景。

在這個新路線之下進行對話與交流的結果，二〇一三年八月每週有六百七十次航班的飛機連結兩岸。這是因為簽署了相當於自由貿易協定（FTA）的「經濟合作架構協議」（ECFA）的原因。雖然在法律上沒有簽署結束「國共內戰」的和平協議，但兩者的關係在實質上可說是友好並且是和平的狀態。兩岸的基調已從「對立與緊張」朝向「對話與協調」的變化。這點將在第三節詳述。

靈活變通的思考下將主權擱置

然而在雙方還有一個難以處理的主權爭議。在國共內戰勝利的中華人民共和國的認知上，認為自己才是繼承中華民國的「一個中國」下的合法政權。另一方面的臺灣，當中華民國在一九七一年失去聯合國代表權時，已經無法角逐正統性，可是中華民國（臺灣）認為自己不隸屬北京，而是「主權獨立國家」。這即使不像民進黨所主張的建設「臺灣共和國」等清楚的談論獨立的言論，實際上也已是「獨立國家」的主張。如何才能與主權問題達到妥協，將是朝關係改善時將會遇到的最大障礙。

在這裡找到關於「一個中國」的「九二共識」。這個共識是兩岸交流對口單位雙方於一九九二年在香港所達成的實務協議。其中內容即是中國所主張的「兩岸均堅持『一個中國』之原則」的共識。對此臺灣的理解是「『一個中國』的解釋，（中臺）各自表述」。這宛如吉丁蟲那變幻炫目的「結構色」，但重要的是「一個中國」為原則的共識。這裡所指的「一個中國」，實際上即不存在的虛構「國家」。例如「一國兩制」也是如此，因為不想受「一國一政府」的法律原則所束縛，因此才以靈活變通的思考模式想出這個妥協。這個「魔法」也可適用在尖閣，並可從中學習到很多。

中國以統一為終極目標，可是胡錦濤以廿至卅年的中期政策替代「統一」，而鎖定「和平發展」。繼胡錦濤之後的習近平，基本上也是繼承這個臺灣政策。

另一個對立主軸是「獨裁或民主」。臺灣都已是經過自由選舉而實現二度政黨輪替，此時這已是沒有意義的切入主題了。戰後臺灣誕生的第四代，已朝向族群與省籍互相融合而前進。例如「少數派」的外省人馬英九能夠當選連任的事實，足以證明「省籍矛盾」已經不是很大的對立軸了。

「獨立派」＝「本省人」＝「親日」的虛幻

「親日或是反日」的對立軸，尤其是日本媒體最喜歡以此為衡量準軸。提到尖閣，李登輝前總統在卸任總統之後，接受了《沖繩時報》（二〇〇二年九月廿四日）的專訪時表示：「尖閣諸島的領土屬於沖繩，所以也是日本的領土。中國即使如何主張其領土權仍是沒有憑據的。」如此的發言也是「親日臺灣」的幻想被曲解的原因之一。雖然曾有報導指出：「李在總統任內就表明是日本的領土」（《週刊文春》二〇一二年九月廿日），但這並非事實。完全沒有證據顯示李登輝在總統任內曾有如此發言。相反的，在他總統任內的某位親信曾經告訴筆者：「李還從日本訂購了（主張尖閣屬於中國的）京都大學名譽教授井上清的書籍，作為（中華民國領土的證據）加強理論的根基。」

「獨立派」＝「本省人」＝「親日」等既定觀念的虛幻事例如下：

在第二章也曾談到過的，一九九〇年九月日本右翼團體「日本青年社」登上釣魚臺建造燈塔，日本海上保安廳決定承認這個燈塔為正式的航路標識，因此引起臺灣宜蘭縣縣長游錫堃等人反對，而帶領漁船前往尖閣的往事。他是反對國民黨獨裁的民進黨高層之一。「反國民黨」又是「本土派」，應該是「親日」的游縣長為何前往尖閣呢？對於臺灣漁民而言，自從日本時代或在美國施政下，他們就自由地以尖閣諸島附近的海域為漁場。他們所求的，並不是為了尖閣的「主權」，而是一個漁場的「生活圈」。

然而二〇一二年九月廿五日的事件，有五十艘臺灣漁船與十艘巡視艦前往尖閣，而與日本巡視船展開了一場「噴水大戰」。也許會有日本人驚訝：「這是親日的臺灣嗎？」可是這在臺灣卻獲得：「作得好！」的許多讚賞，而使馬的支持率也有些許上升。如果僅能以「親日」或「反日」的準則去衡量「反對日本單方的國有化決定／想要守護『生活圈』的主張」的話，是有害的。

3 放開領土的「魔力」吧

解決方案除了讓渡、擱置、戰爭之外別無他法

跨越國境的全球經濟，讓主權國家與政府的力量不得已地呈現衰退態勢。國家從產業政策到個人生死為止的管理機制，已是廿世紀的往事了。即使國家與政府的力量逐漸式微而變得空洞化時，領土仍是得以持續著少數可視化的國家標識。本來這是不得不相對化的國家主權與領土，可是像石原慎太郎一樣，夢想重建強大國家的人們，總希望讓領土成為政論議題的理由正是如此。這就是平時看不見的「國家」卻在此時似乎較容易看得見的原因。

解決領土問題時，除了讓渡、擱置、戰爭的三種選擇之外，別無他法。

可是為了一個無人的孤島，誰願意為戰爭的高風險和成本而付出代價呢？再重複一次，全球經濟透過人、物、錢等移動的自由化，將排他性的主權、領土推向「實體已稀薄，僅剩法律論」的境界。「國有化」所引起的東亞動盪，正迫使排他性主權、領土必須超越新思維。在尖閣、竹島、「北方四島」等本來也是在那裡生活，以那裡為生活圈的人們所有的權益，並非屬於人造性質的國家所有物。

在主權爭議上較為優勢者是「實效統治」的一方，但如果利用這個優勢而強化統治的話，將演變為紛爭。日本的尖閣諸島國有化，似乎顯示了現狀是單方面的變更。因為與中國已經沒有了相互信賴關係，所以實在有必要針對國有化的問題仔細說明。

中國也並沒有對日本的實效統治施以武力挑戰，如果挑戰的話，則必須要有戰爭的覺悟。他們以所擁有的強勢看著日本反應的同時，也在尋找著陸點。

解決的出路，除了「擱置」別無他法。

在第二章裡也有提到「擱置」的內容，日本與中國所簽署，且在二〇〇〇年生效的「漁業協定」中，因為專屬經濟海域（ＥＥＺ）的「劃線」而以擱置作為結局。二〇一〇年的漁船衝突事件之後，全面否認與中國之間曾有「擱置」默契的日本民主黨政權責任重大。然而以固有領土論的幻想為基礎，並繼續維持「不存在領土問題」的立場，似乎很困難。

被抓住弱點的玄葉光一郎外相提案

日本政府當初對於馬英九提案一直不放在眼裡，玄葉光一郎外相直到十月五日才向臺灣釋出訊息。雖然提到「也有無法接受的部分」，但仍對於確保東海和平與安定的基本思維給予肯定，並且提案重新啟開曾暫停的「日臺漁業談判」。

日本外相針對沒有邦交的臺灣發表談話極為罕見，日本政府所處的立場如何艱苦，可想而知已經被臺北與北京抓住弱點。只要官方仍抱持「不承認存在著領土問題」的見解時，也許是無法附和馬的提案，但仍有期待的空間。此時應該要探索所有的管道以尋找出路吧。

相對於日中關係，可喜的是兩岸關係良好。日本與臺灣在二〇一一年九月簽署「日臺投資協定」，這正是ＥＣＦＡ（兩岸經濟合作架構協議 Economic Cooperat io n Framework Agreement）的波及效應。而正為日幣升值苦撐的日本製造業，正與臺灣企業合作加速前往大陸的腳步，這正是這個日臺投資協定的影響。如果像民進黨政權時代使得兩岸關係緊張的話，北京即使對於日臺投資協定也會譴責為「嘗試臺灣獨立」，而給予干擾的可能性是不可否認的，漁業談判也是一樣。目前為止的漁業談判共計十六次。包括尖閣在內，日本所主張ＥＥＺ的「中間線」與臺灣所主張的「暫定執法線」雖然不同，但在日中漁業協定同樣是可能擱置爭議的。

無法解開的尖閣「方程式」裡，如果加入臺灣而開始變得有些明朗而良好，也可以使「領土問題相對化」獲得更多想像空間的感覺，這是再好不過的事。馬的提案正因臺灣不是「中心」而是「周邊」的位置下才能提出的，均為「中心」而相互對立的東京與北京，都是無法從領土與主權紛爭的「魔力」中得到自由，因此也無法從容理性地處理問題。然而臺灣與日本因為沒有邦交，所以無法談判主權。可是在漁業權方面，透過民間層級的談判是可追求實質利益的。

此外，對於另一個「周邊」的沖繩而言，因為尖閣周邊的緊張激烈化而變得很糟糕。尖閣的價值，只有在和中國、臺灣維持良好關係時才得到保障。而馬的提案一定可以看到「陽光」的日子。

第二節　朝向日美中均衡的發展

因中國的崛起，使得日美間的分歧變得醒目。尤其在日美雙方的言論空間上最為顯著。二〇一二年是自一九七二年東亞國際政治瞬間產生變化以來四十週年的關鍵時刻。四十年前，由於尼克森總統的訪中，使得一直呈現敵對狀態的美國與中國達成和解。繼歸還沖繩之後，日本接著與臺灣斷交，同時與中國邦交正常化。即使臺灣與中國開始主張尖閣諸島的主權，也是與歸還沖繩在內的東亞「地殼變動」有直接關係。

這四十年來，日美安保的內容也產生很大的變化。例如以「蘇聯的威脅」為念頭的日本列島防衛目的，加上「中國崛起」的意識，而將亞太地區擴大為防衛範圍上的軍事同盟國。

問題是對於「崛起」的中國如何看待才是重點。

日本的媒體彷彿回到四十年前站在中國一方而封鎖蘇聯般的，因日美同盟強化，而認為應該架構起中國包圍網的言論占了上風。在尖閣國有化時所產生的對立，似乎使得這個傾向更為強烈。

此外，美國在重量級的前政府官員建議下，認為應該接受美國喪失優勢為前提的事實，並尋求與中國在外交、經濟在內的綜合性協調關係的討論。

這裡，先介紹關於未來美中關係的論文，同時解析日美之間因「中國觀」所產生的分歧。一些日本的好戰派所期待的「美中衝突」，並非是必然的。不如說（美國的）對中協調路線，是在和日本維持平衡的同時也找到一個有利的政策選擇，因而持續下去的吧。對中協調路線裡頭最大的障礙在於臺灣問題，因此有學者以及前政府官員提倡「臺灣放棄論」，在此一併介紹。

1 執日本政治牛耳的中國威脅論

首先看一下日本的言論空間裡的「中國觀」。

如以一句話說明，即是主張應該強化日美同盟去圍堵中國的軍事擴張主義，這是以「中國具有威脅性」的認知為前提的。不僅是部分的週刊、月刊這麼說而已，可說是受到全國報章等主流媒體的擁護。

野田佳彥首相的日美「對中包圍網」

這明顯的表現在二〇一二年四月卅日，歐巴馬總統以及野田佳彥首相於華盛頓所宣布的日美聯合聲明的報導。

以《朝向未來的共同藍圖》為題的聯合聲明裡，提及以下內容：

①加強南西諸島的機動性配備而提升「動態防衛力」，並與美國重視亞太地區的戰略合作。

②在美屬關島、北馬里亞納群島上實施共同訓練並共享設施。

③對周邊國家提供巡視船等裝備。

這份聯合聲明在全國媒體以〈對中加緊「包圍網」〉的標題下，內容又解讀成：「美國歐巴馬政權考慮到在軍事、經濟兩方面崛起的中國，決定以亞太地區作為『最優先』的課題，並為形成『對中包圍網』而加緊進行著。」（華盛頓《共同通信》二〇一二年五月一日）。

重要的是歐巴馬政權的「重視亞洲戰略」，並不意味著美軍本身將在亞太地區強化軍事存在。然而由日本代替財政不充裕的美國負擔軍事支出。依筆者觀察，這個「改變戰略」的背景下，的確有中國的「軍事崛起」因素。中國強化軍事力是不爭的事實，但如果以此就斷定中國企圖奪取尖閣或沖繩等日本領土，並且對臺灣行使武力，甚至在東亞與美國展開軍事霸權之爭等分析，應該都是跳躍式邏輯。

尖閣國有化之後所產生的日中對立，在美國的安保專家們之中也開始顯露出對日本右傾化而感到疑慮的聲音。歐巴馬政權在二〇一二年十月下旬，為平息日中對立，任命了前副國務卿阿米塔吉（Richard Armitage）、前助理國防部長奈伊（Joseph S. Nye Jr.）等人前往日本與中國調解。十月廿六日，兩人在東京市區舉行的演講會上提到，對於日本右傾化的認知正在中國逐漸擴散。對於東京都知事石原慎太郎宣布辭職而重回國會的決定，阿米塔吉表示：「可能被當作右傾化的新證據吧！」另一方面，奈伊舉出以下幾例：①自民黨安倍晉三總裁等人參拜靖國神社的舉動；②針對曾經公開承認日軍涉及慰安婦問題的「河野談話[2]」應重新審視的聲音；③對於修憲的動向等，認為都是助長「日本右傾化」觀點的主要原因。奈伊呼籲日方應該審慎以對，並強調：「日美、美中、日中等各方關係的良好是維持亞洲繁榮的重要因素。」（《共同通信》十月廿六日）

2 譯註：河野談話，意指一九九三年宮澤喜一內閣官房長官河野洋平公開承認日軍強徵慰安婦的道歉聲明。

2 布里辛斯基的美中融合戰略論

以下要介紹一篇從整合性視野展開中國論的理性論文，作者是美國卡特政權時期擔任國家安全顧問的茲比格涅夫・布里辛斯基（Zbigniew Kazimierz Brzezinski）。他以〈與亞洲保持平衡關係，強化歐美世界——在劇變時代下的美國大戰略〉（"Balancing the East, Upgrading the West: U.S. Grand Strategy in an Age of Upheaval"）為題，投書美國外交權威雜誌《外交事務》（*Foreign Affairs*, Jan/Feb, 2012）。從題目即可理解，內容是以美國及西歐等歐美世界的影響力重整問題意識為主的紮實「大戰略」（Grand Strategy）。

布里辛斯基的「與亞洲保持平衡關係，強化歐美世界」

首先簡單整理論文的主旨如下。再重複一次，主要的問題意識在於探討如何維持與重建衰退中的歐美等西方影響力。因此布里辛斯基將俄羅斯與土耳其等介於東西中間位置的勢力合併到EU，認為此舉可成為重新建構強大的歐美世界的原動力。

他是專精於蘇聯、東歐問題的戰略家，所以十分清楚要使在宗教上、歷史上都對西歐的認同感薄弱的俄羅斯、土耳其合併不是一件容易的事。還有在東亞，為了避免與中國產生衝突，除了承認中國在歷史上、政治地理學上的影響力之外，還主張美國在東亞為了避免紛爭而應該扮演平衡者（balancer）的角色。並闡明無須加強日美關係的對中包圍網，而應該進行日中兩國的和解，形成日、美、中的三角對等關係是必要的。

關於美中之間視為障礙的臺灣問題，他更大膽建議：以鄧小平的「一國兩制」方式朝向中臺統一是今後約十年間不得不考慮的議題。這對臺灣而言是不能不聽的「棄臺論」。

這樣的主張，不僅布里辛斯基而已。其他重要的國際政治學者也發表了醒目的主張：「關於保衛臺灣之類並非最重要的參與，應該重新評估既有政策，考慮對臺鬆手。」（美國喬治華盛頓大學教授格雷澤（Charles Glaser）也曾在《外交事務》撰文〈中國崛起可能導致戰爭嗎？〉（Foreign Affairs, Mar/Apr, 2011）。中國的大國化與兩岸的和解、交流等緩和緊張的新狀況，也許使美國的亞洲戰略中，對於臺灣的比重變得輕微等，如此的分析在〈複雜的亞洲〉一文裡頭，其內容將依各主題條列式地介紹如下，翻譯責任歸於筆者自負。

對中國的評價——意識型態爭論的克制

①中國並未將意識型態上的教義作為普遍的主張，而美國也一直謹慎地不以意識形態作為對中國關係的爭論點。雙方在國際政治的舞臺上，建立「建設性夥伴關係」。美國雖然對中國侵犯人權提出批判，可是卻一直謹慎避免忽視存在於中國的社會、經濟體系裡的某些因素。

②如果美國對中國的疑慮增強，而與過於自信的中國陷入政治對立的路線時，在華盛頓看來則認為，北京的成功是由於高壓體制奏效，而對美國經濟造成衝擊。同時，對於這樣

的美國訊息，北京則解讀為可能企圖弱化及粉碎中國的體制吧。同時，中國還強調：對美國及西方不抱好感的發展中國家，已經成功地排除歐美優勢。雙方在意識形態上應該自我約束。

美國扮演的角色——平衡者（balancer）

①美國在亞洲的角色應該是促成區域的均衡。透過朝向調解紛爭及權力均衡的方向，協助亞洲國家避免產生區域霸權的糾紛。

②因此，對於一直以來都在維持遠東大陸穩定的中國，應該在歷史上、政治地理學上的角色給予尊重。以區域穩定為目標來與中國對話，不僅有助於減少美中衝突的危險性，也將減少中國與日本、中國與印度，甚至也可降低中亞各國在天然資源議題上，涉及獨立國家的地位問題時的中俄之間產生的判斷誤差。

③美國必須認識到，亞洲的穩定，已不再是由一個非亞洲的美國就可以確保的。如果美國（以軍事力）加強了安定的話，有可能引發高昂成本的戰爭而導致悲劇。

④如果美國與印度或越南結成反中國聯盟，或為了對抗中國而讓日本軍事化時，雙方極有可能加深危險的敵意。美國的亞洲外交政策的基本原則應該是對日本和韓國維持（防衛）義務，且避免讓自己捲入環繞於中國等亞洲國家之間的戰爭。

日、美、中的三角關係

①日美關係是特別重要的，美日中三方應該共同合作成為三角對等關係的「跳板」。這個三角形結構，可使中國在區域的存在感增加而產生戰略性疑慮的一個因應架構。為了深化中日關係所作的努力，這將成為穩定東亞的出發點。

②中日的和解將有助於加強和鞏固更全面性的美中合作關係。中國非常清楚美國對日本的承諾是堅定不移的，日美之間的聯結是深厚又真實的，而且日本在安保上是直接依賴美國的。但如果認清，與中國發生衝突將相互毀滅的話，東京應該明白，美國的對中接觸是間接地有助於日本的安保。

③中國不應該把美國支持日本安保視為一種威脅，日本也不應認為緊密的美中關係將對日本不利。深化了日、美、中的三角關係時，也可以減少日本對於人民幣是否成為實際上的世界第三國際貨幣所產生的疑慮。透過整合中國既有的國際體系，將有助於和緩美國對中國的未來角色的憂慮。

布里辛斯基〈新的對中政策〉全文

鑑於地區性調整的如此進行，美中雙邊關係擴張時，美中之間將有三個敏感的問題必須和平解決。第一個是在不久的將來，第二個在今後幾年之中，然後第三個可能在今後十年左右。

首先，美國應該重新評估在中國領海邊緣的偵察行動，以及美國海軍在中國專屬經濟海域（EEZ）內的定期性監視行動。這對於北京而言是一種挑釁。相反的情況時，對於華盛頓亦是挑釁。此外，美國軍機的空中偵察任務可能造成意外碰撞的風險，因為中國空軍派出的戰鬥機，有時會干擾美國軍機。

第二，中國軍事力的增強，美國對日本和韓國的安保前提下所引起的憂慮是在所難免，因此美國和中國應該針對各自的軍事計畫提出討論並設立定期協商機制。

第三，關於臺灣的未來地位，可能會成為兩國之間最有爭議的問題。華盛頓不把臺灣當作一個主權國家，並同意北京的觀點，即中國和臺灣是一個國家的一部分。但同時，美國還出售武器給臺灣。因美國的武器而得到保護的臺灣，將使中國的敵意加劇。對於美中在調整長期性關係上，這是不得不處理的問題。最終的決定，也許沿用鄧小平的「一國兩制」模式而採取「一國多制」作為臺灣最終與中國重新整合的基礎。其中，臺灣與中國在政治、社會、軍事（尤其排除將人民解放軍部署在臺灣）等仍屬於各自獨立的制度下。

無論採取哪一種模式，總之，中國的大國化，以及臺灣與大陸之間的關係強化時，臺灣還能拒絕與中國朝更正式的關係到何時，是值得懷疑的。

3 季辛吉的中國觀

閱讀了上文之後，不知有何觀感？

一定會從「自由理想論」的印象，到「不懂亞洲的新孤立主義」、「對中投降論」等，存在各種認知。然而在日本的媒體最近似乎較少看到這樣的文章。因此，本文整理布里辛斯基的論文三項要點：①中國的軍力增強；②日、美、中合作的鐵三角；③中臺的統一等進行探討。

關於①中國的軍力增強，布里辛斯基只提到「美國對日本和韓國的安保前提下所引起的憂慮是在所難免」，至於對軍力增強的評價或目的、意圖等並沒有詳述。

因此只好讓四十年前擔任美中和解的靈魂人物亨利・季辛吉（Henry Alfred Kissinger）登場。本文將引述季辛吉投稿《外交事務》（*Foreign Affairs*, Mar/Apr, 2012）的論文〈美中關係的未來〉（The Future of U.S.-Chinese Relations）。

中國的軍力增強並不是異常的

季辛吉首先對於美中關係的「現狀」陳述如下。

美中之間在戰略、經濟問題所達成協議的框架中再次展開軍事交流。然而，「合作關係有所增長，同時爭議也增加」。日美雙方，都有互相排斥的群體，他們聲稱：「兩國為爭取優勢地位而不免對立，或許已正在進行。」

季辛吉還指出美國「鷹派」認為中國朝向：①在西太平洋取代美國；②鞏固在亞洲以中國為首的經濟、外交利益的排他性聯盟等為長期追求的政策。筆者以為這也是美國「鷹派」與「好戰的都知事」共通的認知。

此外，在中國方面，他們看到美國成為「受傷的超級大國」的同時，也認為：「華盛頓所堅持的目標，將是透過軍事部署與條約上的承諾抑制中國的崛起，防止中華帝國扮演歷史性的角色。」

接著又對於中國的軍力增強提出以下評論：「中國最近的軍力增強並非是一個特殊的現象。世界上的第二大經濟體及最大的資源輸入國，如果它的經濟實力沒有轉化為軍事能力才是不尋常。問題是，軍力增強是否無止盡的進行？其目的為何才是重點。」除了上述的前提，又提出警告：「如果美國將中國所有增強軍事能力的作為都以敵對仇視的話，結果將很快就會讓雙方陷入無休止的爭論。」同時也提醒中國自重：「必須充分認知這將會導致無止盡的軍備競賽的後果。」

美國喪失優勢的結果，導致中國崛起

針對中國企圖以軍事掌控鄰近各國的觀點，季辛吉指出；中國的帝國式擴張，在歷史上並非軍事性的征服，而是經過緩慢的滲透而成。並且認為中國的北部連接俄羅斯國境，東部是與美國軍事同盟的日本和韓國，南部則有越南和印度等，因此：「這並非是一個有利征服的地勢。不如說中國才憂心自己被包圍。」

接著又舉出中國在軍事統治上自我約束的其他理由：①沿海與內陸的差距擴大。②一胎化政策伴隨少子高齡社會的到來，使得根深柢固的大家族主義傳統文化受到挑戰等，認為處理國內的社會、政治問題尤其更為重要。

最後提到：「與其說中國的崛起在於增強軍力的結果，不如說是美國已失去競爭優勢的結果。」對於未來的關係則提出：「無須刻意提防對方的行動，而應該當作是國際關係的普通行為。」作為結論。

與季辛吉的中國觀呈對照性的是日本的中國威脅論。

從中國的網頁裡，對於充滿民族主義的言論，也引起日本認為「中國不僅是對尖閣諸島而已，也企圖奪取沖繩！」或是「中國企圖將東海與南海納入內海，從第一島鏈擴展到第二島鏈，用以提升拒絕美國船艦接近的能力。」並且加上「中國軍方的崛起」，接著又提到「增強南西諸島的抑止力」時，似乎可以理解「動態的防衛力」是以什麼為目標了。這是近似美國鷹派見解的認知。

季辛吉以歷史與政治地理學為依據的中國觀是有說服力的。尤其是他屢屢以相對化觀點去看待美中雙方的立場，這是很重要的。

4 促成日、美、中安保對話

再回到布里辛斯基的論文，第二個論點「日、美、中合作性的鐵三角」。跳脫出冷戰時期的「零和（zero-sum）思惟」，維持「雙贏（win-win）關係」即是日美中三方應該努力的等提案。

促成日中雙方理性判斷

對中國的敵視，或日美聯手構築中國包圍網的立場下，不會產生雙贏的想法。首先對於紛爭不斷的日中關係，布里辛斯基認為「（日中）和解有助於，促進全面性的美中合作關係」，又對日美同盟下中國的認知，布里辛斯基以「中國非常清楚日美之間的聯結是深厚又真實的，且日本在安保上是直接依賴美國的」為由，而提出「如果認清與中國發生衝突時，將相互毀滅的話，東京應該明白，美國的對中接觸是間接地有助於日本的安保」，呼籲日中雙方應作出理性的判斷。

這席話並不是沒有「說得輕鬆」的感覺。可是中國政府對於二〇一二年五月四日允許「盲人維權人士」陳光誠出國一例看來，即可清楚對話的重要性。這是剛好美中兩國正在北京舉行「戰略、經濟對話」的時期。也許中國企圖藉人權問題成為美中之間的火種，最後將歐巴馬政權逼到牆角時，也等於是向對中強硬派的共和黨羅姆尼釋出「送鹽予敵」的效果吧。但不可否認的，也因為在美中戰略對話的期間，所以是比較順利處理的。

布里辛斯基提倡的日美中「合作性的鐵三角」雖然沒有引起廣泛的支持，但仍是一道曙光。玄葉光一郎外相在二〇一二年一月廿四日的第一百八十次國會外交演說上曾表示：「日本、美國、中國三國的戰略性對話與協調是為了地區的和平與安定，這是前所未有的重要時期。我們正考慮在既有的日中韓、日美韓、日美澳、日美印等框架上，再加入去年（二〇一一年）所提倡的日美中的對話。」

中、日、美的鐵三角對話

對於玄葉演說，中國方面的態度如何呢？

在日本的主流觀點大都認為，中國不喜歡「日本VS中國」的模式，所以應該不積極，但並不完全如此。二〇一一年一月下旬的美中領袖會談之後不久，中國外交部某官員向筆者表示：「以這個地區的多國安保為框架的協議似乎在十年之內會進行。也許這是樂觀的看法。但來自美國的論點，認為不僅日美同盟或是美韓同盟，這個地區（東亞與南亞）的安保框架是不能不進行的。」筆者提問：「領袖會談的聯合聲明裡也有提示嗎？」對方的回答是：「領袖會談曾出現那個意涵的發言。」此時他仍以「多國間的安保對話」的表現方式，可是到了二〇一一年六月廿五日在檀香山舉行第一屆「美中亞太協議」之後，他的表現方式已改為「中、日、美的鐵三角」。中美雙方針對亞太地區的雙方利益與對立直接交換意見時，他甚至提及：「已談到了十年後亞太地區的安保展望。我們也將中國、日本、美國鐵三角對話納入目標。」於是筆者反問：「亞洲的多國間安保框架是由『三方』進行的意思嗎？」他的回答如下：「是的。應該不會考慮鐵三角之上的大框架了。」

二〇一一年的美中領袖會談之後，美中間曾提及鐵三角對話，中國也積極研議，似乎陸續印證看法。這應該也可看作是日美中的外交頻道仍持續調整吧。然而日本外交人士正持「中國外交部內也是意見分歧」的看法時，美中兩國正計畫二〇一三年重新開啟軍事對話。如果無視美中對話確實正在進行，而只看到對立面的話，則可能忽略真相。不可否認的，日美中安保對話框架可能比想像還要早些實現。

5 中臺統一的展望

最後探討的是，關於中臺統一。這是布里辛斯基的論文裡最富刺激性，且引發議論的部分。然而馬英九總統在二〇一二年三月廿七日接見美國前副國務卿阿米塔吉（Richard Armitage）等美國的亞洲專家們時，特別對於反對「棄臺論」的美國學者，公開地表達謝意。

停止在中國領海、領空的偵察行動

布里辛斯基具體地舉出以下三項提案：

①停止在中國領海、領空附近的偵察行動

②美中軍事定期協議

③以「一國兩制」的模式統一

他也清楚的提示時間表：①是「不久的將來」；②是「今後的幾年內」；③是「大約十年以內」。

在這個條件下，他舉出「地區性調整的進展」以及「美中兩國間關係的擴大」兩點。然而在交涉談判時是有談判對手的，所以中國方面的態度或是美國領導者的交替等仍有許多變數。

此處第①點所說的停止偵察行動，意指二〇〇一年四月在海南島上空發生了美國海軍電子偵察機與中國戰鬥機的空中擦撞事件。對於這類的偵察行動，布里辛斯基率直地認為「對北京而言是挑釁的行為。相反的對於華盛頓而言也是一種挑釁」；又提出警告「美國軍機的偵察行動有可能會引發意想不到的衝突事件」。如果中國軍機在美國本土邊緣進行偵察行動的話，美國的輿論應該也不會置之不理吧。又如中國軍艦擴張至公海的第二島鏈附近時，可想而知的應該也會引起日本媒體高度關注。第②點的美中軍事定期協議之關鍵在於針對彼此的軍事計畫進行對話；換言之，中國方面能否釋出情報，以及更加的透明化將成為重要指標。

美國想放棄臺灣只是時間的問題

然而最引起議論的還是③中臺統一。布里辛斯基認為，美國同意北京所主張的「臺灣是中國的一部分」，可是卻對臺輸出武器，因此他提到「這會讓北京的敵意增強」。因此「美中在長期性的關係調整的前提下，不得不處理這個問題」。他並沒有提及美國曾承諾對臺灣提供防衛性武器的《臺灣關係法》，可是建議該法重新調整。因此最後，中國與臺灣在政治、社會、軍事等各方面上各自維持獨立，同時將為統一而採用「一國兩制」模式。

雖然這並不是美國政府的想法，但已在臺灣引起很大的迴響。

與美國前副國務卿阿米塔吉等人同在三月底訪臺的白宮國安會前東亞事務資深主任貝德（Amb. Jeffrey A. Bader）廿七日在臺北出席「臺北論壇」舉辦的演講會上，針對記者的提問，他首先說明「棄臺論」並非主流意見，並答覆：「臺灣的未來並不在於華盛頓，而是臺灣人自己的決定。」對於華盛頓的臺灣政策，他提及《臺灣關係法》，並強調以武器輸出問題為最終解決方案的一九八二年的〈八一七公報〉將會繼續維持。他期盼兩岸的意見分歧可透過和平的方式解決，並表示：「時間會讓問題更為容易解決。」

目前，雖然是強調華盛頓對臺政策不變的內容，但「更為容易解決」的表現方式透露了微妙的感覺。無論如何都是以不想刺激臺北、北京為考量所採取的謹慎發言。

6 中國也興起和平的「棄臺促統論」

布里辛斯基的主張與北京想要最終以和平統一的考量幾乎一致。其中可解讀北京一部分真正想法的是南方朔（香港《亞洲週刊》主筆）投書《明報》（二〇一二年四月十一日）的評論文章。

他以布里辛斯基的論文所產生的影響力極大的前提下，在文中提到：「美國的和平棄臺促統論正式拉開了序幕！坦白而言，當北京以和平發展做為對臺政策，類似於布里辛斯基這樣的主張，也只是時間早晚而已。」又表示：「美國在什麼時候會宣布廢棄《臺灣關係法》雖尚不確定，但估計時間應當不會太久。如果臺灣在政治上務實也誠實，現在已該真誠地去面對兩岸終極的問題了。」

這似乎透露了想讓馬英九政權舉棋不定的和平協定以及軍事安全互信機制早日實現，並放棄《臺灣關係法》等路線的北京真正想法。可是要求美國政府無條件停止在中國領空、領海附近的偵察行動，以及決定放棄《臺灣關係法》，可能性極低。再重複一次，「棄臺論」的出現背景是中國的大國化與兩岸的緊張關西獲得紓緩的大前提下的變化。特別是，在臺灣海峽發生戰爭的可能性是無限地接近零。胡錦濤曾經提出的「和平發展論」就是針對一群厭惡與中國統一的臺灣人而考量，因此希望透過交流與合作來改變他們認知的一種長期戰略。

布里辛斯基以美國同意回歸「一個中國」的政策，而放棄《臺灣關係法》或最終將統一為理論性的總結，但這並不是實態（de facto），而是讓法律（de jure）先行的西歐式思考。但如果以理念先行為目標的話，只會引起臺灣人的反抗。一國兩制或和平發展等，除了重視實態所產生的創意，並由兩岸雙方慢慢編織之外，別無他法。

第三節　超越境界的意識形態與文化

1　從金門可以看到超越國境的世界

在第一節裡，探討了國家與領土及主權的相對化。以中國與臺灣為例，在實際上擱置主權，而降低敵對關係，並進行對話與交流的兩岸關係。為此特別以臺灣金門島為例，介紹當地是如何具體擴展開來。金門島不僅在尚無國境的中世紀時代是東亞的一個據點，在廿一世紀初的今日也許還可重新成為超越國境的試驗場。

從國共內戰的激烈戰場蛻變為觀光島

金門島的東西距離約廿公里，人口約九萬五千人，行政區域隸屬「中華民國福建省金門縣」。

在臺灣只有金門縣與連江縣（馬祖）還冠上「福建省」的名稱，並與中國大陸形成「臍帶」的連接關係。也許對此感到不可思議，但這只是留下「中華民國即代表中國的政府」的虛構，僅是行政區域上的名稱而已。

一個盛夏的季節裡，我探訪了那個金門島。當時是氣溫卅五度以上的暑熱天，可是從東北吹來宜人的「貿易風」，一走進樹蔭下，卻是出奇的涼爽舒適。那次的旅程，出發時從臺北搭乘飛往福建廈門的直航班機（大三通），然後從廈門搭乘渡輪到臺灣的金門島（小三通），再從金門搭乘臺灣的國內線班機回臺北。

在我們的記憶中，對金門島的印象也許是「歷經砲彈攻擊與奮死決鬥等國共內戰時期的島嶼」。關於金門島上的兩岸關係，首先快步的回顧如下。

中華人民共和國成立不久的九四九年十月廿五日，超過一萬名中共軍隊大舉登上金門島西北端的古寧頭，歷經三天的奮死戰鬥，兩軍戰亡人數計四千名。當時接受蔣介石的請求，由前日本陸軍將領所組成的「白團」擔任軍事顧問，指揮臺灣方面在金門的防衛計畫。

登陸金門失敗後，中國在一九五四年、五八年也都曾與金門展開激烈的砲彈攻擊，並對金門的砲彈攻擊一直到一九七八年為止，都仍持續進行。

然而隨著鄧小平引進改革、開放政策的同時，中國放棄了對臺武力統一。一九七九年呼籲臺灣實現和平統一與直接通商、通航、通信（三通）等。對此臺灣方面基於安保上的問題等理由而一直拒絕。可是二〇〇一年一月陳水扁政權就先開放金門、馬祖兩島與中國福建省之間實施小三通。目前在中國大陸經商的臺商超過一百萬人以上，這是對兩岸往來非常方便的開放政策。其中也看到金門島開始朝向「觀光島」而蛻變。

但臺灣與大陸開放班機直航等「大三通」的政策，卻是等到二〇〇八年的馬英九政權誕生才實現。「大三通」在二〇〇八年十一月於臺北舉行中臺交流對口單位的高層會談中達成協議。二〇〇九年開始開放外國人也可利用，二〇一三年八月兩岸每周有六百七十次航班的飛機往來。

經過重新鑄造的砲彈，成為廚房菜刀

從廈門到金門島，搭乘快艇只需一個小時多的旅程。金門與中國最短的距離為兩公里。如果直線的話應該不需要花太多時間。雖然兩岸的關係已經改善，可是尚未簽訂和平協定之前，在法律上仍屬於「敵對關係」。領海的中間線有部分依然是在軍事管制下，為了迂迴航路，因此需花費時間。例如臺北到廈門之間的航空直達最短距離只需一小時，但必須使用南邊的迂迴路程，即南下到廣東省汕頭之後再返回廈門，因此得花費一個半小時。可是在開放直航之前，從臺灣到大陸，必須經由香港或澳門轉機，因此臺北到廈門之間必須花費六至八小時。

金門島上正式開始進行觀光開發是在開放「小三通」之後。二〇〇〇年底，筆者採訪「小三通」時，曾記錄以下實情：

一九九二年金門島也解除了戒嚴令，現在正以豐富的自然與文化產物為賣點，努力地蛻變成為「觀光島」。去年由海軍及警察等部隊整合而成的海岸警備隊的主要任務已經從島上防衛轉為取締不法走私。曾經從中國方面射擊過來的砲彈經過鑄造之後成為廚房菜刀，現在已經和高粱酒並列為「金門名產」了。

當時建設中的懷舊商店街重新推出之後，凝聚了餐廳或菜刀店等商家，已恰如「模範街」之名，吸引來自臺灣本島的家族觀光人潮。其中一家名為「國共餐廳」的餐館，在菜單上將毛澤東與蔣介石的肖像和睦相處地並列著。金門名產「廚房菜刀」自停止砲擊後已經過卅年以上，因「原料」不足而使得成品數量逐漸減少。曾經是國共兩軍展開奮死決鬥的「古寧頭」已成為戰史紀念館，無論來自臺灣本島或大陸的觀光客，總是認真的傾聽當年的戰史介紹。

廈門與金門島之間連繫一座橋而成為同一個生活圈

此外，金門對岸的中國廈門已面目一新。這裡沒有中國其他新興都市裡的高樓林立而缺乏靈氣的風景。這裡的湖畔有休閒步道，從清早開始，附近的居民在此垂釣、慢跑或打太極拳讓身體流汗、活動筋骨。穿梭在綠色草坪的道路上，並列著亮麗的咖啡店以及西餐廳，彷彿是悠閒的渡假村。如果沒有出現漢字的話，幾乎令人忘記是置身中國大陸的意境。

但相較之下，金門島除了觀光之外，資源是貧乏的。因此馬英九總統主張建設「金廈生活圈」，就是在金門與廈門之間架起一座橋樑，讓建設遲緩的金門能夠藉由廈門的經濟力來活化。即使尚未統一卻已經可以規劃同一個生活圈的構想，這如果在敵對關係與相互不信任的情況下是不可能實現的。如果還是敵對關係時，中國軍隊也許很容易就越橋攻過來，因此造橋是不可能的規畫。

針對大陸與金門的交流，筆者訪問了廈門大學臺灣研究院院長劉國深。這是在中國研究臺灣的所有機構之中，歷史最悠久的，院長也對北京對臺政策擁有影響力。根據該研究院的統計，在廈門投資的臺灣企業有兩千八百家，常駐的臺灣人約六萬人。其中來自金門島的臺灣人在廈門投資不動產的件數已上升到八千件。但實際上應該比這個數字還多吧。這對於開發遲緩且物價又昂貴的金門島，不如到廈門生活比較方便。因此許多島民平時住在廈門，有事的時候，只要一小時就可回到金門。

「海峽西岸經濟區」計畫從二〇〇九年開始啟動

傳聞在廈門生活的臺商們，最近在大陸的購車計畫似乎比較節制。因為有報導顯示兩岸當局正在進行車號「相互認證」的計畫而且已經達成協議。如此一來，在臺灣購買的車子直接可在福建省使用的話，就無須特別在中國買車，直接從臺灣運過去即可。

整個福建省約有廿萬名臺商長期駐留，他們無法享有大陸的健保制度，因此福建省正想嘗試規劃福建與臺灣的健保相互利用的系統。兩岸的對口單位也可能針對醫師、律師、碩博士學位等同樣規劃相互認證吧。

我們一聽到中臺統一時，首先當然是以法律上的框架來討論問題，可是中國所思考的是實態先行的規畫。例如「金廈生活圈」並不只是一個小地區而已，而是正以福建省為中心，擴及浙江、廣東、江西省等沿海廣域圈，並與臺灣同屬一個「經濟生活圈」的「海峽西岸經濟區」（海西區）計畫已從二〇〇九年開始啟動。

福建省在兩岸軍事對立時期，因位於臺灣最前線，所以包括鐵路建設在內的基礎建設都比其他地區還要落後許多。而「海西區」的目的就是希望位於珠江三角洲（廣東省）與長江三角洲（上海、江蘇省）之間發展遲緩的福建省成為開發重鎮為要務。第二是吸引臺灣的資本以及人才，並規劃包括臺灣在內的新經濟、生活圈，作為將來統一的資本。二〇一〇年一月「國務院住房和城鄉建設部」計畫階段性地將臺灣納入這個經濟圈，並公布了中臺雙方四省廿市的「海峽西岸城市群發展規劃」。中國方面以福州、廈門等六個都市為中心點，臺灣方面則以臺北、高雄、臺中等三個都市為主。並且在福州的平潭島上以兩岸合作的模式，預計在二〇二〇年之前開發為國際性的觀光貿易特區。利用地緣、血緣、文緣、商緣、法緣，以吸引資金、技術、人才、經營管理等。

在鄧小平的號令下，一九八〇年代初期曾構想在廣東省深圳與珠海之間設立一個經濟特區，這點應該也有讀者想起當年曾藉著香港與澳門的回歸而形成珠江經濟圈的往事吧。以那個來類比的話，明顯是企圖以「海西區」作為與臺灣「統一」而形成的地區經濟圈。

海西經濟圈涵蓋了浙江、廣東、江西省等，廣大的地區裡估計約有一億人口，預計投資一兆四千萬整頓建設落後的鐵路網。此外，為了高速公路等基礎建設工程，正在進行招商引資。因為許多臺灣人的故鄉都在福建省，利用了福建與臺灣共通的地緣、血緣、文緣、商緣、法緣等「五緣」而規畫吸引臺灣的資金、技術、人才、經營管理等。

第十八屆中共黨代表大會時接替胡錦濤就任總書記的習近平，就曾經擔任廈門副市長、福州市黨委書記、福建省長、浙江省黨委書記等職務。因為熟悉「海西區」的地緣關係，預料習近平時代的臺灣政策將有可能成為注目的計畫。

兩岸的人們，同在一個生活圈共存，共享便利時，如果要回復從前的舊貌，將愈困難了。例如從中得到方便的人們，應該會是首先反對的吧！目前已有這麼多的客機航班往來臺海兩岸，人們往來自由化的同時也加深了相互依存的關係。失去了交流所帶來的觀光收入時，將會使臺灣的經濟受到打擊。這是全球化之下打破藩籬的例子。

2 曾經與臺灣為一體的沖繩或尖閣

「風獅爺」與沖繩獅子（Shiisaa）

金門的觀光資源並不只有懷舊老街而已，還有象徵島上標誌的「風獅爺」。距今約四、五百年前，從明朝到清朝期間，金門被統治東亞一帶的海賊「倭寇」作為據點。他們為了開墾鹽田而砍伐森林，卻因爭亂不止，山林被砍伐殆盡，使得冬天容易被強烈的東北季風侵襲。風害破壞農作、吹毀家園，因此請出「風神」的力量驅除惡魔。這就是「風獅爺」，它成了金門島上萬物有靈論的信仰對象。

金門縣所保存的「風獅爺」全部有六十八座，為了鎮風，全部都朝向「東北」方，並在脖子上披著紅色或黃色的斗篷，樣子很可愛。

細看「風獅爺」，是否似曾相識？那就是在沖繩用來避邪的「Shiisaa」（シーサー）。這個「Shiisaa」一詞即琉球方言的「獅子」之意，一般掛在門上或屋頂上。金門風獅爺即是沖繩石獅的先祖。約在六百年前的明朝時代，來自金門在內的福建（閩）移住到琉球的人們所引入的。「風獅爺」在那之後也曾進入九州。許多閩人移住臺灣也正是這個時候。琉球的閩人（福建人）住在今日的那霸市久米町附近，因此他們被稱為「久米三十六姓」。而所謂「三十六姓」即是許多的中國姓名所組成的閩人居住地之意。由於他們擁有當時的天文學等先進知識、技術，被琉球王朝賦予重要官職。沖繩縣的仲井真知事就曾公開表示自己是「久米三十六姓」的後裔。

然而擁有共同祖先的不僅是沖繩石獅和風獅爺而已。還有沖繩、奄美地方留下許多的龜甲墓。他們彷彿龜的甲殼形狀，因此被如此稱呼。在臺灣的金門或福建的墓園都是同類型的龜甲墓。

如此的交流，從十六、十七世紀就已在東亞超越國境地自由往來。當時的歐洲才經歷「卅年戰爭」，終於簽訂了以近代國家的領土、主權等國際法為基礎的「威斯特發利亞」（Westphalia）條約（一六四八年）。

而這個時期正好是明、清的「冊封使」從海路航向琉球時，以尖閣諸島為其航標。再重複一次，明治政府將琉球合併之後，在一八九五年一月的內閣會議中將尖閣納入日本國土。在那之後三個月，因為甲午戰爭的勝利而割讓臺灣。沖繩與尖閣，接著臺灣等逐漸成為一個經濟圈，而一直持續自由的交流。

曾與尖閣同屬臺灣經濟圈的與那國

這個交流的一部分，從距離臺灣最近的日本的島嶼，也就是被珊瑚礁所包圍的與那國島瞭望的話，距離沖繩本島五百廿公里，距離東京是一千九百公里，而距離臺灣「宜蘭縣蘇澳」才短短一百一十公里而已。從西部的西崎燈塔放眼望去，天氣良好時，是可以看到臺灣的。回顧與那國的一百五十年，是一部統治者與國境不斷瞬息萬變的歷史。雖然曾經變化過，但這都不是經過島民的意向而決定的。回顧與那國與臺灣的交流，國境、境界的意涵是值得思考的。

沖繩與臺灣的接合點在歷史上可以確定的是一五八二年，Espana（西班牙）的航海家高樂（Francisco Gualle）在他所整裡的臺灣島見聞錄裡出現過。見聞錄裡提到「臺灣的東方或東北方的一個Lequeos（有可能意指琉球）諸島的住民，駕著扁舟帶著鹿皮及小粒黃金到漢土來交

易」。此外根據《沖縄を深く知る辞典》一書中，又吉盛清撰文《八重山和臺灣》裡提到，與那國島在近世時期，曾將臺灣稱作「ピトゥファイジィマ」（Pitohfajiima），即食人島。對臺灣的排斥反應曾經是強烈的，因此開始有積極的交流是從臺灣成為殖民地統治下開始的。

根據宮良作的著書《國境之島與那國島誌》（あけのぼ出版，二〇〇八年七月）裡提到，從大正末期到昭和初期發生饑荒，在與那國島連米或地瓜也無法吃到，許多農民都只能以野生的蘇鐵（鐵樹）葉片當作食糧。雖然蘇鐵有毒，但為了充飢，即使冒著生命危險，也只好接受，因此又稱作「蘇鐵地獄」。

當時沖繩人口的七成是農民。因為無法糊口，所以在大正後期開始前往臺灣工作的年輕人增多。他們寄回的現金，在島內通行。宮良對於當時的與那國島定位為：「不單是遠海的農村孤島，而是與遼闊的臺灣島所屬臺北或基隆市，以及花蓮港、蘇澳、南方澳鄰接的一個近郊小農漁村島。」

一九三一年的「滿洲事變」（柳條湖事件）之後，前往臺灣工作維生的情形更為明顯，宮良提到：「靠著臺灣島經濟圈而維持與那國島的經濟。」當時與那國還有流通著「臺灣殖民地銀行券」，可用來購物以及繳稅。宮良又表示：「中樞的財產變得枯竭時，正好可讓因人為界線而被邊緣化的地區，自主性地找出一條活路。」

在臺灣經濟圈內，臺灣是「主」，與那國是「從」的關係。在我們對於殖民地統治與經濟力看來，日臺關係總是被侷限於日本為「主」，臺灣為「從」的概念，但與那國與臺灣的關係是相反的。如果以這個關係類推的話，尖閣應該主要是臺灣漁民的漁場吧。馬英九在「東海和平倡議」裡提到的：「彭佳嶼、釣魚臺及其附近水域，都是臺灣漁民百年來的大漁場。」這些話語並非毫無根據的。

位處日本邊緣的臺灣和與那國的關係曾是錯綜複雜的。前述的宮良先生在中學時代曾住過基隆，所以在他的回憶中，臺灣曾有強烈的沖繩差別意識，文中提到：「當時日本人為一等國民，沖繩人是二等國民，臺灣人是三等國民。」然而被「邊緣」化的臺灣與沖繩，經常處於一種競相向「中樞」的日本釋出一心一意的忠誠，自證為「優良皇民」的競爭關係中，並互相歧視比自己更弱小一方的循環。而從這個中樞與邊緣被序列化的圖示中，來詮釋人與國、地區的心理作用是不容易消失的。

臺灣政治流亡者以尖閣為聯絡中繼站

兩者之間在戰後仍是以臺灣為「主」、與那國為「從」的關係維持「臺灣經濟圈」。因此從距離本土中樞的東京約一千九百公里長的與那國島看來，對於距離僅一百一十公里的臺灣，無論交流或貿易都較具有經濟合理性。大約在一九五〇年之前，與那國還流通著臺灣所發行的紙幣。在那之後或多或少仍持續日常生活的交流與交易。對於離島的居民而言，自家的生活，總是比國界線還要來得重要的。

一九四七年，臺灣發生了民眾反對國民黨專制而引起暴動的「二二八事件」。有很多知識分子因「二二八事件」的契機而漂流到東亞各地。作家邱永漢從東京大學畢業之後，剛回到臺灣就遇到二二八事件，因此在一九四八年十月逃到香港。神戶出身的作家陳舜臣，當時也在臺北郊外的一所中學擔任英語教師而遇到這次事件。他曾對筆者說過：「雖然當時我對政治不熟悉，但記得那是很悲慘的。如果當時在臺北的話，（自己也）不知會變得什麼樣？」

因為「二二八」而「流亡」到日本的臺獨運動家史明（本名：施朝暉），旅居日本期間，曾有幾次從與那國島經由尖閣再潛入臺灣的「密航」（偷渡）。根據〈曾是偷渡回臺的據點——尖閣的真實〉（電子刊物《日臺共榮》二〇〇六年十月廿二日）的專訪內容，當年他為了提供資金以及情報給臺獨運動的地下組織而經常往返臺灣。從他提及「第一次是在一九六八年」的回憶，正可確認是臺灣開始主張主權的時候。當時他是從東京搭機經由沖繩那霸再飛到與那國島，接著包租漁船登上釣魚臺，再從這裡換上臺灣籍的船，在臺灣東部的海岸上陸。

此時在腦中的地圖，似乎將與那國島與臺灣之間劃起一道國界線。因此無法從國界線的「這一邊」是與那國島和尖閣，而「那一邊」是臺灣的既定觀念中得到自由。如果只侷限於現在所劃定的「國界線」時，將無法從認識過去的思惟中，看到朝氣蓬勃的人們的生活，以及超越國境的交流歷史。被日本殖民五十年期間，臺灣和尖閣及與那國島之間都沒有國界線。那麼國界線是戰敗後劃定的嗎？

日本從戰敗到韓戰的一九五〇、一九五一年為止，在美軍的施政權下，與那國島和臺灣之間曾自由持續人與物的交流與交易。在美軍施政權下對於國境的管理是極為鬆懈的。《國境之島與那國島誌》一書裡提到：「一九四六年十月，美軍八重山軍政官Lovelace曾指示吉野知事『勿阻止臺灣籍船入港八重山』的命令。」宮良認為與那國島和臺灣的交易是受到美軍及縣府的認可，因此文中提到「不是走私貿易、黑市交易」，又指出與那國島作為「沖繩復興」的中繼港而變得「人口急速增加，充滿活力」以及「熱鬧、朝氣蓬勃、自由且沒有兇惡犯罪的交易」等情況。

共同生活圈的時期有四百年、主權爭議四十年

回顧尖閣在內的這地區的歷史，應該可以理解；在沒有境界線的時代，這地區曾構築起豐富的生活圈。約有四百年的歷史中，與尖閣、沖繩同在一個「生活圈」生存時期的臺灣就是「主」，然而主權爭議成為表面化之後至今的四十年才成為「從」，現在不過是一個特殊的時期而已。

長達一百五十年的國民國家的秩序開始瓦解時，夢想回到戰前重建強大國家的復古主義油然而生，這並不只有石原前都知事或將自衛隊的前航空幕僚長奉為「軍神」般的國家主義者（nationalist）而已。再重複一次，輿論的形成，擁有絕大力量的媒體也等於同罪。政黨政治陷入窒息狀態，而景氣又一直無法復甦的情況下，這時媒體釋放出的一定是「明確的國家理念」、「國家戰略」、「強而有力的領導者」等論點。看起來像是憂慮日本未來的理性論點，但在沒有明確理念的「國家」裡，讓意識收斂的思考方式，應該才是現在進行中的結構性變化卻

毫無自覺的精神性頹廢吧。假設真正出現「強而有力的領導者」打出「明確的國家理念」時，大家會順服的追隨嗎？至少我先免了！

香港與日本的活動人士登上釣魚臺，上演插旗大戰而受到矚目的二〇一二年八月廿日，當時在沖繩那霸舉行了關於尖閣的研討會。這個研討會上，邀請以研究日本聞名的中國清華大學劉江永教授為主講來賓。席間共同參與討論的沖繩大學名譽教授新崎盛暉以嘹亮的聲音陳述：「日本與中國揮舞著固有的領土論，坦白說，這是增添麻煩。這不是國家與國家之間的問題，而是以那裡為生活圈的地區居民所擁有。而提到尖閣，就是沖繩漁民與臺灣漁民的生活場域。」

此外也有聽到來自臺灣的同樣主張。臺灣交通大學的陳光興教授一針見血的提出問題點：「抬出主權時，就無法解決問題。如果將爭議地區改為『境界交流圈』、『近鄰住民生活圈』『非武裝地帶』之後，即可解決紛爭。同在『東亞共同體』之下，即可解決領土問題，解除武裝。同時也呼籲應該撤除在日本與韓國的美軍基地。」（《沖繩時報》二〇一二年十月廿六日）總之，對於尖閣的相關爭議置之不理的話，只會讓這裡成為日本巡視船與中國、臺灣的船在領海附近不斷上演挑釁與制衡的海域。而蘊藏豐富的資源卻無法到手，只能任由成為零下價值的島嶼。

中國、印度等新興國家在大國化崛起的廿一世紀，十三億人口的市場並不是國境那一邊的市場。如果處於在心理劃上界線（國境），且圈限自己的領域（國家）的想法，則無法因應正在東亞啟動的經濟整合。對於「落後的獨裁國家」燃起「敵對型民族主義」的話，只會反映出立場相悖的優越感與大國意識而已。

讓國姓爺鄭成功成為新的跨境人（marginal persons）

在金門有一個不能被遺忘的人物，那就是國姓爺鄭成功（一六二四－一六六二年）。他的父親是「倭寇」，母親是日本人，誕生在長崎縣平戶。乳名叫「福松」。七歲時的福松被父親帶到以走私為據點的廈門、金門。長大成人後改名為「鄭成功」。他在一六六一年率領數百艘船航向臺灣，趕走荷蘭軍隊。而他正是從金門出港的。

倭寇的「倭人」，即是語言、服裝等都擁有獨特文化，又與「日本人」不同的集團。他們是一種「生活在國境邊緣的人們」，對他們而言，日本人、朝鮮人、中國人等區分是毫無意義的。探訪了從金門島到琉球、九州所流傳的文化、風俗時，卻在領土、領海、主權、國籍等國民國家的理念和境界線上，感到有一股窒息的沉悶。全球化正開始將國家主權逐漸溶解中。

曾經，在那遼闊的海域裡自由移動的人們，應該無法想像自己的子孫們，現在正為了尖閣或南沙等小島而必須整天面對毫無意義的紛爭吧。

此時，這個世界需要的正是新的跨境人（marginal persons）。

附錄

日中臺各自主張主權的證據

日本方面

1 我國關於尖閣諸島主權的基本見解（二〇一三年五月）

自一八八五年以來，日本政府透過沖繩縣當局等途徑多次對尖閣諸島進行實地調查，慎重確認尖閣諸島不僅為無人島，而且沒有受到清朝統治的痕跡。在此基礎上，於一八九五年一月十四日，在內閣會議（「閣議」）上決定在島上設立標識，以正式編入我國領土之內。

從那時起，在歷史上尖閣諸島便成為我國領土南西諸島的一部分，並且不被包含在一八九五年五月生效的《馬關條約》第二條由清朝割讓給我國的臺灣及澎湖群島之內。因此，尖閣諸島並不被包含在根據《舊金山和平條約》第二條我國所放棄的領土之內，而是被包含在該條約第三條作為南西諸島的一部分被置於美國施政之下，並且依照於一九七一年六月十七日簽署的日本國與美國關於琉球諸島及大東諸島的協定（簡稱為沖繩歸還協定），將施政權歸還給我國的地區之內。上述事實明確證明尖閣諸島作為我國領土的地位。

另外，針對尖閣諸島被包含在《舊金山和平條約》第三條由美國施政的地區內之事實，中國從未提出過任何異議，這明確顯示出當時中國並沒有把尖閣諸島視為臺灣的一部分。無論是中華人民共和國，還是臺灣當局，都是到了一九七〇年後期，東海大陸棚石油開發的動態明朗化後，才正式開始對尖閣諸島主權提出獨自主張。

而且，中華人民共和國政府及臺灣當局之前提出過的，所謂歷史上，地理上，地質上的根據等各類觀點，均不能構成國際法上的有效証據來證明其尖閣諸島主權的主張。

2 關於尖閣諸島Q＆A

基本問題

Q1日本政府對尖閣諸島的基本立場如何？

A1 尖閣諸島是日本固有領土，這無論是在歷史上還是在國際法上都很明確，實際上我國有效控制著該諸島。因此，根本不存在圍繞尖閣諸島要解決的主權問題。

Q2日本政府擁有尖閣諸島主權的依據是什麼？

A2 ①第二次世界大戰之後，在一九五一年締結的《舊金山和平條約》從法律角度上確認了日本領土，尖閣諸島不被包含在其第二條規定的我國所放棄的領土之內，而基於其第三條規定，作為南西諸島一部分被置於美國施政之下。後來又根據一九七一年的《沖繩返還協定》（《日本國與美國關於琉球諸島及大東諸島的協定》），尖閣諸島被包含在把施政權歸還給日本的地區之內。

②尖閣諸島在歷史上始終都是日本領土的南西諸島的一部分。即，自一八八五年以來，日本政府通過沖繩縣政府等途徑多次對尖閣諸島進行實地調查，慎重確認尖閣諸島不僅為無人島，而且也沒有受到清朝統治的痕跡。在此基礎上，於一八九五年一月十四日，由內閣會議（「閣議」）決定在島上建立標樁，以正式編入我國領土之內。在國際法上這一行為符合正當獲取主權的方法（先占原則）。尖閣諸島沒有被包括在按照一八九五年四月締結的《下關條約（馬關條約）》第二條規定由清朝割讓給日本的臺灣及澎湖諸島當中。

【參考：《舊金山和平條約》第二條】

（b）日本國放棄對臺灣及澎湖諸島的所有權利、權原及請求權。

【參考：《舊金山和平條約》第三條】

日本國同意美國向聯合國提出將北緯廿九度以南的南西諸島（包括琉球諸島及大東諸島）、孀婦岩以南的南方諸島（包括小笠原群島、西之島及火山列島）、沖之鳥島與南鳥島置於託管制度之下，並以美國為唯一施政方的任何提議。在此提議提出並獲得通過之前，美國有權對包括領水在內的這些島嶼的領域及居民，行使全部或部分的行政、立法及司法權力。

【參考：《沖繩返還協定》第一條】

在此協定的適用上，「琉球諸島和大東諸島」是指，根據與日本國簽署的《舊金山和平條約》第三條規定，在把行使行政、立法及司法權的所有權力託管給美國的所有領土和領水當中，根據於一九五三年十二月廿四日及一九六八年四月五日〈日本國與美國間簽署的關於奄美群島的協定及關於南方諸島和其他諸島的協定〉已經歸還日本國部分之外的部分。

【參考譯文：《沖繩返還協定　共識紀要》】

關於第一條，同條二中所指的領土是，根據與日本國簽署的《舊金山和平條約》第三條中規定的美國施政權下的領土，即按照一九五三年十二月廿五日的〈美國民政府布告第廿七號〉中所指，用直線依次連接下列座標的各點所形成區域內的所有的島、小島、環礁及岩礁。

●北緯廿八度東經一百廿四度四十分

- 北緯廿四度東經一百廿二度
- 北緯廿四度東經一百卅三度
- 北緯廿七度東經一百卅一度五十分
- 北緯廿七度東經一百廿八度十八分
- 北緯廿八度東經一百廿八度十八分
- 北緯廿八度東經一百廿四度四十分

Q3日本表示有效控制尖閣諸島，請說明具體事例。

A3

①約於一八八四年，在尖閣諸島從事漁業等的沖繩縣民間人士提交了國有地借用申請，一八九六年明治政府批准了該項申請。該民間人士依據政府的這一批准向尖閣諸島運送移民，並開展採收羽毛、加工刨木魚花、採集珊瑚、畜牧、製造罐頭、開採磷礦和鳥糞等經營活動。明治政府批准個人利用尖閣諸島、被批准的個人則據此在該諸島公開從事生產，這些事實表明，該諸島是在日本的有效控制之下。

②此外，在第二次世界大戰前，國家及沖繩縣對尖閣諸島進行實地考察等。

③第二次世界大戰後，根據《舊金山和平條約》第三條，尖閣諸島作為南西諸島的一部分，被置於美國施政之下，因此，直至一九七二年五月十五日含尖閣諸島在內的沖繩施

政權歸還日本以前的這段時期，日本沒能對尖閣諸島進行直接統治。但是，即便在此期間，尖閣諸島亦未改變為日本領土之地位，除了依據《舊金山和平條約》美國曾經擁有過對其的施政權外，任何第三國均沒有對其享有過權利，該諸島的這種法律地位通過琉球列島美國民政府及琉球政府進行的有效統治而得以確保。

④再者，有關在含尖閣諸島在內的沖繩施政權歸還日本之後的情況，以下舉幾個事例。

- 警備和取締工作的實施（例：取締在領海內非法捕魚的外國漁船）
- 土地所有者交納固定資產稅（民有地的久場島（Kuba Is.））。
- 作為國有地予以管理（國有地的大正島（Taisyo Is.）、魚釣島（Uotsuri Is.）等）。
- 政府以及沖繩縣進行調查等（例：沖繩開發廳進行的利用開發調查〈臨時直升飛機場的設置等〉〈一九七九年〉、沖繩縣進行的漁場調查〈一九八一年〉、環境廳委託的信天翁航空調查〈一九九四年〉）。

日本關於中國（或臺灣）的主張的見解

Q4 對於中國（以及臺灣）就尖閣諸島擁有主權這一主張，日本政府的見解如何？

A4 ①迄今中國政府及臺灣當局作為所謂歷史上、地理上、地質上的依據等提出的各類觀點，均不足以構成國際法上的有效論據來證明中國對尖閣諸島擁有主權的主張。

②此外，中國政府以及臺灣當局在一九七〇年代以後才開始有關尖閣諸島的獨自主張始于，也就是於一九六八年秋聯合國有關組織的調查結果公布，即發現東海下面有可能蘊藏石油，並由尖閣諸島開始受到人們的關注之後。在此之前，尖閣諸島根據《舊金山和平條約》第三條被置於美國施政之下，中國對這一事實從未提出過任何異議。此外中方對自己沒有提出異議的事實也沒有做出任何解釋。

③一九二〇年五月，在當時的中華民國駐長崎領事就福建省漁民在尖閣諸島遇險一事發出的感謝信中，就有「日本帝國沖繩縣八重山郡尖閣列島」的記述。此外，在一九五三年一月八日的《人民日報》刊登的《琉球群島人民反對美國占領的鬥爭》一文當中，亦出現了琉球群島由含尖閣群島在內的七組島嶼組成的記載。在一九五八年中國所發行的《世界地圖集》（一九六〇年進行第二次印刷）中，將尖閣諸島作為沖繩縣的一部分，且標明為「尖閣群島」。再者，美軍從沖繩被置於美國施政之下的一九五〇年代開始將尖閣諸島的一部分（大正島和久場島）作為射擊與轟炸場使用，但是卻看不到中方當時對此提出過異議的痕跡。

【參考：中國政府以及臺灣當局開始主張領土權的背景】

一九六八年秋，以日本、臺灣、韓國的專家為主的科學考察團，在聯合國亞洲遠東經濟委員會（ECAFE：UN Economic Commission for Asia and Pacific）的協助下，進行了學術調查，結果發現東海下面有可能蘊藏著石油，尖閣諸島由此受到矚目。

【參考：中華民國駐長崎領事的感謝狀】

中華民國八年冬，福建省惠安縣漁民郭合順等卅一人遭強風遇險而漂泊至日本帝國沖繩縣八重山郡尖閣列島內和洋島。承日本帝國八重山郡石垣村雇玉代勢孫伴君熱心救護，使得生還故國。洵屬救災恤鄰當仁不讓深堪感佩服，特贈斯狀以表謝忱。

中華民國駐長崎領事　馮冕　中華民國九年五月廿日

【參考：一九五三年一月八日人民日報文章《琉球群島人民反對美國占領的鬥爭》】

（摘錄）琉球群島散布在我國（注：中國。下同）臺灣東北和日本九州西南之間的海面上，由尖閣群島、先島群島、大東群島、沖繩群島、大島群島、土噶喇群島、大隅群島等七組島嶼構成，每組都有許多大小島嶼，共有五十個以上有名稱的島嶼和四百多個無名小島。全部陸地面積為四千六百七十平方公里。群島中最大的島是沖繩群島中的沖繩島（即大琉球島），面積一千二百十一平方公里。其次是大島群島中的奄美大島，面積七百卅平方公里。琉球群島綿亙達一千公里，它的內側是我國東海，外側就是太平洋公海。

Q5中國政府主張，尖閣諸島並不是日方所主張的無主地而是自古以來的中國固有領土，根據歷史材料，尖閣諸島是中國人最早發現、命名及利用的，中國漁民在該海域從事漁業等生產活動，中國東南沿海地區的民眾將魚釣島當作航標，而且在明朝時中方的冊封使就已發現和認知該島嶼，該島嶼是屬於中國海上防衛區域內的臺灣附屬島嶼。日本政府對此有何評論？

A5

①自一八八五年以來，日本政府在通過沖繩縣政府等途徑再三對尖閣諸島進行實地調查，慎重確認尖閣諸島不僅為無人島，而且沒有受到清朝統治的痕跡之後，正式編入我國領土之內。

②迄今中國政府及臺灣當局作為所謂歷史上、地理上、地質上的依據等提出的各類觀點，均不足以構成國際法上的有效論據來證明中國對尖閣諸島擁有主權的主張。例如，在國際法上，如果只是發現島嶼或具有地理上接近性等，則構不成主張主權的證明。最近中方以中國國內的諸多歷史文獻和地圖為依據，主張中國在歷史上擁有尖閣諸島（即非無主之地）。但如果察看那些作為證據的原文即可得知，作為主權的證據來講非常不充分。具體來說：

- 中方由於明朝冊封使陳侃撰寫的《使琉球錄》（一五三四年）中描述：「過釣魚嶼、黃毛嶼、赤嶼、……看到古米山，即屬琉球者。」所以主張「古米山」是現在的久米島，進而意味著在久米島西方的尖閣諸島是中國的領土。此外，中方主張，徐葆光撰寫的《中山傳信錄》（一七一九年）中描述「姑米島琉球西南方界上鎮山」（注：姑米島是琉球西南方邊界上的山），這也是證明久米島以西的島嶼是屬於中國的根據。但是這些文獻雖然表示久米島屬於琉球，卻沒有記載表述久米島以西的尖閣諸島屬於明朝或清朝。

- 中方還主張，胡宗憲《籌海圖編》（一五六一年）中〈沿海山沙圖〉等地圖上有尖閣諸島的記載，因此該諸島被包括在明朝海上防衛的範圍內。但是在此書中該諸島是否被包括在明朝海上防衛的範圍內並不明確。該地圖上有記載並不能證明尖閣諸島當時被認為是中國的領土。

③日方通過調查所確認到的事例說明，中方在進入二十世紀後，甚至在五十年代、六十年代也都承認尖閣諸島屬於日本領土。比如：

- 美軍從沖繩被置於美國施政之下的一九五〇年代開始將尖閣諸島的一部分（大正島和久場島）用於射擊與轟炸訓練場，但是毫無跡象表明中方當時對此提出過異議。
- 一九二〇年五月，當時的中華民國駐長崎領事就福建省漁民在尖閣諸島遇險一事發出的感謝信中就有「日本帝國沖繩縣八重山郡尖閣列島」的記述。
- 一九五三年一月八日的《人民日報》刊登的《琉球群島人民反對美國佔領的鬥爭》消息當中，亦出現了琉球諸島由含尖閣諸島在內的七組島嶼組成的記載。

- 一九五八年中國所發行的《世界地圖集》（一九六〇年第二次印刷）中，將尖閣諸島作為沖繩縣的一部分，且標明為「尖閣群島」。

Q6中國政府主張，在十九世紀以前中國和包括日本在內的外國所繪成的地圖上顯示尖閣諸島屬於中國，日本政府對此有何見解？

A6

①由於地圖的用途和作者不同，所以僅依靠其並不能佐證主權主張。自一八八五年以來，日本政府通過沖繩縣政府等途徑多次對尖閣諸島進行實地調查，慎重確認尖閣諸島不僅為無人島，而且沒有受到清朝統治的痕跡。在此基礎上，於一八九五年一月十四日，由內閣會議（閣議）決定在島上建立標樁，以正式編入我國領土之內。對此，並沒有國際法上的有效論據來證明中國在我國於一八九五年編入之前既對尖閣諸島擁有主權的主張。此外，中國政府就尖閣諸島的獨自主張開始於一九七〇年以後。

②中方將林子平撰寫的《三國通覽圖說》（一七八五年）作為其主張的根據之一。但是製作該地圖是否具有為了顯示當時的領土意識之意圖並不明確。而且該地圖所繪臺灣面積只有沖繩本島的三分之一大小，這顯示作者並沒有正確的知識。

Q7中國政府認為，日本通過日清戰爭（甲午戰爭）竊取了尖閣諸島，之後臺灣及其一切附屬島嶼、包括澎湖列島在內，均通過不平等條約《馬關條約》割讓並劃給了日本。對此，日本政府的見解如何？

A7

①《馬關條約》沒有明確記載日本接受清朝割讓的臺灣及附屬島嶼的具體範圍，但是從談判過程等來看，沒有依據支持尖閣諸島被包含在該條約（第二條二）的臺灣及其附屬島嶼之內這一解釋。

②另一方面，日本在甲午戰爭之前的一八八五年開始，就在慎重確認尖閣諸島不受包括清朝在內的任何國家的統治的同時，為正式把該諸島納入日本領土沖繩縣管轄而進行了準備。日本政府通過先於《馬關條約》前的一八九五年的內閣會議把尖閣諸島編入沖繩，即使在甲午戰爭以後，日本也沒有把尖閣諸島作為被割讓的臺灣總督府的管轄區域，而是一貫當作沖繩縣的一個區劃。

③上述事實明確表明，日本在甲午戰爭前後從未把尖閣諸島當成屬於清朝領土的臺灣及其附屬島嶼的一部分來看待。因此，尖閣諸島不可能是《馬關條約》中的割讓物件。

④此外，《日華和平條約》承認，日本根據《舊金山和平條約》第二條放棄對臺灣以及澎湖諸島等所有權利。但在《日華和平條約》的談判過程中，由於上述原委，尖閣諸島的主權完全沒有被討論。這意味著尖閣諸島歷來一直屬於日本領土這一事實被視為理所當然的前提。

Q8中國政府提到一八八五年日本外務大臣致內務大臣的書信等，並主張明治政府在將尖閣諸島編入沖繩縣之前已經認識到該諸島屬於中國的領土。日本政府對此有何見解？

A8
①一八八五年的外務大臣書信是辦理編入手續過程中的一個檔。雖然其中確有關於清國動向的記載，但是從中並看不出日本政府認識到清國擁有尖閣諸島的主權這一說法。與此相反，該書信顯示，我國當時在尖閣諸島沒有屬於清國的前提下辦理編入領土手續是多麼的周詳和慎重。外務大臣在書信中支持實地調查，從這一點也可以明確地看出尖閣諸島沒有被認為是清國的領土。

②此外，一八八五年內務大臣在致外務大臣的書信上也明確稱，尖閣諸島上「毫無屬於清國之證跡。」

【參考：井上外務大臣致山縣內務大臣的書信】

該等島嶼（注：尖閣諸島）亦接近清國國境。在完成踏查後發現其面積比大東島小，尤其是清國附有島名，近日，在清國報章等上，刊載我政府擬占據臺灣附近清國所屬島嶼之傳聞，對我國抱有猜疑，且屢次敦使清政府之注意。此刻公然採取建立國標等措施，可能導致清國疑惑，故當前宜限於實地調查、詳細報告其港灣形狀及有無日後開發之土地物產等可行性，至於建國標及著手開發等，可待他日見機而行。

【參考：山縣內務大臣致井上外務大臣的書信】

有關對散在沖繩縣和清國福州之間的無人島－久米赤島和其他兩個島嶼，如附件（注：一八八五年九月廿二日沖繩縣令致山縣內務大臣的呈報書〔附屬書2〕）由該縣令呈報，該島嶼似與中山傳信錄記載的島嶼同一，但僅限於確定航向，未見任何屬於清國的證據，且彼此稱謂不同，乃接近沖繩管轄的宮古八重山之無人島嶼，故料想在沖繩縣實地踏查的基礎上建設國標該無礙。

Q9　一八九五年將尖閣諸島劃入日本領土之際，不是沒有進行足夠的調查嗎？

A9　自一八八五年以來，日本政府通過沖繩縣政府等途徑多次對尖閣諸島進行實地調查，慎重確認尖閣諸島不僅為無人島，而且沒有受到清朝統治的痕跡。在此基礎上，於一八九五年一月十四日，由內閣會議（「閣議」）決定在島上建立標樁，以正式編入我國領土之內。在國際法上，這一行為符合正當獲取主權的方法（先占原則）。

【參考】

有關我國在甲午戰爭前準備編入領土的主要相關事實如下：

根據一八八五年九月廿二日及十一月五日的沖繩縣令兩次致內務大臣的呈報書，沖繩縣遵照內務省命令對尖閣諸島實施調查，特別于當年十月下旬租賃日本郵船公司的船隻「出雲丸」號對尖閣諸島進行巡視調查，並提交報告書給政府。

根據「金剛」號軍艦一八八七年巡查紀錄，該軍艦上乘坐著航道部測量班長加藤海軍大尉，于同年六月從那霸駛往先島群島（尖閣諸島方面）。此外，《日本水路志》（一八九四年刊）等登在了以加藤大尉的實驗筆記（根據實地調查寫出來的紀錄）為依據的對魚釣島等概況介紹。

Q10日本政府沒有對外公開一八九五年的內閣會議決定。這意味著政府是在秘密做出決定吧？

A10

一八九五年的內閣會議決定當時沒有對外公開是事實，但不對外公開是包括當時其他的一般閣議決定在內的一貫做法。自該內閣會議決定之後，日本通過政府對民間人士所提出的借用土地的申請給予許可、國家和沖繩縣實施實地調查等，對尖閣諸島公然開始行使主權，所以說日本對外界所表示出的領有的意志也是明確的。此外，在國際法上，先占的意志沒有義務要向他國通報。

Q11中國政府主張，日本接受一九四三年《開羅宣言》以及一九四五年的《波茨坦公告》，因此尖閣諸島作為臺灣的附屬島嶼應與臺灣一起歸還中國。此外中國還主張，在排除中國的情況下締結的《舊金山和平條約》規定，南西諸島將屬於美國的施政權下，但南西諸島並沒有包含尖閣諸島，而美國於一九五三年二月發表「琉球諸島的地理邊界」，擅自擴大美國的管轄範圍，並於一九七一年美國將沖繩施政權歸還于日本時亦把尖閣諸島也劃入歸還範圍，因此中國一貫不承認尖閣諸島屬於日本的領土。日本政府對此有何見解？

A11

①《開羅宣言》和《波茨坦公告》顯示的是當時聯合國戰後處理的基本方針。但是在這些宣言當中並沒有證據顯示當時包括中華民國在內的聯合國方面認為尖閣諸島包含在《開羅宣言》中所指的「臺灣的附屬島嶼當中」。

②而且戰爭結果的領土主權的處理，最終根據以和平條約為主的國際協議來決定。至於第二次世界大戰，在法律上來確定戰後的日本領土範圍的是《舊金山和平條約》，而《開羅宣言》和《波茨坦公告》不能對日本的領土處理形成最終的法律效果。

③雖然日本根據《舊金山和平條約》第二條（b），放棄了通過甲午戰爭從中國割讓給日本來的臺灣和澎湖諸島的主權，但是尖閣諸島並不包含在此規定表述的「臺灣及澎湖諸島」之內。因為尖閣諸島明確被包含根據《舊金山和平條約》第三條作為南西諸島一部分而實際上由美國行使施政權、並明確包含在通過一九七二年的沖繩返還其施政權歸還給日本的地區之內。

④在締結《舊金山和平條約》時，尖閣諸島作為日本的領土被保留下來了，對此作為聯合

國的主要成員的美國，英國，法國和中國（中華民國和中華人民共和國）都沒有提出異議。相反，中國與一九五三年一月八日的人民日報「琉球群島人民反對美國占領的鬥爭」中譴責，美國不顧琉球群島人民的反對占領了《開羅宣言》和《波茨坦公告》沒有決定託管的琉球群島，但該報導稱，琉球群島由包括尖閣諸島的七組島嶼所構成。這表明中國明確承認尖閣諸島是琉球諸島的一部分。雖然中國不是《舊金山和平條約》的締結國，但日本與當時日本所承認的中華民國（臺灣）之間締結了《日華和平條約》。該條約承認，日本根據《舊金山和平條約》第三條放棄對臺灣以及澎湖諸島等所有權利。但在《日華和平條約》的談判過程中，由於上述原委，尖閣諸島的主權完全沒有被討論。這意味著尖閣諸島從以前一直屬於日本領土這一事實被視為理所當然的前提。

⑤聯合國有關組織於一九六八年秋進行了學術調查，結果發現東海下面有可能蘊藏石油，由此尖閣諸島開始受到人們的關注，中國政府和臺灣當局於一九七十年代開始提出獨自的主張。在此之前，尖閣諸島根據《舊金山和平條約》第三條被置於美國施政之下，中國對這一事實從未提出過任何異議。此外，中方對於自己沒有提出異議之事也沒有作出任何解釋。

Q12先不管臺灣（中華民國）如何，中國（中華人民共和國）是否反對《舊金山和平條約》對尖閣諸島的處理？

A12

《舊金山和平條約》締結之後所就尖閣諸島的處理乃是國際社會眾所周知的事情，中華人民共和國在當時不可能不知道這一情況。作為中國共產黨機關報《人民日報》在一九五三年一月八日所刊題為「琉球群島人民反對美國占領的鬥爭」報導中，曾明確表述接受美國施政的琉球群島中包含尖閣諸島。之後到上世紀七十年代，也一直沒有對依照《舊金山和平條約》第三條規定而把尖閣諸島納入美國施政區域之事實提出過任何異議。此外，關於如此一直沒有提出過異議的事實中方並沒有作出任何解釋。

【參考：《開羅宣言》（一九四三年）相關部分】

該加盟國（注：美、英、中華民國）之宗旨，在於剝奪日本自從一九一四年第一次世界大戰開始後在太平洋上所奪得或占領之一切島嶼；使日本從清國人手裡所竊取的諸如滿洲、臺灣、澎湖島等地域，歸還中華民國。

【參考：《波次旦公告》第八項（一九四五年）】

《開羅宣言》之條件必將實施，而日本之主權必將限於本州、北海道、九州、四國及吾人所決定其他小島之內。

【參考譯文：《舊金山和平條約》第二條】

（b）日本國放棄對臺灣及澎湖列島的所有權利、權原及請求權。

【參考譯文：《舊金山和平條約》第三條】

日本國同意美國向聯合國提出將北緯廿九度以南的南西諸島（包括琉球諸島及大東諸島）、孀婦岩以南的南方諸島（包括小笠原群島、西之島及火山列島）、沖之鳥島與南鳥島置於託管制度之下，並以美國為唯一施政方的任何提議。在此提議提出並獲得通過之前，美國有權對包括領水在內的這些島嶼的領域及居民，行使全部或部分的行政、立法及司法權力。

【參考譯文：《沖繩返還協定》第一條】

二在此協定的適用上，「琉球諸島和大東諸島」是指，根據與日本國簽署的《舊金山和平條約》第三條規定，在把行使行政、立法及司法權的所有權力託管給美國的所有領土和領水當中，根據於一九五三年十二月廿四日及一九六八年四月五日日本國與美國間簽署的關於奄美群島的協定及關於南方諸島和其他諸島的協定已經歸還日本國部分之外的部分。

【參考譯文：《沖繩返還協定》共識紀要】

關於第一條，同條二中所指的領土是，根據與日本國簽署的《舊金山和平條約》第三條中規定的美國施政權下的領土，即按照一九五三年十二月廿五日的《美國民政府布告第廿七號》中所指，用直線依次連接下列座標的各點所形成區域內的所有的島、小島、環礁及岩礁。

- 北緯廿八度東經一百廿四度四十分
- 北緯廿四度東經一百廿二度
- 北緯廿四度東經一百卅三度
- 北緯廿七度東經一百卅一度五十分
- 北緯廿七度東經一百廿八度十八分
- 北緯廿八度東經一百廿八度十八分
- 北緯廿八度東經一百廿四度四十分

Q13 中國政府主張，日本在尖閣諸島方面所表現出的立場和作法是對世界反法西斯戰爭勝利成果的公然否定，也是對戰後國際秩序和聯合國憲章宗旨及原則的嚴重挑戰。日本政府對此有何見解？

A13 ①日本獲得尖閣諸島主權與第二次世界大戰沒有任何關係。第二次世界大戰之後，針對日本領土予以法律上處置的《舊金山和平條約》以及相關條約也都是在以尖閣諸島為日本領土的前提下進行的。同時，在依據《舊金山和平條約》進行處置以前，中國及臺灣均沒有主張過對尖閣諸島的主權。

②然而，一九六八年秋進行的學術調查公布了東海下面有可能蘊藏石油之結果，由此尖閣諸島開始受到矚目。自一九七〇年以後，中國政府和臺灣當局分別開始提出對該諸島主權的獨自主張。特別是最近，中國為使這一獨自主張正當化，突然新提出了「第二次世界大戰結果」等論調，並提出了類似於日本好像扭曲了二戰後國際框架的一些主張。但是，《舊金山和平條約》是涉及日本處理二戰結果方面的國際性框架。所以中國對基於該條約的處置提出異議的作法，或許才可以說是對戰後國際秩序的嚴重挑戰。

③此外，將兩國之間的見解分歧輕易聯繫到過去的戰爭是從事情本質上轉移視線之行為，既沒有說服力，又缺少建設性。中國原本在日中兩國首腦于二〇〇八年五月簽署的「日中聯合聲明」中明確表示，「日本在戰後六十多年來，堅持走作為和平國家的道路，通過和平手段為世界和平與穩定做出貢獻，中方對此表示積極評價。」

④即便提出「第二次世界大戰的結果」等議論，都不能否定日本作為喜愛和平的國家在戰後半個世紀走過來的正當主張，也不能使有關尖閣諸島的中國獨自主張正當化。

Q14中國政府主張，在一九七二年的日中邦交正常化談判以及一九七八年日中和平友好條約締結談判的過程中，「兩國領導人就將『釣魚島問題』放一放，留待以後解決達成了重要的諒解和共識」。日本政府對此有何見解？

A14

①尖閣諸島是日本的固有領土，這無論是在歷史上還是在國際法上都很是毫無疑問的，而且現在我國有效控制著該諸島。因此，根本不存在圍繞尖閣諸島要解決的主權問題。

②這一我國立場是一貫的，從來沒有與中方之間就尖閣諸島「擱置」或者「維持現狀」達成一致的事實。這一點在邦交正常化時的日中首腦會談記錄（已對外公開）上也很明確。我國就本國的這一立場曾向中方多次明確表示。

【參考：日中首腦會談（田中角榮首相／周恩來總理）（一九七二年九月廿七日）】

田　中：「您對尖閣諸島怎麼看？不少人向我提到這個事宜。」

周恩來：「這次不想談尖閣諸島問題。現在談這個問題不好。因為發現了石油，這就成了問題。如果沒有發現石油，臺灣和美國都不會把它當回事。」

【參考：日中首腦會談（福田赳夫首相／鄧小平副總理）（一九七八年十月廿五日）（日中和平友好條約談判時）】

鄧副總理（突然想起一件事的樣子）：「我還有一件事想說。兩國之間存在各種問題。

例如，中國叫釣魚臺，日本叫尖閣諸島的這一問題。這種事宜本來不需要在這次會談中提出。我已在北京向園田外務大臣說過，也許我們這代人缺少智慧不能解決，但下一代總比我們聰明，一定會解決問題。看待該問題需要從大局出發。」（福田首相對此沒有回應。）

【參考：同日舉行的鄧小平副總理記者招待會】

記者：「尖閣諸島是日本固有的領土。對最近的糾紛感到遺憾。請問副總理對此有何見解？」

鄧副總理：「我們把尖閣諸島叫釣魚島，對此我們叫法不同，的確雙方有著不同的看法。邦交正常化的時候，我們雙方約定不觸及這一問題。這次談中日和平友好條約的時候，雙方也約定不涉及這一問題。憑中國人的智慧只能想出這一辦法。因為，一開始談到這個問題，就說不清楚了。倒是有些人想在這個問題上挑些刺，來障礙中日關係的發展。我們認為兩國政府最好避開這個問題。這樣的問題放一下也不要緊，等十年也沒有關係。我們這一代缺少智慧，就這個問題談不攏，下一代總比我們聰明，一定會找到彼此都能接受的方法。」

美國關於尖閣諸島的立場

Q15 迄今美國政府對尖閣諸島擁有什麼樣的立場？

A15

①尖閣諸島在第二次世界大戰後，根據《舊金山和平條約》第三條，作為南西諸島的一部分被置於美國的施政之下，並根據於一九七二年生效的《沖繩返還協定》（《關於琉球諸島及大東諸島的日美協定》），該施政權被歸還給日本。正如在三藩市和會上的美國代表杜勒斯的發言以及一九五七年的日本總理大臣岸信介和美國總統艾森豪的聯合新聞公報上所明確顯示，美國承認我國對南西諸島擁有殘存的（或潛在的）主權。

②此外，就《日美安全保障條約》第五條的適用，美國明確表示，尖閣諸島自一九七二年作為沖繩返還的一環歸還於日本以來，屬於日本國政府的施政之下，因此《日美安全保障條約》適用於尖閣諸島。

③至於尖閣諸島的久場島和大正島，在一九七二年沖繩返還之際，雖然當時中國已經開始其獨自主張，但這些島嶼根據《日美地位協定》，作為「日本國」的設施和區域，一直由我國提供給美國使用至今。

④再者，還可以指出以下事實。

● 由於在尖閣諸島地區臺灣漁民等侵入領海和非法登島等行為頻繁發生，因此日本外務省於一九六八年八月三日向駐日美國大使館發出照會，要求美國政府取締侵入者並為防止類似事例再度發生而採取必要措施。美國對此答覆稱，已經採取了驅逐侵入者等措施。

● 形成於一九七一年的美國中央情報局報告書（二〇〇七年解密）上提到，一般認為尖閣諸島是琉球群島的一部分。此外，還有諸如日本對尖閣諸島主權的主張強有力，其所有舉證責任似乎在於中方等內容。

【參考：在三藩市和會上，美國代表杜勒斯發言相關部分（一九五一年）】

第三條處置琉球諸島以及日本南方及東南方的諸島。該等諸島自日本投降以來被置於合眾國的單獨施政權之下。若干聯合國成員國強調，該條約應該規定日本因合眾國主權而放棄對這些諸島的主權。其他諸國提議，該等諸島應該完全歸還給日本。即便聯合國內部存在如此意見分歧，但合眾國感到，最好的辦法是使這些諸島給置於以合眾國為施政權者的合眾國託管制度之下成為可能，並允許日本的殘存主權。

【參考：岸信介總理大臣和美國總統艾森豪的聯合新聞公報（一九五七年）】

總理大臣強調了日本國民強烈希望針對琉球及小笠原諸島的施政權歸還給日本之意願。總統再次確認了日本擁有對該等諸島的潛在性主權的美國立場。

尖閣三島所有權向國家的轉移

Q16 中國對日本政府於二〇一二年九月獲得尖閣三島所有權表示激烈反對。日本政府對此有何

A16

見解。

①尖閣諸島是日本的固有領土，這無論是在歷史上還是在國際法上都很明確，實際上我國有效控制著該諸島。因此，根本不存在圍繞尖閣諸島要解決的主權問題。日本政府此次獲得尖閣三島的所有權，這完全不是要引發與別國或地區之間的任何問題。

②另一方面，中國政府對尖閣諸島展開獨自主張是事實。我國決不接受這一主張，但是我國政府從大局出發，向中方解釋此次所有權的轉移是為了對尖閣諸島長期實施平穩穩定的維持管理，不過是把到一九三二年之前為國家所擁有的所有權從民間所有者手中再次轉移到國家而已。日本政府作為對東亞地區的和平穩定負有責任的一個國家，將繼續努力讓中方顧全日中關係的大局予以冷靜加以對待。

③此外，在中國各地發生抗日遊行，並出現針對日方公館的投擲行為、針對在華日本人的施暴行為、針對日本企業的放火、破壞、搶劫等行為。這些都是令人感到極為遺憾。無論出於任何理由，絕不能允許暴力行為，對意見分歧的不滿應該以和平的形式表現出來。我們要求中方確保在華日本人以及日本企業等的安全，並切實對此次受到損害的日本企業給予補償。

（出處：日本外務省網頁）

3 有關尖閣諸島的基本立場與相關事實

關於尖閣諸島

尖閣諸島位於南西諸島最西端的魚釣島、北小島、南小島、久場島、大正島、沖之北岩、沖之南岩、飛瀨等島嶼的總稱。島上曾經有過柴魚加工廠，也有一些日本人定居過，但現在該諸島都是無人島。久場島（及周邊小島）為私有地，其他都為國有地。行政上該諸島屬於日本國沖繩縣石垣市。

<table>
<tr><th>島名</th><th>所有者</th><th colspan="2">原委</th></tr>
<tr><td>魚釣島</td><td>國</td><td rowspan="4">一八九六年免費出借給民間人士。一九三二年出售給民間人士。（此後，在民間人士之間有過所有權的遷移。</td><td rowspan="3">自二〇〇二年四月一日國家開始租賃。自二〇一二年九月十一日由國家取得和擁有。</td></tr>
<tr><td>北小島</td><td>國</td></tr>
<tr><td>南小島</td><td>國</td></tr>
<tr><td>久場島</td><td>私人</td><td rowspan="2">一九七二年以後根據日美地位協定被指定為美軍設施區域。</td></tr>
<tr><td>大正島</td><td>國</td><td>一貫都屬於國家擁有</td></tr>
<tr><td>沖之北岩</td><td>國</td><td colspan="2" rowspan="3">一貫都屬於國家擁有</td></tr>
<tr><td>沖之南岩</td><td>國</td></tr>
<tr><td>飛瀨</td><td>國</td></tr>
</table>

一九四五年之前

【有關尖閣諸島的原委】

①一八九五年一月　由內閣會議（閣議）正式將尖閣諸島編入我國沖繩縣內。

②一九四六年一月　根據聯合國最高司令官總司令部所發出的備忘錄，停止日本行政權。

（美國開始對沖繩施政）

③一九五一年九月　簽署《對日和平條約》（《舊金山和平條約》）放棄對臺灣及澎湖諸島主權（第二條）；尖閣諸島仍屬於日本領土。美國擬將南西諸島置於託管並對此開始行使行政權（第三條）一九六八年聯合國亞洲及遠東經濟委員會（ECAFE）發布沿岸礦物資源調查報告。⇓指出東海海底有可能蘊藏石油。

④一九七一年六月　簽署《沖繩返還協定》。施政權由美國歸還給日本。雙方都承認的共識紀要中，尖閣諸島被包含在返還範圍之內。

⑤一九七一年　中國及臺灣首次正式主張「主權」，臺灣主張＝外交部聲明（六月）、中國主張＝外交部聲明（十二月）。

⑥一九九二年中國制定《領海及毗連區法》。

【我國主張之要點】

①根據一九五一年《舊金山和平條約》，日本放棄了臺灣。尖閣諸島仍屬於日本領土。中國和臺灣沒有對此提出過異議。

● 第二次世界大戰後，在《開羅宣言》和《波茨坦公告》的基礎上，《舊金山和平條約》（一九五一年簽署）從法律上確定了日本領土。

●《舊金山和平條約》第二條規定日本放棄臺灣及澎湖諸島。此外，第三條規定南西諸島被置於美國的施政權之下。此時尖閣諸島被包含在南西諸島，即仍屬於日本領土。換言之，尖閣諸島沒有被包含在日本所放棄的臺灣及澎湖諸島。

● 臺灣（注）在《日華和平條約》（一九五二年簽署）上追認了《舊金山和平條約》，並就尖閣諸島的處理沒有提出過任何異議。當時中國也沒有提出過任何異議。（注：當時中華民國（臺灣）是被我國承認為代表中國的正統政府。）

● 一九七二年，美國將包括尖閣諸島在內的南西諸島歸還給日本。尖閣諸島明確被包含在此協定所規定的返還對象區域之中。

●《大西洋憲章》（《英美聯合宣言》）（一九四一年八月）第一、兩國不尋求任何領土或其他方面的擴張。

●《開羅宣言》（一九四三年十一月）該加盟國（注：美、英、中華民國）決不為自己圖利，亦無拓展領土之意思。該加盟國之宗旨，在於剝奪日本自從一九一四年第一次世界大戰開始後在太平洋上所奪得或占領之一切島嶼；使日本從中國人手裡所竊取的諸如滿洲、臺灣、澎湖島等地域，歸還中華民國。其他日本以武力或貪欲所攫取之土地，亦務將日本驅逐出境。

- 《波茨坦宣言》（一九四五年七月）第八條：《開羅宣言》之條件必將實施，而日本之主權必將限於本州、北海道、九州、四國及吾人所決定其他小島之內。
- 對日和平條約（舊金山和平條約）（一九五一年九月簽署，一九五二年四月生效）第二條（b）日本國放棄對臺灣及澎湖列島的所有權利、權原及請求權。第三條日本國同意美國向聯合國提出將北緯廿九度以南的南西諸島（包括琉球諸島及大東諸島）（中略）、置於託管制度之下，並以美國為唯一施政方的任何提議。在此提議提出並獲得通過之前，美國有權對包括領水在內的這些島嶼的領域及居民，行使全部或部分的行政、立法及司法權力。
- 日華和平條約（一九五二年四月簽署，同年八月生效）第二條茲承認依照公曆一九五一年九月八日在美國舊金山市簽訂之《對日和平條約》（以下簡稱《舊金山和約》）第二條，日本國業已放棄對於臺灣及澎湖群島以及南沙群島之一切權利、權利名義與要求
- 日本與美國所簽署的《沖繩返還協定》（一九七一年六月簽署、一九七二年五月生效）
- 《共識紀要》日本國政府之代表者及美國政府之代表者紀錄，在今天簽署的日本與美國之間的有關琉球諸島及大東諸島的協定談判中所達成的以下諒解事項。
- 關於第一條：

●同條二中所指的領土是，根據與日本國簽署的《舊金山和平條約》第三條中規定的美國施政權下的領土，即按照一九五三年十二月廿五日的《美國民政府布告第廿七號》中所指，用直線依次連接下列坐標的各點所形成區域內的所有的島、

・小島、環礁及岩礁。
・北緯廿八度東經一百廿四度四十分
・北緯廿四度東經一百廿二度
・北緯廿四度東經一百卅三度
・北緯廿七度東經一百卅一度五十分
・北緯廿七度東經一百廿八度十八分
・北緯廿八度東經一百廿八度十八分
・北緯廿八度東經一百廿四度四十分

②中國和臺灣等到石油的存在被指出後的一九七一年才開始主張「主權」。

●一九六八年秋聯合國亞洲及遠東經濟委員會（ECAFE）進行了學術調查，結果發現東海下面有可能蘊藏著石油，尖閣諸島由此受到矚目。ECAFE報告書（一九六九年）（摘錄）：「蘊藏石油及天然氣之可能性最大的區域是臺灣東北方約廿萬平方公里的地區。……位於臺灣與日本之間的大陸架很有可能成為世界上蘊藏量最豐富的

油田之一。該地區是世界上屈指可數的大型大陸架之一。此外，不僅由於軍事及政治方面的原因，而且由於甚至類似於通過此次調查獲得的地質學方面的知識都很缺少，所以目前它是在鑿井挖掘方面足跡未到的地區。」

● 中國和臺灣此前沒有提出過任何主張，到了一九七〇年代才開始對尖閣諸島的「主權」。

● 一九七〇年十二月，中國新華社刊載批判日本「領有」尖閣諸島的一文。一九七一年四月，臺灣外交部發表發言人談話。

● 一九七一年六月臺灣「外交部」聲明（摘錄）該列嶼系附屬臺灣省，構成中華民國領土之一部分，基於地理地位、地質結構、歷史聯繫以及臺灣省居民長期繼續使用之理由，已於中華民國密切相連，故應於美國結束管理時交還中華民國。

● 一九七一年十二月中國外交部聲明（摘錄）在這個協議中，美、日兩國政府公然把釣魚島等（尖閣諸島）島嶼劃入「歸還區域」。這是對中國領土主權的明目張膽的侵犯。釣魚島（尖閣諸島）等島嶼自古以來就是中國的領土。早在明朝，這些島嶼就已經在中國海防區域之內，是中國臺灣的附屬島嶼，而不屬於琉球，也就是現在所稱的沖繩。日本政府在中日甲午戰爭中，竊取了這些島嶼，……強迫清朝政府簽訂了割讓「臺灣及所有附屬各島嶼」和澎湖列島的不平等條約——《馬關條約》。

● 一九七二年三月日本外務省發表正式見解並對上述臺灣和中國的主張進行反駁。在此

時期，配合自己的主張修改了課本上的地圖

③在一九七二年日中邦交正常化以及一九七八年和平友好條約締結談判的過程中。

●在一九七二年的日中聯合聲明談判以及一九七八年和平友好條約締結談判的過程中，並沒有日本承認過圍繞尖閣諸島的主權存在該解決的問題，也沒有日本就「擱置」與中方達成共識這一事實。

●【日中首腦會談（田中角榮總理／周恩來總理）】（一九七二年九月廿七日）（已公開外交紀錄）田中首相：「您對尖閣諸島怎麼看？不少人向我提到這個事宜。」周總理：「這次不想談尖閣諸島問題。現在談這個問題不好。因為發現了石油，這就成了問題。如果沒有發現石油，臺灣和美國都不會把它當回事。」

●【日中首腦會談（福田赳夫總理／鄧小平副總理）】（一九七八年十月廿五日）（日中和平條約談判時）（已公開外交紀錄）鄧副總理（以突然想出來的樣子）：「我還有一件事想說。兩國之間存在各種問題。例如，中國叫釣魚臺，日本叫尖閣諸島的這一問題。這種事宜本來不需要在這次會談中提出。我已在北京向園田外務大臣說過，也許我們這代人缺少智慧不能解決，但下一代總比我們聰明，一定會解決問題。看待該問題需要從大局出發。」（福田首相對此沒有回應。）

●【與上述首腦會談同日舉行的鄧小平副總理記者招待會】（一九七八年十月廿五日）

記者：「尖閣諸島是日本固有的領土。對最近的糾紛感到遺憾。請問副總理對此有何見解。」鄧副總理：「我們把尖閣諸島叫釣魚島，對此我們叫法不同，的確雙方有著不同的看法。邦交正常化的時候，我們雙方約定不觸及這一問題。這次談中日和平友好條約的時候，雙方也約定不涉及這一問題。憑中國人的智慧只能想出這一辦法。因為，一開始談到這個問題，就說不清楚了。倒是有些人想在這個問題上挑些刺，來障礙中日關係的發展。我們認為兩國政府最好避開這個問題。這樣的問題放一下也不要緊，等十年也沒有關係。我們這一代缺少智慧，就這個問題談不攏，下一代總比我們聰明，一定會找到彼此都能接受的方法。」

④歷史上也沒有佐證中國及臺灣主張的依據

- 雖然中國主張，尖閣諸島通過《下關條約（《馬關條約》）》（一八九五年四月簽署）作為臺灣的一部分被割讓給日本，但其主張並沒有根據，也沒有證據顯示清國在締結《馬關條約》之際將尖閣諸島作為臺灣的一部分割讓給日本。當時日本和清國之間沒有存在尖閣諸島被包含在通過日清戰爭《馬關條約》割讓給日本的「臺灣全島及所有附屬各島嶼」這一認識。
- 日本自甲午戰爭以前的一八八五年以來，對尖閣諸島進行實地調查，慎重確認尖閣諸島不僅為無人島，而且也沒有受到清朝統治的痕跡。在此基礎上，在締結《馬關條約》前的一八九五年一月將尖閣諸島正式編入我國領土。

● 《馬關條約》第二條清國將管理下開地方之權並將該地方所有堡壘、軍器、工廠及一切屬公物件，永遠讓與日本。

- 第一、下開劃界以內之奉天省南邊地方。從鴨綠江口溯該江抵安平河口，又從該河口劃至鳳凰城、海城及營口而止，畫成折線以南地方；所有前開各城市邑，皆包括在劃界線內。該線抵營口之遼河後，即順流至海口止，彼此以河中心為分界。遼東灣東岸及黃海北岸在奉天所屬諸島嶼，亦一併在所讓界內。
- 第二、臺灣全島及所有附屬各島嶼。
- 第三、澎湖列島。即英國格林尼次東經百十九度起、至百廿度止及北緯廿三度起、至廿四度之間諸島嶼。

● 雖然中國主張，它從明朝及清朝時代就將尖閣諸島視為臺灣的附屬島嶼，並作為自己的領土實際控制該諸島，但其主張並沒有根據。

- 中國主張，尖閣諸島自古以來是中國固有領土，由中國人最早發現、命名及利用，而且在明朝時中方的冊封使就已發現和認知該島嶼，該島嶼屬於臺灣的附屬島嶼。但是，如果只是發現島嶼或具有地理上接近性等，則構不成作證主權主張的依據。（註）在國際法上，僅是發現並不足以構成取得領域權源的根據，而需要擁有明確的領有意圖並以連續與和平的方式行使領域主權（＝實際控制）。

- 雖然中國主張尖閣諸島從明朝起就屬於中國領土，但是當時連臺灣都說不上是中國的領土。明朝時的臺灣未必在福建省的控制之下，而葡萄牙、西班牙及荷蘭等是將該島的商埠作為自己根據地的。此後，鄭氏將臺灣作為據點抵抗清朝。據說清朝於一六八三年把臺灣編入版圖，但是其統治範圍主要限於臺灣西部。
- 中國的刊物中也有記載來證明中國認為尖閣諸島是日本領土。
- 一九五三年一月八日人民日報有記載稱「琉球諸島（中略）由尖閣群島、先島諸島、大東諸島、沖繩諸島、大島諸島、吐噶喇諸島、大隅諸島等七組島嶼」構成。從此看出當時中國認為尖閣諸島是為沖繩的一部分。
- 《世界地圖集》（中國：地圖出版社，一九六〇年四月出版）地圖上有「尖閣群島」、「魚釣島」等記載，可以看出中國使用過日本所主張的名稱。此外，尖閣諸島被處理為屬於沖繩的一部分。
- 中國（當時為中華民國）發出給日方的感謝書（一九二〇年）中也有記載來證明中國將尖閣諸島認識為日本的領土。
- 中華民國駐長崎領事之感謝狀（一九二〇年五月發出）一九一九年十二月遇險在尖閣諸島魚釣島周邊海域的福建省漁民被我國國民救助。因此，於一九二零年五月當時的中華民國駐長崎領事向我國國民發出感謝信。該信中明確表述，福建省漁民遇險後漂流所至的地方是「日本帝國沖繩縣八重山郡尖閣列島」。

資料

琉球群島人民反對美國佔領的鬥爭

琉球群島散佈在我國台灣東北和日本九洲島西南之間的海面上，包括尖閣諸島、先島諸島、大東諸島、沖繩諸島、大島諸島、土噶喇諸島、大隅諸島等七組島嶼，每組都有許多大小島嶼，總計共有五十個以上有名稱的島嶼和四百多個無名小島，全部陸地面積爲四千六百七十平方公里。群島中最大的島是沖繩諸島中的沖繩島（即大琉球島），面積一千二百十一平方公里，其次是大島諸島中的奄美大島，面積七百三十平方公里。琉球群島綿亙達一千公里，它的內側是我國東海，外側就是太平洋公海。

美國在一九四五年六月佔領了琉球群島後，就着手在該島建築軍事基地。隨着美國在亞洲大陸上侵略計劃的破產，琉球基地的建築工程也就更趨積極起來。遠在美國發動侵略朝鮮戰爭前，美國在琉球群島的軍事工程就已佔用了琉球三分之一的土地，用作建造基地的費用超過了兩億美元。其後，琉球基地的建造計劃一再擴大，而且以更大的速度進行着。一九五一年六月二十二日「美國新聞與世界報道」雜誌曾透露出美國侵略者的野心：「美國在沖繩島的目標是用空軍獨霸亞洲，要使它成爲太平洋的最大基地。由沖繩島起飛，B二十九型轟炸機能達到亞洲大部分內陸地區，轟炸半徑可能包括中國全部和西伯利亞大部地區——包括西伯利亞大鐵路。B三十六型轟炸機則可達到更遠的距離。」去年九月八日，沖繩島的美國官員竟公然宣佈：「用來將沖繩島改變成『太平洋的直布羅陀』的全部經費將近四億八千萬美元。建築工作正在按計劃進行，防颱風的公路、飛機場、兵營、司令部以及其他軍事設備，將遍佈全島。」另一方面，據不久前日本的報紙消息稱：美國在沖繩島那霸港入口處的浮島神社下，已修建了具有八萬噸容量的三個地下油庫，沖繩島週圍各島都散佈着基地，共修建有二十幾個大型飛機場，並且在奄美大島、宮古島、沖之永良部島等島嶼上都裝置了雷達。許多島上都建成了兼作飛機跑道用的軍用公路。而美國通訊社也早經不止一次地承認：「美國B二十九型轟炸機，每天都從沖繩島起飛去襲擊北朝鮮」。

與建築及使用琉球軍事基地同時，美國侵略者積極陰謀永久霸佔琉球群島。美國佔領琉球後不久，就竊據了琉球的一切政權。去年以來，美國侵略者竟不顧「開羅宣言」、「波茨坦公告」等各項國際協議中都沒有規定託管琉球群島的決定，也不顧蘇聯政府和中華人民共和國政府的一再聲明，更不顧一百萬琉球人民的堅決反對，竟勾結日本吉田政府，擅自在它片面製訂的對日「和約」中規定：「日本對於美國向聯合國提出將北緯二十九度以南的琉球群島……置於聯合國託管制度之下，而以美國爲唯一管理當局的任何提議，將予同意。在提出此種建議，並對此種建議採取肯定措施以前，美國將有權對此等島嶼之領土及其居民，包括其領水，行使一切及任何行政、立法與司法權力。」美國以這樣卑鄙的手段擅自爲其無限期霸佔琉球群島的侵略行爲披上「合法」的外衣後，並於去年四月一日在島上建立了以比嘉秀平爲首的琉球傀儡政府。

七年多以來，美國侵略者用極其野蠻橫暴的手段，

圖七　一九五三年一月八日人民日報資料，指出「尖閣諸島為琉球群島之一部分

⑤日本一直在致力於使東海成為「和平、合作、友好之海」。日中兩國尚未劃定東海專屬經濟區以及大陸架的界線。但雙方保持著有關東海的對話以及合作。

一九九六年～　關於海洋法等的日中間協商
一九九七年　締結（新）日中漁業協定
九六～九七　頻繁發生中國海洋調查船隻在未經我方事前同意在我國專屬經濟區開展考察活動）
二〇〇一年　建立關於海洋科學考察相互事先通報的框架
二〇〇四年　中方在「白樺」油氣田上開始建設開採設施）
二〇〇四年～　關於東海等的日中磋商
二〇〇八年　日中兩國關於東海的合作達成共識
二〇〇八年　中國海監船在尖閣諸島周邊海域長時間逗留並徘徊）
二〇一〇年　啟動有關東海資源開發的相關國際協定締結談判
二〇一一年　建立日中海洋事務高級別磋商，雙方就日中海上搜救（ＳＡＲ）協定達成原則共識。

另一方面，中國於一九九二年制定《領海及毗連區法》，初次明確規定尖閣諸島被包含在中國領土之內。

隨著海洋權益意識的提高，中方海洋相關機構不斷擴大活動範圍及能力，並在二〇〇八年十二月發生中國海監船侵入我國領海之件以來，在尖閣諸島周邊海域活動之規模和頻率均呈現著增大趨向。

【附】關於中國及臺灣獨自主張的幾個論點

論點一、「根據一九四三年的《開羅宣言》及一九四五年的《波茨坦公告》，尖閣諸島作為臺灣的附屬島嶼歸還給中國。」《開羅宣言》和《波茨坦公告》是規定當時聯合國戰後處理基本方針的政治文件。戰爭結果的領土主權處理，最終根據以和平條約為主的國際協議來決定。至於第二次世界大戰，在法律上確定戰後日本領土範圍的是《舊金山和平條約》。實際上日本根據《舊金山和平條約》放棄了《開羅宣言》所論及的臺灣及澎湖島。但是《開羅宣言》及《波茨坦公告》中並沒有記載改變尖閣諸島的主權的。《舊金山和平條約》將尖閣諸島作為日本的領土。

論點二、「由日本政府購買尖閣三島是對戰後國際秩序和聯合國憲章宗旨及原則的嚴重挑戰。」我國在第二次世界大戰後一直支撐著國際社會的和平及繁榮。中國也在二〇〇八年兩國首腦所簽署的《日中聯合聲明》中積極評價稱戰後的日本以和平的手段為世界的和平與穩定做出貢獻。將兩國之間的見解分歧輕易地連繫到過去的戰爭是從事情的本質轉移視線之行為，既沒有說服力，又缺少建設性。

4 關於尖閣諸島的三個事實（二〇一二年十月四日）

第一個事實：尖閣諸島無論是從歷史上還是從國際法上都是日本固有的領土。

①第二次世界大戰之後，一九五一年的《舊金山和平條約》從法律上確認了日本領土，尖閣諸島不被包含在根據該條約我國所放棄的「臺灣及澎湖諸島」之內，而作為南西諸島一部分被置於美國施政之下。

- 中華民國（臺灣）在《日華和平條約》（一九五二年簽署）上追認了《舊金山和平條約》，並對上述尖閣諸島的處理沒有提出過任何異議。中國也沒有提出過任何異議。
- 尖閣諸島被包含在於一九七二年根據《沖繩歸還協定》將施政權歸還給日本的地區之內。

②中國在於一九六八年尖閣諸島周邊海域下面蘊藏石油之可能性被指出之後才開始有關尖閣諸島主權的主張。此前，中國對日本擁有該諸島沒有提出過任何異議。

● 中國的刊物中也有記載來證明中國將尖閣諸島認識為日本領土。（例：一九六〇年在中國發行的《中國世界地圖集》（附件）中，尖閣諸島被記載為屬於沖繩的島嶼。）

● 在一九七二年日中邦交正常化之際，周恩來總理稱：「因為發現了石油，這就成了問題。」

③尖閣諸島在歷史上也一貫是日本領土南西諸島的組成部分。

● 自一八八五年以來，日本政府在通過沖繩縣政府等途徑再三對尖閣諸島進行實地調查，慎重確認尖閣諸島不僅為無人島，而且沒有受到清朝統治的痕跡之後，才正式編入我國領土之內。

● 尖閣諸島沒有被包含在按照一八九五年四月的《下關條約《馬關條約》》由清朝割讓給日本的「臺灣及澎湖諸島」當中。

● 中方所提出的文獻及地圖的記載內容均不足以構成證明中國擁有主權的論據。

第二個事實：日本政府購買尖閣諸島的目的在於「平穩、穩定的維護和管理」。相反，試圖改變現狀的是中國。

①此次日本政府購買尖閣諸島並沒有伴隨著現狀的較大改變。

● 此次所有權轉移到政府的尖閣三島，曾經在一九三二年之前被日本政府所擁有。後來其所有權被轉移到民間人士，並此次再次回到政府手中。

●至於尖閣諸島的大正島，政府一貫擁有該諸島。

②這幾年，中國越來越活躍地開展其海上活動，在尖閣諸島周邊海域上也採取挑釁行為。

●中國公務船及活動家船隻陸續侵入我國領海，因此日本國內就中國對尖閣諸島意圖的不安日益高升。

●今年四月份以後，石原東京都知事開始準備購買尖閣諸島。

③雖然如此，我國仍重視日中關係作為最重要的雙邊關係之一，並希望目前的事態得以平息。伴隨中國各地的遊行發生了廣泛的暴力行為，無論出於任何理由，都令人感到極為遺憾。

●為了東亞的和平穩定，日中之間的良好關係必不可少。我們要從大局的觀點出發推進合作。

●日本並不希望圍繞尖閣諸島的事態影響到日中關係的大局。轉移尖閣三島之所有權的目的在於對尖閣諸島長期進行平穩、穩定的維護和管理。這是從日中間大局的觀點來講也是實際、最好的方策。

●今後也要通過日中之間的對話而堅韌致力於日中關係的改善。

④我國向國際社會積極傳播上述觀點。在國際社會上也開始出現對此顯示理解的論調。

第三個事實：無論出於任何理由，絕不能允許暴力行為。

伴隨中國各地的遊行發生了廣泛的暴力行為，令人感到極為遺憾。無論出於任何理由，絕不能允許暴力行為。我國向中國提出嚴正交涉。國際社會輿論也指譴責中國。

（出處：日本外務省網頁）

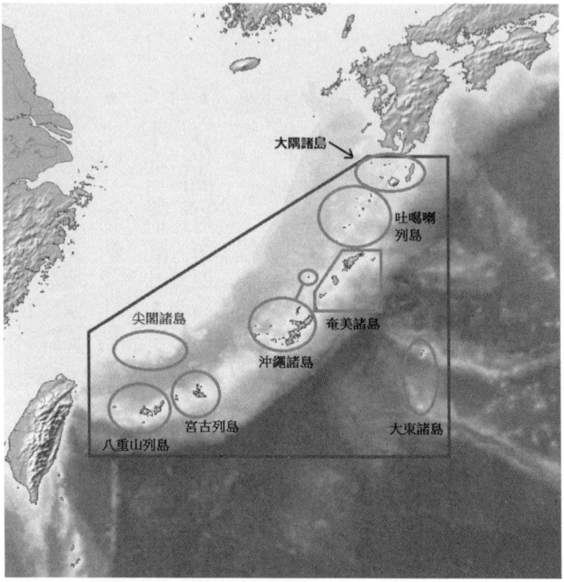

圖八　日本南西諸島位置圖

中國方面

1 釣魚島問題基本情況（二〇一二年九月十四日）

基本立場

釣魚島及其附屬島嶼自古以來就是中國的固有領土，中方對此擁有無可爭辯的歷史和法律依據。中日雙方在釣魚島主權歸屬問題上存在爭議是客觀事實。中方一貫主張在尊重事實的基礎上，通過外交談判尋求解決。

釣魚島及其附屬島嶼屬我歷史法理依據

大量文獻史料表明，釣魚島及其附屬島嶼為我國人民最早發現、命名和利用，我國漁民世世代代在這些島嶼及其附近海域從事捕魚等生產活動。十五世紀以前，我國東南沿海的一些商人、漁民即把釣魚島等島嶼當作航海標誌。

我國明清兩朝一直對釣魚島及其附屬島嶼行使主權。早在明初釣魚島及其附屬島嶼就已列入中國版圖，永樂年間（西元一四〇三至一四二四年）出版的《順風相送》一書，即明確記載了中國人自福建往琉球途中所經過的釣魚嶼、赤坎嶼（即赤尾嶼）等島嶼名稱。

明清時期出使琉球王國的冊封使在出使錄中都明確指出釣魚島等島嶼是中國領土，過了這些島嶼之後才進入琉球之境。明朝冊封使陳侃一五四三年所著《使琉球錄》記載：「過釣魚嶼，過黃毛嶼，過赤嶼，目不暇接……見古米山（久米島），乃屬琉球者。夷人鼓舞於舟，喜達於家。」清朝欽差大臣黃叔儆巡視臺灣後於一七二二年所著《臺海使槎錄》中，也有關於釣魚島的記載：「大洋北有山，名釣魚臺，可泊大船十餘。」

明朝剿倭總督胡宗憲編的《籌海圖編》標明了明朝海防管轄的沿海島嶼，其中包括釣魚島及其附屬島嶼，證明這些島嶼早在明朝就已在我國海防管轄範圍之內。

從地理上看，釣魚島及其附屬島嶼東側有深達兩千多米的沖繩海槽，將其同琉球群島分隔開，湍急的黑潮自西南向東北流經這裡，使東側的船隻在古代的航行技術下很難靠近這些島嶼。這也說明我國人民最早發現和利用釣魚島及其附屬島嶼並非偶然。

日本和國際社會也曾明確承認釣魚島屬於中國

日本近代以前的正史、國志及學者文章均未對中國在釣魚島的領土主權提出任何異議，並直接使用中國的名稱。日本十九世紀中葉以前出版的多種地圖都將釣魚島繪成與中國大陸同色，直到一八九二年出版的《大日本府縣別地圖並地名大鑒》還未將釣魚島列入日本領土之內。

日本學者林子平一七八五年著《三國通覽圖說》，在其附圖〈琉球三省並卅六島之圖〉

中，釣魚島等島嶼的著色與中國大陸相同，不在琉球群島範圍內。

一六〇五年，琉球王國執政官在《琉球國中山世鑒》一書中確認「姑米山」（現稱「久米島」，位於赤尾嶼以東）為琉球邊界。一七〇一年琉球國使臣進獻的《中山世譜》地圖及說明中記載琉球卅六島，其中不含釣魚島及其附屬島嶼。十九世紀七〇年代末八〇年代初，清朝李鴻章同日本談判琉球歸屬問題時，雙方都確認琉球的範圍只限於卅六島，釣魚島等島嶼不在其內。

十九世紀，英國、法國、美國、西班牙等列強的相關文獻和地圖也承認釣魚島屬於中國。一八七七年，英國海軍編制的《中國東海沿海自香港至遼東灣海圖》，將釣魚島看作臺灣的附屬島嶼，與日本西南諸島截然區分開。該圖在其後的國際交往中得到廣泛應用，《馬關條約》曾用該圖確定澎湖列島範圍。

一九四一年，日偽統治下的「臺北州」與沖繩縣因釣魚島漁場發生訴訟糾紛，日本法院判決這些島嶼歸「臺北州」管轄。曾在日偽統治時期任「臺灣警備府長官」的福田良三證實，當時釣魚島等島嶼是在「臺灣警備府長官」的管轄區內，臺灣漁民到釣魚島一帶作業都由「臺北州」發放許可證。這說明，即使在日殖民統治時期，這些島嶼也是被作為臺灣附屬島嶼進行管理的。

一九四三年十二月，中美英三國首腦發表《開羅宣言》，規定將日本竊取中國之領土歸還中國。一九四五年《波茨坦公告》重申：「開羅宣言之條件必將實施，而日本之主權必將限於本州、北海道、九州、四國及吾人所決定其他小島之內。」同年八月日本宣布接受《波茨坦公告》無條件投降。根據《開羅宣言》和《波茨坦公告》，中國收回被日本竊取的臺灣、澎湖列島等領土。作為臺灣的附屬島嶼，釣魚島等島嶼在國際法上已隨之回歸中國版圖。

日本非法竊取釣魚島

一八八四年，日本人古賀辰四郎到釣魚島探險，聲稱發現了「無人島」。一八八五年到一八九三年，沖繩縣政府先後三次上書日本政府，申請將釣魚島等島嶼劃歸該縣管轄，樹立國標。日本政府顧忌清政府的反應未敢批准。一八九五年一月，日本趁甲午戰爭清政府敗局已定，竊取了釣魚島等島嶼，「編入」沖繩縣管轄。同年四月，日本通過簽訂不平等的《馬關條約》迫使清政府將「臺灣全島及所有附屬各島嶼」割讓給日本。一九〇〇年，日本政府把釣魚島等島嶼名稱改為「尖閣列島」。

日美私相授受及我方聲明抗議

一九五一年九月八日，日本同美國等國片面簽訂《三藩市和約》，同意將北緯廿九度以南的西南群島等島嶼置於以美國為唯一施政者的委託統治制度下。一九五三年十二月，美國託管下的琉球政府發布公告劃定其所轄地理範圍，明確將釣魚島等島嶼劃入其中。

一九五一年九月十八日，周恩來總理兼外長代表中國政府鄭重聲明：「三藩市對日和約由於沒有中華人民共和國參加準備、擬制和簽訂，中央人民政府認為是非法的、無效的，因而是絕對不能承認的。」

一九七一年六月十七日，日美簽署《歸還沖繩協定》，規定美國於一九七二年五月十五日將琉球群島等島嶼的施政權歸還日本。釣魚島及其附屬島嶼也被劃入「歸還區域」。協定簽字當天，美國務院發言人表示：「歸還沖繩的施政權對『尖閣列島』的主權問題不發生任何影響。」一九七一年十二月卅日，中國外交部發表聲明指出：「這是對中國領土主權明目張膽的侵犯，中國人民絕對不能容忍。美日兩國在《歸還沖繩協定》中把我國釣魚島等島嶼列入『歸還區域』，完全是非法的，這絲毫不能改變中華人民共和國對釣魚島等島嶼的領土主權。」

日方製造「購島」問題

二〇一二年四月，日本極右政客、東京都知事石原慎太郎拋出東京都政府「購島」圖謀，並高調發起募捐活動。七月，日本政府表明所謂「國有化」計畫。九月十日，日本政府不顧中方一再嚴正交涉，宣布「購買」釣魚島及其附屬的南小島和北小島，實施所謂「國有化」。

中方多次向日方提出嚴正交涉，重申釣魚島及其附屬島嶼自古以來就是中國的固有領土，中國對此擁有無可爭辯的主權。中方堅決反對日方拿中國的神聖領土買賣。日方對釣魚島及其附屬島嶼採取任何單方面行動都是非法和無效的，絲毫不能改變這些島嶼屬於中國的事實。

（出處：中華人民共和國駐日本國大使館）

2《釣魚島是中國的固有領土》白皮書（二〇一二年九月廿五日）

前言

釣魚島及其附屬島嶼是中國領土不可分割的一部分。無論從歷史、地理還是從法理的角度來看，釣魚島都是中國的固有領土，中國對其擁有無可爭辯的主權。

日本在一八九五年利用甲午戰爭竊取釣魚島是非法無效的。第二次世界大戰後，根據《開羅宣言》和《波茨坦公告》等國際法律文件，釣魚島回歸中國。無論日本對釣魚島采取任何單方面舉措，都不能改變釣魚島屬於中國的事實。長期以來，日本在釣魚島問題上不時製造事端。二〇一二年九月十日，日本政府宣布「購買」釣魚島及附屬的南小島、北小島，實施所謂「國有化」。這是對中國領土主權的嚴重侵犯，是對歷史事實和國際法理的嚴重踐踏。

中國堅決反對和遏制日本采取任何方式侵犯中國對釣魚島的主權。中國在釣魚島問題上的立場是明確的、一貫的，維護國家主權和領土完整的意志堅定不移，捍衛世界反法西斯戰爭勝利成果的決心毫不動搖。

釣魚島是中國的固有領土

釣魚島及其附屬島嶼位於中國臺灣島的東北部，是臺灣的附屬島嶼，分布在東經123°20'–124°40'，北緯25°40'–26°00'之間的海域，由釣魚島、黃尾嶼、赤尾嶼、南小島、北小島、南嶼、北嶼、飛嶼等島礁組成，總面積約五·六九平方千米。釣魚島位於該海域的最西端，面積約三·九一平方千米，是該海域面積最大的島嶼，主峰海拔三六二米。黃尾嶼位於釣魚島東北約二十七千米，面積約〇·九一平方千米，是該海域的第二大島，最高海拔一一七米。赤尾嶼位於釣魚島東北約一一〇千米，是該海域最東端的島嶼，面積約〇·〇六五平方千米，最高海拔七十五米。

①中國最先發現、命名和利用釣魚島

中國古代先民在經營海洋和從事海上漁業的實踐中，最早發現釣魚島並予以命名。在中國古代文獻中，釣魚島又稱釣魚嶼、釣魚臺。目前所見最早記載釣魚島、赤尾嶼等地名的史籍，是成書于一四〇三年（明永樂元年）的《順風相送》。這表明，早在十四、十五世紀中國就已經發現並命名了釣魚島。

一三七二年（明洪武五年），琉球國王向明朝朝貢，明太祖遣使前往琉球。至一八六六年（清同治五年）近五百年間，明清兩代朝廷先後廿四次派遣使臣前往琉球王國冊封，釣魚島是冊封使前往琉球的途經之地，有關釣魚島的記載大量出現在中國使臣撰寫的報告中。如，明朝冊封使陳侃所著《使琉球錄》（一五三四年）明確記載：「過釣魚嶼，過黃毛嶼，過赤嶼，……見古米山，乃屬琉球者。」明朝冊封使郭汝霖所著《使琉球錄》（一五六二年）記載：「赤嶼者，界琉球地方山也。」清朝冊封副使徐葆光所著《中山傳信錄》（一七一九年）明確記載，從福建到琉球，經花瓶嶼、彭佳嶼、釣魚島、黃尾嶼、赤尾嶼，「取姑米山（琉球西南方界上鎮山）、馬齒島，入琉球那霸港」。

一六五〇年，琉球國相向象賢監修的琉球國第一部正史《中山世鑑》記載，古米山（亦稱姑米山，今久米島）是琉球的領土，而赤嶼（今赤尾嶼）及其以西則非琉球領土。1708年，琉球學者、紫金大夫程順則所著《指南廣義》記載，姑米山為「琉球西南界上之鎮山」。

以上史料清楚記載著釣魚島、赤尾嶼屬於中國，久米島屬於琉球，分界線在赤尾嶼和久米島之間的黑水溝（今沖繩海槽）。明朝冊封副使謝杰所著《琉球錄撮要補遺》（一五七九年）記載：「去由滄水入黑水，歸由黑水入滄水。」明朝冊封使夏子陽所著《使琉球錄》（一六〇六年）記載：「水離黑入滄，必是中國之界。」清朝冊封使汪輯所著《使琉球雜錄》（一六八三年）記載，赤嶼之外的「黑水溝」即是「中外之界」。清朝冊封副使周煌所著《琉球國志略》（一七五六年）記載琉球：「海面西距黑水溝，與閩海界。」

釣魚島海域是中國的傳統漁場，中國漁民世世代代在該海域從事漁業生產活動。釣魚島作為航海標誌，在歷史上被中國東南沿海民眾廣泛利用。

②中國對釣魚島實行了長期管轄

早在明朝初期，為防禦東南沿海的倭寇，中國就將釣魚島列入防區。一五六一年（明嘉靖四十年），明朝駐防東南沿海的最高將領胡宗憲主持、鄭若曾編纂的《籌海圖編》一書，明確將釣魚島等島嶼編入〈沿海山沙圖〉，納入明朝的海防範圍內。一六〇五年（明萬歷卅三年）徐必達等人繪制的《乾坤一統海防全圖》及一六二一年（明天啟元年）茅元儀繪制的中國海防圖《武備志．海防二．福建沿海山沙圖》，也將釣魚島等島嶼劃入中國海疆之內。

清朝不僅沿襲了明朝的做法，繼續將釣魚島等島嶼列入中國海防範圍內，而且明確將其置于臺灣地方政府的行政管轄之下。清代《臺海使槎錄》、《臺灣府志》等官方文獻詳細記載了對釣魚島的管轄情況。一八七一年（清同治十年）刊印的陳壽祺等編纂的《重纂福建通志》卷八十六將釣魚島列入海防沖要，隸屬臺灣府噶瑪蘭廳（今臺灣省宜蘭縣）管轄。

③中外地圖標繪釣魚島屬於中國

一五七九年（明萬歷七年）明朝冊封使蕭崇業所著《使琉球錄》中的〈琉球過海圖〉、一六二九年（明崇禎二年）茅瑞徵撰寫的《皇明象胥錄》、一七六七年（清乾隆卅二年）繪制的《坤輿全圖》、一八六三年（清同治二年）刊行的《皇朝中外一統輿圖》等，都將釣魚島列入中國版圖。

日本最早記載釣魚島的文獻為一七八五年林子平所著《三國通覽圖說》的附圖〈琉球三省並卅六島之圖〉，該圖將釣魚島列在琉球卅六島之外，並與中國大陸繪成同色，意指釣魚島為中國領土的一部分。

一八〇九年法國地理學家皮耶．拉比等繪《東中國海沿岸各國圖》，將釣魚島、黃尾嶼、赤尾嶼繪成與臺灣島相同的顏色。一八一一年英國出版的《最新中國地圖》、一八五九年美國出版的《柯頓的中國》、一八七七年英國海軍編制的《中國東海沿海自香港至遼東灣海圖》等地圖，都將釣魚島列入中國版圖。

日本竊取釣魚島

日本在明治維新以後加快對外侵略擴張。一八七九年，日本吞並琉球並改稱沖繩縣。此後不久，日本便密謀侵占釣魚島，並於甲午戰爭末期將釣魚島祕密「編入」版圖。隨後，日本又迫使中國簽訂不平等的《馬關條約》，割讓臺灣全島及包括釣魚島在內的所有附屬各島嶼。

①日本密謀竊取釣魚島

一八八四年，有日本人聲稱首次登上釣魚島，發現該島為「無人島」。日本政府隨即對釣魚島開展祕密調查，並試圖侵占。日本上述圖謀引起中國的警覺。一八八五年九月六日（清光緒十一年七月廿八日）《申報》登載消息：「臺灣東北邊之海島，近有日本人懸日旗于其上，大有占據之勢。」由於顧忌中國的反應，日本政府未敢輕舉妄動。

一八八五年九月廿二日沖繩縣令在對釣魚島進行祕密調查後向內務卿山縣有朋密報稱，這些無人島「與《中山傳信錄》記載的釣魚臺、黃尾嶼和赤尾嶼應屬同一島嶼」，已為清朝冊封使船所詳悉，並賦以名稱，作為赴琉球的航海標識，因此對是否應建立國家標樁心存疑慮，請求給予指示。同年十月九日，內務卿山縣有朋致函外務卿井上馨徵求意見。十月廿一日，井上馨復函山縣有朋認為，「此刻若有公然建立國標等舉措，必遭清國疑忌，故當前宜僅限於實地調查及詳細報告其港灣形狀、有無可待日後開發之土地物產等，而建國標及著手開發等，可待他日見機而作」。井上馨還特意強調，「此次調查之事恐均不刊載官報及報紙為宜」。因此，日本政府沒有同意沖繩縣建立國家標樁的請求。

一八九〇年一月十三日，沖繩縣知事又請示內務大臣，稱釣魚島等島嶼「為無人島，迄今尚未確定其管轄」，「請求將其划歸本縣管轄之八重山官署所轄」。一八九三年十一月二日，沖繩縣知事再次申請建立國標以划入版圖。日本政府仍未答復。甲午戰爭前兩個月，即一八九四年五月十二日，沖繩縣祕密調查釣魚島的最終結論是：「自明治十八年（一八八五年）派縣警察對該島進行勘察以來，未再開展進一步調查，故難提供更確切報告。……此外，沒有關於該島之舊時記錄文書以及顯示屬我國領有的文字或口頭傳說的證據。」

日本外務省編纂的《日本外交文書》明確記載了日本企圖竊取釣魚島的經過，相關文件清楚地顯示，當時日本政府雖然覬覦釣魚島，但完全清楚這些島嶼屬於中國，不敢輕舉妄動。

一八九四年七月，日本發動甲午戰爭。同年十一月底，日本軍隊占領中國旅順口，清朝敗局已定。在此背景下，十二月廿七日，日本內務大臣野村靖致函外務大臣陸奥宗光，認為「今昔形勢已殊」，要求將在釣魚島建立國標、納入版圖事提交內閣會議決定。一八九五年一月十一日，陸奥宗光回函表示支持。同年一月十四日，日本內閣祕密通過決議，將釣魚島「編入」

沖繩縣管轄。

日本官方文件顯示，日本從一八八五年開始調查釣魚島到一八九五年正式竊占，始終是祕密進行的，從未公開宣示，因此進一步證明其對釣魚島的主權主張不具有國際法規定的效力。

②釣魚島隨臺灣島被迫割讓給日本

一八九五年四月十七日，清朝在甲午戰爭中戰敗，被迫與日本簽署不平等的《馬關條約》，割讓「臺灣全島及所有附屬各島嶼」。釣魚島等作為臺灣「附屬島嶼」一並被割讓給日本。一九〇〇年，日本將釣魚島改名為「尖閣列島」。

美日對釣魚島私相授受非法無效

第二次世界大戰後，釣魚島回歸中國。但廿世紀五十年代，美國擅自將釣魚島納入其托管範圍，七十年代美國將釣魚島「施政權歸還日本」。美日對釣魚島進行私相授受，嚴重侵犯了中國的領土主權，是非法的、無效的，沒有也不能改變釣魚島屬於中國的事實。

①「二戰」後釣魚島歸還中國

一九四一年十二月，中國政府正式對日宣戰，宣布廢除中日之間的一切條約。一九四三年十二月《開羅宣言》明文規定，「日本所竊取於中國之領土，例如東北四省、臺灣、澎湖群島等，歸還中華民國。其他日本以武力或貪欲所攫取之土地，亦務將日本驅逐出境」。一九四五年七月《波茨坦公告》第八條規定：「《開羅宣言》之條件必將實施，而日本之主權必將限於本州、北海道、九州、四國及吾人所決定之其他小島。」一九四五年九月二日，日本政府在《日本投降書》中明確接受《波茨坦公告》，並承諾忠誠履行《波茨坦公告》各項規定。一九四六年一月廿九日，《盟軍最高司令部訓令第六七七號》明確規定了日本施政權所包括的範圍是「日本的四個主要島嶼（北海道、本州、九州、四國）及包括對馬諸島、北緯卅度以北的琉球諸島的約一千個鄰近小島」。一九四五年十月廿五日，中國戰區臺灣省對日受降典禮在臺北舉行，中國政府正式收復臺灣。一九七二年九月廿九日，日本政府在《中日聯合聲明》中鄭重承諾，充分理解和尊重中方關於臺灣是中國不可分割一部分的立場，並堅持《波茨坦公告》第八條的立場。

上述事實表明，依據《開羅宣言》、《波茨坦公告》和《日本投降書》，釣魚島作為臺灣的附屬島嶼應與臺灣一並歸還中國。

②美國非法將釣魚島納入托管範圍

一九五二年九月八日，美國等一些國家在排除中國的情況下，與日本締結了〈舊金山對日和平條約〉（簡稱〈舊金山和約〉），規定北緯廿九度以南的西南諸島等交由聯合國托管，而美國為唯一施政當局。需要指出的是，該條約所確定的交由美國托管的西南諸島並不包括釣魚島。

一九五二年二月廿九日、一九五三年十二月廿五日，琉球列島美國民政府先後發布第六十八號令（即《琉球政府章典》）和第廿七號令（即關於「琉球列島的地理界限」布告），擅自擴大托管範圍，將中國領土釣魚島划入其中。此舉沒有任何法律依據，中國堅決反對。

③美日私相授受釣魚島「施政權」

一九七一年六月十七日，美日簽署《關於琉球諸島及大東諸島的協定》（簡稱「歸還沖繩協定」），將琉球群島和釣魚島的「施政權」「歸還」給日本。海內外中國人對此同聲譴責。同年十二月卅日，中國外交部發表嚴正聲明指出：「美、日兩國政府在『歸還』沖繩協定中，把我國釣魚島等島嶼列入『歸還區域』，完全是非法的，這絲毫不能改變中華人民共和國對釣魚島等島嶼的領土主權。」臺灣當局對此也表示堅決反對。

面對中國政府和人民的強烈反對，美國不得不公開澄清其在釣魚島主權歸屬問題上的立場。一九七一年十月，美國政府表示：「把原從日本取得的對這些島嶼的施政權歸還給日本，毫不損害有關主權的主張。美國既不能給日本增加在他們將這些島嶼施政權移交給我們之前所擁有的法律權利，也不能因為歸還給日本施政權而削弱其他要求者的權利。……對此等島嶼的任何爭議的要求均為當事者所應彼此解決的事項。」同年十一月，美國參議院批准「歸還沖繩協定」時，美國國務院發表聲明稱，儘管美國將該群島的施政權交還日本，但是在中日雙方對群島對抗性的領土主張中，美國將採取中立立場，不偏向于爭端中的任何一方。

日本主張釣魚島主權毫無依據〉

一九七二年三月搭日，日本外務省發表《關於尖閣列島所有權問題的基本見解》，闡述日本政府對於釣魚島主權歸屬問題的主張：一是釣魚島為「無主地」，不包含在《馬關條約》規定的由清政府割讓給日本的澎湖列島和臺灣及其附屬島嶼的範圍之內。二是釣魚島不包含在〈舊金山和約〉第二條規定的日本所放棄的領土之內，而是包含在該條約第三條規定的作為西南諸島的一部分被置于美國施政之下，並根據「歸還沖繩協定」將施政權「歸還」日本的區域內。三是中國沒有將釣魚島視為臺灣的一部分，對「舊金山和約」第三條規定將釣魚島置于美國施政區域內從未提出過任何異議。

日本的上述主張嚴重違背事實，是完全站不住腳的。

釣魚島屬於中國，根本不是「無主地」。在日本人「發現」釣魚島之前，中國已經對釣魚島實施了長達數百年有效管轄，是釣魚島無可爭辯的主人。如前所述，日本大量官方文件證明，日本完全清楚釣魚島早已歸屬中國，絕非國際法上的無主地。日本所謂依據「先占」原則將釣魚島作為「無主地」「編入」其版圖，是侵占中國領土的非法行為，不具有國際法效力。

無論從地理上還是從中國歷史管轄實踐看，釣魚島一直是中國臺灣島的附屬島嶼。日本通過不平等的《馬關條約》迫使清朝割讓包括釣魚島在內的「臺灣全島及所有附屬各島嶼」。

《開羅宣言》、《波茨坦公告》等國際法律文件規定，日本必須無條件歸還其竊取的中國領土。上述文件還對日本領土範圍作了明確界定，其中根本不包括釣魚島。日本試圖侵占釣魚島，實質是對《開羅宣言》和《波茨坦公告》等法律文件所確立的戰後國際秩序的挑戰，嚴重違背了日本應承擔的國際法義務。

美國等國家與日本簽訂的片面媾和條約「舊金山和約」所規定的托管範圍不涵蓋釣魚島。美國擅自擴大托管範圍，非法將中國領土釣魚島納入其中，後將釣魚島「施政權」「歸還」日本，都沒有任何法律依據，在國際法上沒有任何效力。對於美日上述非法行徑，中國政府和人民歷來是明確反對的。

中國為維護釣魚島主權進行堅決鬥爭

長期以來，中國為維護釣魚島的主權進行了堅決鬥爭。

中國通過外交途徑強烈抗議和譴責美日私相授受釣魚島。一九五一年八月十五日，舊金山會議召開前，中國政府聲明：「對日和約的準備、擬制和簽訂，如果沒有中華人民共和國的參加，無論其內容和結果如何，中央人民政府一概認為是非法的，因而也是無效的。」一九五一年九月十八日，中國政府再次聲明，強調「舊金山和約」是非法無效的，絕對不能承認。一九七一年，針對美、日兩國國會先後批准「歸還沖繩協定」的行為，中國外交部嚴正聲明，釣魚島等島嶼自古以來就是中國領土不可分割的一部分。

針對日本侵犯中國釣魚島主權的非法行徑，中國政府采取積極有力措施，通過發表外交聲明、對日嚴正交涉和向聯合國提交反對照會等舉措表示抗議，鄭重宣示中國的一貫主張和原則立場，堅決捍衛中國的領土主權和海洋權益，切實維護中國公民的人身和財產安全。

中國通過國內立法明確規定釣魚島屬於中國。一九五八年，中國政府發表領海聲明，宣布臺灣及其周圍各島屬於中國。針對日本自廿世紀七〇年代以來對釣魚島所采取的種種侵權行為，中國于一九九二年頒布《中華人民共和國領海及毗連區法》時，明確規定「臺灣及其包括釣魚島在內的附屬各島」屬於中國領土。二〇〇九年頒布的《中華人民共和國海島保護法》確立了海島保護開發和管理制度，對海島名稱的確定和發布作了規定，據此，中國于二〇一二年三月公布了釣魚島及其部分附屬島嶼的標準名稱。二〇一二年九月十日，中國政府發表聲明，公布了釣魚島及其附屬島嶼的領海基線。九月十三日，中國政府向聯合國祕書長交存釣魚島及其附屬島嶼領海基點基線的坐標表和海圖。

中國始終在釣魚島海域保持經常性的存在，並進行管轄。中國海監執法船在釣魚島海域堅持巡航執法，漁政執法船在釣魚島海域進行常態化執法巡航和護漁，維護該海域正常的漁業生產秩序。中國還通過發布天氣和海洋觀測預報等，對釣魚島及其附近海域實施管理。

一直以來，釣魚島問題受到港澳同胞、臺灣同胞和海外僑胞的共同關注。釣魚島自古以來就是中國的固有領土，這是全體中華兒女的共同立場。中華民族在維護國家主權和領土完整問題上有著堅定的決心。兩岸同胞在民族大義面前，在共同維護民族利益和尊嚴方面，是一致的。港澳臺同胞和海內外廣大華僑華人紛紛開展各種形式的活動，維護釣魚島領土主權，強烈表達了中華兒女的正義立場，向世界展示了中華民族愛好和平、維護國家主權、捍衛領土完整的決心和意志。

結語

釣魚島自古以來就是中國的固有領土，中國對其擁有無可爭辯的主權。二十世紀七〇年代，中日在實現邦交正常化和締結《中日和平友好條約》時，兩國老一輩領導人著眼兩國關係大局，就將「釣魚島問題放一放，留待以後解決」達成諒解和共識。但近年來，日本不斷對釣魚島采取單方面舉措，特別是對釣魚島實施所謂「國有化」，嚴重侵犯中國主權，背離中日兩國老一輩領導人達成的諒解和共識。這不但嚴重損害了中日關係，也是對世界反法西斯戰爭勝利成果的否定和挑戰。

中國強烈敦促日本尊重歷史和國際法，立即停止一切損害中國領土主權的行為。中國政府捍衛國家領土主權的決心和意志是堅定不移的，有信心、有能力捍衛國家主權，維護領土完整。

（出處：中華人民共和國駐日本國大使館）

臺灣方面

1 日本竊占釣魚臺列嶼之史實（二〇一二年九月廿八日）

我國史料：

①明永樂元年（一四〇三），我國《順風相送》一書首提釣魚臺，顯示該列嶼係我國最早發現、命名及使用。

②嘉靖十三年（一五三四）陳侃的《使琉球錄》亦載明該列嶼之地理位置。

③明代倭患甚劇，嘉靖四十年（一五六一）鄭若曾編纂《萬里海防圖》，將釣魚臺列嶼列入；嘉靖四十一年（一五六二），兵部尚書胡宗憲將該列嶼列入《籌海圖編》之「沿海山沙圖」。

④清康熙廿二年（一六八三），清廷正式將臺灣納入大清版圖，釣魚臺亦以臺灣附屬島嶼身分一併納入，說明該列嶼早為大清版圖，並非無主地。

⑤清康熙柳十一年（一七二二）御史黃叔璥《臺海使槎錄》卷二《武備》列出臺灣府水師船艇巡邏航線，並稱「山后大洋北，有山名釣魚臺，可泊大船十餘。」

⑥乾隆十二年（一七四七）范成《重修臺灣府志》及乾隆廿九年（一七六四）余文儀《續修臺灣府志》均全文轉錄黃叔璥之記載。

⑦咸豐二年（一八五二年）陳淑均《噶瑪蘭廳志》記載「山後大洋有嶼名釣魚臺，可泊巨舟十餘艘。」

⑧同治十年（一八七一）陳壽祺《重纂福建通志》記載「又後山大洋，北有釣魚臺，港深可泊大船千艘」，並將該列嶼更列入噶瑪蘭廳（今宜蘭縣）所轄。

⑨同治十一年（一八七二）臺灣知府周懋琦所著《全臺圖說》記載「山後大洋有嶼名釣魚臺，可泊巨舟十餘艘。」

日方史料：

①清乾隆五十年（一七八五）日人林子平刊行《三國通覽圖說．琉球三省并卅六島之圖》，將該列嶼與中國同繪為紅色，證明釣魚臺列嶼屬中國，而非琉球領土。

②光緒五年（一八七九）琉球紫金大夫向德宏在覆日本外務卿寺島函中，確認琉球為卅六島，而久米島與福州之間「相綿亙」的島嶼為中國所有。

③光緒六年（一八八〇）日本駐華公使向清朝總理各國事務衙門提出「二分琉球」擬案中，證明中、琉間並無「無主地」之存在。

④光緒十一年（一八八五）日本內務卿山縣有朋密令沖繩縣令西村捨三勘查釣魚臺列嶼以

設立國標，惟西村回報稱：此列嶼係經中國命名，且使用多年、載之史冊，如勘查後即建立國標，恐未妥善，建議暫緩。山縣乃秘密徵詢外務卿井上馨，井上以極密函件「親展第卅八號」復以「清國對各島已有命名」，且明治政府自忖力量不足，乃未敢妄動，決定「當以俟諸他日為宜」。

⑤光緒廿一年（一八九五），日本鑒於甲午之戰勝利在望，乃以「今昔情況已殊」為由，秘密核准沖繩縣於釣魚臺設立「國標」。然而日本政府此一行動並未依據正常程序透過天皇敕令或以任何官方公告方式發布，因此外界毫無所悉。事實上，沖繩縣當時亦未設立「國標」，直到一九六八年相關爭端發生後才設立。

國際法：

①日本趁甲午之戰中國戰敗之際竊占釣魚臺列嶼；中日甲午戰爭後所簽訂之馬關條約第二款第二項規定將「臺灣全島及所有附屬各島嶼」割讓予日本，而釣魚臺列嶼本屬臺灣之附屬島嶼，因此法理上該列嶼亦隨臺灣割讓予日本。

②一九四一年，我國在珍珠港事變後一日對日本宣戰時，即表示涉及中日關係所締結的一切條約、協定、合同一律廢止。

③一九四三年十一月廿六日中華民國、美國、與英國共同發布的《開羅宣言》（Cairo Declaration）中，亦明定「在使日本所竊取於中國之領土，例如東北四省、臺灣、澎湖

群島等，必須歸還中華民國，其他日本以武力或貪慾所攫取之土地，亦務將日本驅逐出境」。

④一九四五年七月同盟國之《波茨坦公告》（Potsdam Proclamation）第八條復規定：「開羅宣言之條件，必須實施，而日本之主權將限於本州、北海道、九州、四國，及吾人所決定之其他小島」。一九四五年九月二日，日本天皇向盟軍統帥無條件投降所簽署的「日本降伏文書」（Japanese Instrument of Surrender）中亦明白宣示接受波茨坦公告。

⑤一九五二年我國與日本在臺北簽訂的「中日和約」第二條中，日本亦已放棄對臺灣、澎湖之主權；第四條規定中日之間在一九四一年以前所簽條約（含馬關條約）因戰爭結果而歸於無效；第十條承認臺灣及澎湖居民之中華民國國籍。本條約照會第一號復規定本條約適用於中華民國之領土。

⑥上述這些文件對日本具有國際法之約束力。釣魚臺列嶼係日本在甲午戰爭之後連同臺灣一併占據之我國領土，依據《開羅宣言》、《波茨坦公告》、《日本降伏文書》及《中日和約》，自應歸還中華民國。

（出處：中華民國（臺灣）外交部 http://www.taiwanembassy.org/jp）

2 外交部：馬總統提出「東海和平倡議」，呼籲相關各方和平處理釣魚臺列嶼爭議（二〇一二年八月六日）

馬總統八月五日上午在臺北賓館出席外交部與國史館共同舉辦的「中日和約生效六十週年紀念特展暨座談會」。總統在致詞時表示，近來釣魚臺列嶼緊張情勢日益升高，令人深感憂心，為緩和此一情勢，特提出「東海和平倡議」，呼籲相關各方自我克制，擱置爭議，以和平方式處理爭端，並尋求共識、研訂東海行為準則及建立機制共同開發東海資源，以確保東海之和平：

釣魚臺列嶼為臺灣之附屬島嶼，位於臺灣東北方，離臺灣最近，距基隆僅一〇二浬，在行政管轄上屬於宜蘭縣頭城鎮大溪里，不論從歷史、地理、地質、使用及國際法等觀點來看，其為我國固有領土，毋庸置疑，因此對於釣魚臺列嶼爭議問題，由我國提出東海和平倡議，最為適當，亦深具意義。

中華民國為一愛好和平的國家，我政府一向主張，國際爭端應依聯合國憲章規定，以和平方式解決，對釣魚臺列嶼問題向持「主權在我、擱置爭議、和平互惠、共同開發」之立場。

由於東海區域位居太平洋海空交通之樞紐，此問題攸關亞太區域、乃至世界安定與和平。為避免東海區域陷入不穩定狀態，東海爭議宜透過多邊機制以和平對話方式解決爭端。我政府鄭重提出「東海和平倡議」，呼籲：

相關各方——

1.應自我克制，不升高對立行動。

2.應擱置爭議，不放棄對話溝通。

3.應遵守國際法，以和平方式處理爭端。

4.應尋求共識，研訂「東海行為準則」。

5.應建立機制，合作開發東海資源。

今日適逢中日和約生效六十週年，六十年前的今天，中華民國與日本正式結束為時八年、死傷超過二千五百萬人的慘烈戰爭。六十年來，東亞各國經濟快速發展，朝氣蓬勃；可惜，近年來因釣魚臺列嶼問題所引起之爭議不斷，最近該地區之緊張情勢，尤令人擔心會進一步危及東亞地區之和平與穩定。我們顧念和平與繁榮得來不易，實不願見東亞再有類似的浩劫發生。

因之，我政府希望藉由「東海和平倡議」，呼籲相關各方嚴肅面對當前東海領土爭議可能引發的嚴重後果，希望各方承諾以和平方式處理爭端，維持東海和平。

吾人了解在南海方面，相關各方於十年前已達成「南海各方行為宣言」（Declaration on

the Conduct of Parties in the South China Sea，DOC），承諾通過友好協商及談判，以和平方式解決南海之領土及主權爭議，不訴諸武力或以武力相威脅，現在更就「南海各方行為準則」（Code of Conduct in the South China Sea，COC）展開協商，盼相關各方以和平方式解決南海爭議之承諾賦予法律拘束力，以避免衝突。

在東海部分，我政府亦盼相關各方協商依據聯合國憲章，及一九八二年聯合國海洋法公約第二百七十九條規定，以和平方式解決爭端，共同訂定「東海行為準則」，就相關各方對領土主權及資源利用等問題之行為加以規範。

國家領土及主權無法分割，但天然資源可以分享，世界上有主權爭議的海域及島嶼不在少數，歐洲的北海油田開發為一成功案例。我方提出「東海和平倡議」，即盼相關各方擱置爭議，進而建立合作機制，共同開發東海資源，並擴大到生態保育、海上救難、打擊犯罪等各方面，讓相關各方努力促使東海成為「和平與合作之海」。

（出處：中華民國（臺灣）外交部 http://www.taiwanembassy.org/jp）

3

馬總統前往彭佳嶼視察，發表重要談話（二〇一二年九月十日）

馬英九總統九月七日下午，在國家安全會議秘書長胡為真、內政部長李鴻源、國防部長高華柱、海岸巡防署署長王進旺、外交部次長董國猷等人陪同前往彭佳嶼視察，並發表重要談話。

總統談話重點如下：

我擔任總統四年多來，一直有個願望，希望踏遍臺灣每一個角落，包括彭佳嶼在內，其實在八月五日提出「東海和平倡議」前就有這個規劃。而我提出「東海和平倡議」後，也得到國內外許多迴響，隨後香港人與日本人先後登上釣魚臺列嶼，大陸二十個城市舉行激烈的反日示威，釣魚臺列嶼爭議再度成為國際社會及新聞焦點。東海情勢發展日益惡化，「東海和平倡議」也逐漸得到更多重視。今天我來彭佳嶼，不只是宣示我國對釣魚臺列嶼的主權，更要依據「東海和平倡議」的精神，提出後續執行步驟，達到東海和平與合作的目標。

首先從彭佳嶼談起。彭佳嶼面積一．一四平方公里，只有釣魚臺的四分之一，南距基隆卅三浬、往東七十六浬，彭佳嶼及釣魚臺都是臺灣的附屬島嶼，而彭佳嶼就是距離釣魚臺最近的臺灣附屬島嶼。

在行政區劃上，彭佳嶼屬於基隆市中正區，釣魚臺列嶼則屬於宜蘭縣頭城鎮大溪里。在地質上，兩島都是位於東海大陸礁層邊緣的火山島嶼，與臺灣北部的觀音山、大屯山一脈相連，這些火山島隔著水深達二千七百一十七米的沖繩海槽與琉球群島相望，由此可知，彭佳嶼、釣魚臺與對面琉球群島的地質截然不同。

在資源上，彭佳嶼及釣魚臺都盛產鯖魚、鰹魚及參魚，是臺灣東北區漁民超過百年的大漁場，因為季風與洋流的關係，臺灣漁民來此較方便，琉球漁民則較少逆風頂流到此捕魚。日據時期，日本總督府曾在一九二〇年正式將釣魚臺列嶼周邊海域，劃為臺灣漁民「鰹魚漁場」。五年後一九二五年，總督府出版的《臺灣水產要覽》再度公告釣魚臺列嶼為臺灣的「重要漁場」。

然在一九七〇年代釣魚臺列嶼爭議發生後，臺灣漁民在該地作業，就常受到日本海上保安廳船艦的干擾，魚獲量大減，以民國一〇〇年為例，釣魚臺列嶼海域的魚獲量三千四百噸，不到北方三島海域七萬七千噸的五％。最近聽到有不少民眾反映：中華民國是對日本最友好的國家，日本為什麼要干擾臺灣漁民到他們傳統的漁場捕魚？這個問題確實值得我們深思。

我今天來所要強調的，不只是宣示我國對釣魚臺列嶼的主權，更重要的是尋求一個務實而具體的方式來解決此一爭議。所以我提出的「東海和平倡議」，就是將釣魚臺列嶼爭議處理主張，即「主權在我、擱置爭議、和平互惠、共同開發」予以具體化。有關釣魚臺的主權，一八九五年一月（清光緒廿一年，日明治廿八年）日本政府決定兼併釣魚臺列嶼，是在甲午戰爭戰勝後違反國際法的侵略行為，因為當時釣魚臺列嶼是清朝的領土，屬臺灣省噶瑪蘭廳（今宜蘭），並不是「無主土地」。

此外，日本的侵占行動並未依規定經過天皇發布敕令昭告世界，外界並不知悉，故這種竊占在國際法上「自始無效」，並不能拘束當時的清廷，更不能拘束現在的中華民國。因此，我國絕不會片面擱置爭議，片面放棄我們的主張，而是各方應同時擱置爭議，同時以和平方式解決爭議，共同開發合作，這才是解決爭議最好的方法。

中華民國是國際社會負責任的一員，我們非常審慎理性地處理此一問題，希望在不影響東亞安全與和平的原則下，逐步推動。我也要特別呼籲國內在野政黨在此一議題上，停止對立與內耗，應該團結一致。釣魚臺列嶼自明朝開始就是臺灣的附屬島嶼，我們爭取釣魚臺是為了我們的漁民，爭取百年來傳統漁場的固有權益；我們千萬不要辜負臺灣漁民的期待，希望大家共同努力、不要再內耗，共同團結起來。

過去四年來，我推動「活路外交」、臺日「特別夥伴關係」以及改善兩岸關係，使得兩岸及臺日關係分別處於六十年來及四十年來最友好的狀態，我真的非常希望這種狀態能持續下去，因為這對大家都是有利的，但若要延續這種友好關係就要儘快共同擱置爭議，進行和平對話。

簡單地說，「東海和平倡議」的目的係在漁業、礦業、海洋科學研究、海洋環境保護、海上安全及非傳統安全等各項議題共同合作。其方式分成兩個階段來推動，第一階段從「和平對話、互惠協商」開始，最後達成「資源共享、合作開發」。至於如何具體落實上述兩階段，我提出從「三組雙邊對話」到「一組三邊協商」，其基本概念即國家主權無法分割，但天然資源可以分享。如果我們各方都有共識地擱置主權爭議，再以和平合作的精神探討共同開發的可行性，如此就能逐漸達成資源共享的目標。

過去歐洲北海各國間也有主權爭議，但卻能透過彼此協商共同開採油氣，分享資源，讓「布崙特原油」（Brent crude）成為國際知名的品牌。從歐洲北海到亞洲東海，我相信只要涉及議題的各方用「以對話取代對抗」、「以協商擱置爭議」的方式，就能達到「擱置爭議、共創雙贏、共同開發、共享資源」的目標。

各方可先從三組雙邊對話開始，即臺灣與日本、臺灣與中國大陸、日本與中國大陸。有了共識之後，再逐步走向三邊共同協商，具體來說，就是從「三組雙邊對話」，到「一組三邊協商」。目前日本與大陸有漁業及石油的雙邊協議，我國與日本有漁業協定的談判，兩岸在臺灣海峽早有油氣合作探勘及海上救難的合作；這些現存的雙邊互動機制，雖不盡順利，有的甚至徒具形式，但都可以用來做為擴大合作的基礎，踏出第一步。

在國際社會，一般主權糾紛的和平解決方式有四種，包括談判（協商）、調解（斡旋）、仲裁、訴訟，這些方式不必然互相排斥，但都得先從談判（協商）開始。從正面的角度來看，由於三方無法協商，使得東海豐富資源閒置四十年，在油價高漲、糧食短缺的今天，實在是無謂的浪費。

日本曾向韓國提議以國際法院訴訟來解決獨島（竹島）爭議，日前我接受「日本放送協會」（NHK）訪問時，也曾提出司法解決的建議，訴訟如不可行，只要有共識，國際仲裁或調解也未嘗不可。但不管是何種方案，雙方都要先對話協商，如果不採取此種方式，讓衝突繼續升高，我相信對東海和平與穩定都將造成非常負面的影響。

我上任以來，一向堅持維護我漁民在釣魚臺海域作業的權利，只要是合法出海作業的漁船，我海巡艦艇一定予以保護。海巡署至少有一艘以上的艦艇，在該海域日夜執行護漁勤務，過去四年多來，海巡署船艦共有十次在護漁行動時與日本海上保安廳的船艦對峙，最長曾有五小時之久，充分展現我政府保疆護漁的積極作為。中華民國是兩岸四地中唯一經常性以公務船艦有效捍衛我國海疆、保護我國漁民的政府。

海巡健兒在王進旺署長領導下，在波濤洶湧的大海上，勇往直前、不畏艱難地執行護漁勤務，我在此要為海巡健兒們喝采！

古有明訓，「工欲善其事，必先利其器」，我上任後，首要之務即為推動「強化海巡編裝」專案，核撥二百四十億元預算，分年新建及延壽共計四十一艘海巡艦艇，以提升海域執法能量，目前陸續交船八艘（共三千六百噸），預定民國一〇五年再增十艘（共一萬四千一百噸）服勤，相信有了這些生力軍將可大幅提升我國安全執法能量。

過去海軍執行維護海疆任務，或是海巡署執法護漁，都是為了達成和平、安全與穩定的目標，也符合「東海和平倡議」的精神。中華民國是一個愛好和平的國家，政府一定會誓死捍衛國家主權及保障漁民安全。

稍早，我與海巡署勤務指揮中心、南沙及東沙指揮部視訊通聯，看到海巡健兒為國家鎮守海疆，內心非常感動與感謝。希望大家全力保護國家安全及人民權益，也期盼我今天所提出的具體步驟能成為未來東海和平與合作的起點，讓這個世界經濟成長最快速的地區，繼續維持和平與繁榮的未來。

（出處：中華民國（臺灣）外交部 http://www.taiwanembassy.org/jp）

結語

從事新聞記者的工作之初，正好是四十年前的往事，也就是一九七二年日中邦交正常化的那一年開始的。

最初赴任地的神戶，正因為是港都的關係而與中國有許多歷史情緣。當年田中角榮首相在北京簽署建立邦交的聯合聲明時，擔任周恩來首相的翻譯人選是身材瘦小的林麗韞女士。當時聽說她是神戶長大的華僑時，記得我心中湧上一陣與有榮焉的欣喜。可是在那之後經過了四十年，今年是日中關係最糟糕的一年。

從起初的赴任地神戶調回東京總社後，約卅年間，我一直來回於香港或臺北之間持續「觀察中國」（China Watch），可是像這回般的關係惡化已是遠遠超乎想像的。

但也不全都只有壞事而已。傳聞可能發生武力衝突危機的二〇一二年九月廿五日，以作家大江健三郎為首，超過一千兩百名日本民眾以〈終止「領土問題」的惡性循環〉為題提出緊急聲明。對此，一群中國知識分子於十月四日發表了〈讓中日關係回歸理性〉為題的回應聲明。短短一週內，就已超過六百名連署，其中還包括女性作家崔衛平及民運人士胡佳等人，他們都是在當局監視下的知識分子。

當我向日本大學生介紹這件事的時候，在場也有中國留學生表示：「勇氣可嘉！」可想而知，聲援連署的熱情不斷攀升。

中國的輿論並非只有一種聲音。

各式各樣的聲音，越過了國境，傳入我們的耳裡。如同本書「前言」所提到的：「越過境界後，文化與人的連接，其共有意識的擴展，狹隘的國家主義將逐漸融化。」四十年前的邦交正常化，雖然是歷史上的必然，但這是國家關係的正常化。當年，我們透過電視畫面看到了毛澤東和周恩來，卻無法看到清一色穿著人民服（中山裝）的中國人面容，也無法聽到他們的聲音。好像只有「神戶長大的林麗韞女士」才是鮮活的生命體。

日本與中國知識分子的互相呼應聲明告訴了我們：四十年來，人們是如何的進行交流，而透過「文化與人的連接，擴展了共有意識」。我認為這就是邦交正常化四十週年的最佳禮物。從這一角度來說，不得不向那位「唐吉訶德」知事，致上感謝之意。

「因尖閣問題而亟欲緊急出版」的消息傳來，正是二〇一二年九月下旬的事。記得蒼蒼社的中村公省社長告訴我：「一個月後，全稿交齊！」瞬間讓我猶豫。但與「廿一世紀中國總研」主持人——橫濱市立大學名譽教授矢吹晉商量時，一句：「即使再多的困難，也要承接下來！」的勉勵，給我很大的鼓舞。

本書文中多處擷取連載於《廿一世紀中國總研》網站上〈兩岸關係論〉中的拙作原稿，但在修改的過程中，還是花費了不少時間。正因為是緊急出版，而未能有更多充裕的時間仔細來回推敲，文中幾處是未經細緻整理的粗略架構。即使是受到時間的限制，但全為筆者的責任。

在這一個月期間，不時受到矢吹教授、中村社長給予寶貴意見與激勵，以及橫濱國立大學村田忠禧名譽教授惠賜資料與意見，謹此一併致謝。

二〇一二年十一月三日　岡田 充（Takashi Okada）

歷史大講堂
釣魚臺列嶼問題：領土民族主義的魔力

2014年4月初版　　定價：新臺幣320元

著者	岡田充
譯者	黃稔惠
發行人	林載爵
叢書編輯	陳逸達
封面設計	黃聖文

出版者	聯經出版事業股份有限公司
地址	台北市基隆路一段180號4樓
編輯部地址	台北市基隆路一段180號4樓
叢書主編電話	(02)87876242轉225
台北聯經書房	台北市新生南路三段94號
電話	(02)23620308
台中分公司	台中市北區崇德路一段198號
暨門市電話：	(04)22312023
台中電子信箱	e-mail：linking2@ms42.hinet.net
郵政劃撥帳戶第	0100559-3號
郵撥電話	(02)23620308
印刷者	世和印製企業有限公司
總經銷	聯合發行股份有限公司
發行所	新北市新店區寶橋路235巷6弄6號2樓
電話	(02)29178022

行政院新聞局出版事業登記證局版臺業字第0130號

本書如有缺頁，破損，倒裝請寄回台北聯經書房更換。　ISBN 978-957-08-4373-6 (平裝)
聯經網址：www.linkingbooks.com.tw
電子信箱：linking@udngroup.com

國家圖書館出版品預行編目資料

釣魚臺列嶼問題：領土民族主義的魔力/
岡田充著．黃稔惠譯．初版．臺北市．聯經．2014年
4月（民103年）．320面．14.8×21公分（歷史大講堂）
ISBN 978-957-08-4373-6（平裝）

1.釣魚臺問題 2.領土主權

578.193 103004676